长安的春天

唐代科举与进士生活

杨波◎著

天津出版传媒集团
百花文艺出版社

图书在版编目（CIP）数据

长安的春天：唐代科举与进士生活 / 杨波著. --
天津 ：百花文艺出版社, 2020.6
ISBN 978-7-5306-7813-8

Ⅰ. ①长… Ⅱ. ①杨… Ⅲ. ①科举制度-研究-中国-唐代②进士-研究-中国-唐代 Ⅳ. ①D691.342

中国版本图书馆 CIP 数据核字(2020)第 075167 号

长安的春天:唐代科举与进士生活

CHANG'AN DE CHUNTIAN: TANGDAI KEJU YU JINSHI SHENGHUO

杨波 著

选题策划: 汪惠仁
责任编辑: 胡晓童　　**装帧设计**: 蔡露滋
出版发行: 百花文艺出版社
地址: 天津市和平区西康路 35 号　　**邮编**: 300051
电话传真: +86-22-23332651（发行部）
+86-22-23332656（总编室）
+86-22-23332478（邮购部）
网址: http://www.baihuawenyi.com
印刷: 山东新华印务有限责任公司
开本: 880×1230 毫米　1/32
字数: 210 千字
印张: 8.75
版次: 2020 年 6 月第 1 版
印次: 2020 年 6 月第 1 次印刷
定价: 38.00元

如有印装质量问题,请与山东新华印务有限责任公司联系调换
地址:山东省济南市高新区世纪大道 2366 号
电话:(0531)82079100　邮编:250104

目　录

绪　言

科举制度肇于隋，成于唐，至宋代而大备，作为一种选拔官吏和人才的考试制度，一千多年来长盛不衰。

唐代科举(唐人习称“贡举”)分为常科和制举。制举是以皇帝的名义临时下诏开科取士，科目与时间皆没有一定之规，完全视乎帝王个人的喜好和当时政治的需要。常科则是史家所说的“岁举之常选”(欧阳修等:44/1159)[①]，即每年定期举行的遵循既成规范章程的考试。常选的科目大致包括秀才、明经、进士、明法、明书和明算等六科(李林甫等:2/44,4/109;杜佑:15/353)。约略言之，终唐之世，最重视的是明经、进士二科，而进士科尤其为世人所称道。《新唐书·选举志》云:“大抵众科之目，进士尤为贵，其得人亦最为盛焉。”(欧阳修等:44/1166)《嬾真

① 本书征引文献，以“作者(整理者):卷数/页码”的方式括注;作者(整理者)名后或附年份，以区别其不同著述;若行文已揭出作者或卷数，则予省略;不分卷之书，径标页码;多册重编页码者，卷数前加标册数。读者欲知所参据之具体文献，观书后“参考文献”即一目了然。为避烦琐，关于科举制度等史事的概括性叙述，不一一出注。

子录》曰:“唐开元以前,未尝尚进士科,故天下名士杂出他涂。开元以后,始尊崇之,故当时名士中此科者十常七八。”(马永卿:3/116)

唐人入仕之途甚多,主要有科举、门荫入仕、流外入流(未入九品官阶的胥吏为流外)和藩镇辟召等。虽然从数量上说,科举不如其他途径,但其影响却远非这些“杂色之流”(赵匡《举选议》,董诰等:355/3602b)可以比拟。自武则天大开制科以来,科举入仕的人数总的趋势是逐年上升的,到贞元(785~805)、元和(806~820)之际,科举出身者遂大量进入中高级官吏的行列,进士科更一跃成为制造上层官僚的重要而性能稳定的机器。

常科举子的来源有二:由中央国学和地方学校选拔举送的叫“生

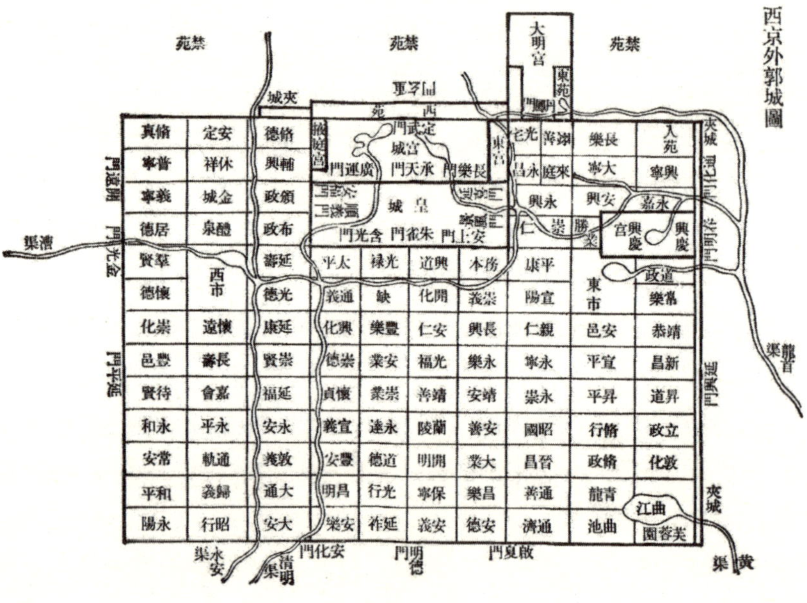

图 01　长安外郭城示意图

《唐两京城坊考》

徒”；自行报名参加州县一级考试且成绩合格的，称为“乡贡”（欧阳修等：44/1159，1161）。在唐朝初期，学校生徒占有明显的优势，但到唐玄宗统治的晚期，由乡贡入试的举人的比重激增，超过了生徒，乡贡已然变成大势所趋。相较而言，乡贡对门第的要求要宽松一些，面向的是更广泛的阶层和人群。生徒和乡贡地位轻重的变化，说明科举向越来越多的寒门庶族敞开了大门。

每年十月，乡贡举人集中到京师，与来自各级学校的生徒举人会合。牛希济《荐士论》说：“孟冬之月，集于京师。麻衣如雪，纷然满于九衢。”（董诰等：846/8890a）除了温习功课和一些人事活动（如请托行卷），举人到京后，例当履行规定的手续：向尚书省（在皇城内）报到，缴纳文解（州府所给的荐送证书）和家状（涉及家庭情况的文件），寻找保人，并接受有关部门的审核。开元二十五年（737）之前，考生的资格审查工作由总天下户籍的户部负责，考试则委派吏部的考功员外郎主持；以后改由礼部侍郎知贡举（或由他官权知），考试归礼部，这些手续也随之移于礼部掌管（杜佑：15/355~6）。其他还有朝见、谒先师（到国子监拜谒孔子像并听学官讲经）等时有停废的仪式。然后，就是来年春天的考试。

唐代进士试的地点，前期在尚书省都堂（尚书令厅事），后期在礼部贡院。唐初只试策，高宗以后例行杂文（诗赋）、帖经、策问三场试。三场终了，知贡举官阅卷，并经过一些呈报手续，最终决定登第者名次，出榜公布。唐代进士试虽也有早在冬季，迟至三月的，但通常都在正二月之间，尤以正月居多。放榜的时间随考试时间而定，当然也不固定，不过，以二月为比较常见。放榜之后，及第进士期集（约期聚集），拜谢座主（谢恩），参谒宰相（过堂），同时开始被称为一春之盛的多次宴集。

唐制，科举与铨选，举士和选官泾渭分明，分属不同部门；进士登

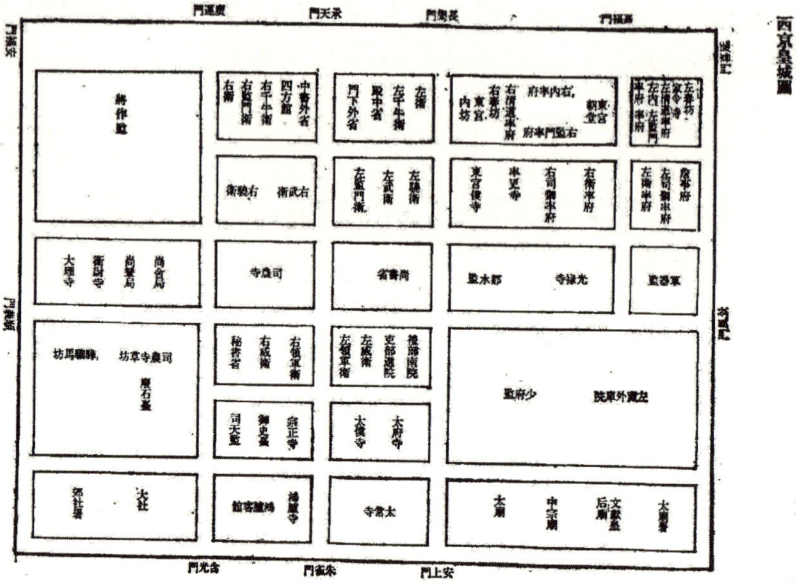

图 02　长安皇城示意图
《唐两京城坊考》

第止云“及第”，还须通过吏部关试，领取春关（吏部发放的证明文书）后，始成为吏部的选人，方获得出身，也就是入仕做官的资格，从此才算正式步入仕途。《唐音癸签·进士科故实》说：“进士放榜敕下后，礼部始关吏部。吏部试判两节，授春关，谓之关试，始属吏部守选。”（胡震亨：18/198）《唐摭言·关试》说：“吏部员外，其日于南省试判两节。诸生谢恩。其日称门生，谓之‘一日门生’。自此方属吏部矣。”（王定保：3/27）礼部将及第举人移交吏部的时候，要以公文的形式关白（通知），因有关试、春关之名。所谓“南省”，指中书、门下二省之南的尚书省（吏部选院和礼部贡院均在尚书省南，皆有南院之称）。所谓“判”，就是拟作的裁决狱讼的判词（多用四六骈体）。关试的判词只有两节，较之吏部铨选官吏时所试身言书判的判词简短许多,故又称“短行”(王定保:1/4)。

吏部关试一般在放榜后十天半月(二三月间)举行。姚合《酬卢汀谏议》诗曰:“遥贺来年二三月,彩衣先辈过春关。”(9/493)不过,关试只是进士入仕必经的一道手续,既不区分名次等第,也不考察真才实学,只要参加,就能顺利通过,故唐人对之并不是很重视。郑仁表《左拾遗鲁国孔府君墓志铭》指出:“新进士得意归去,多不伏拘束假限,往往关试不悉集,贡曹久未毕公事。”(董诰等:812/8544a)新进士关试前请假漫游或觐省,多淹迟不归,以致礼部无法完成其职司(将新进士及相关文书移送吏部)——这虽说的是晚唐的情况,但不难想象唐人对关试的态度——因此,关试有时候会被迫推后,关宴也随之顺延,而迟至五六月间。

需要说明的是,唐人对进士科的称谓与后世有很大的不同。《唐音癸签·进士科故实》云:“放榜后称新及第进士,关试后称前进士。唐进士,今乡贡之称。前进士,乃今进士称也。”(胡震亨:18/198)新及第进士(简称“新进士”)和前进士这两个称谓,唐人不见得一定看得泾渭分明,为行文方便,本书将及第进士一概称为新进士,而不论其在关试前后。

本书在前人唐代科举制度研究的基础上,探讨科场风俗和进士生活。全书上中下三篇,二十五个小题目,既可独立成章,连起来又可构成一幅较为完整的“长安春色图”。

上篇《麻衣如雪:科场习俗与进士风尚》重点描述有唐一代科场的规范和惯例。科举草创时期,各项制度仍不完备,难免有漏洞可钻,这便催生了唐代科场公荐和请托盛行,结党和行卷成风,座主和门生相互利用的特殊形势。中篇《长安之春:进士宴集与进士题名》讨论相识、闻喜、樱桃、月灯打球、看佛牙、曲江关宴、杏园探花和雁塔题名等宴集。其中打球、看佛牙是因集会而宴饮，探花和题名是在宴饮后的集体行为；将题名与宴集并列，是考虑到它在宴集中的特殊性和重要地位：它是新进士一种生活（宴集）的结束，另一种生活（仕途）的起点。下篇《英雄白头：落第举子的希望与梦想》考察的是科举失败者的心境和情状：作为沉默的大多数，他们是科场中不容忽视的存在。曲江狂欢，他们向隅而泣，举国胜游，他们远离尘嚣，其所作所为正是进士生活的有用补充；同时，他们很可能是未来新科进士的人选，若他日成名，即上升至官僚社会的等级结构之中，成为其中的一员，而未达时经历的磨难、困苦和情绪势必也被带入这一庞大的体系，并且多多少少潜在地打破其原有的平衡，进而对其运行原则和调控机制做出部分修改；另外，即使是在人数上，他们也远远超过那些幸运儿。

书中涉及的问题或看法，有些是别人已经提过的，不过我希望能有新的观察角度；对于那些大家耳熟能详的常识，我希望能予以深究或者为之提供确切的注脚，或者做细节上的补充。在某种意义上说，我的意图是风俗史，是科举制度下一部分文人的心态和某个特定时刻的士风，是这一风气对政治生活和社会关系的影响和作用，目的是填充和完善文化史上若干不那么清晰的细部，以提供一种较为感性和生动的认识。

上篇

麻衣如雪：科场习俗与进士风尚

麻衣如雪，纷然满于九衢。

——牛希济《荐士论》

唐世重进士。姚合《送喻凫校书归毗陵》诗曰："阙下科名出，乡中赋籍除。"(1/43)根据唐朝法令，凡进士及第者，本人及全家即可免除徭役(其他杂科，止免本人)，"名不著于农工商贾之版"(韩愈《上宰相书》，2010:6/646)，也就是说不同于普通的老百姓，享有政治和经济上的种种特权。唐代上至帝王，下至地方节镇和州府长官，都对新进士礼遇有加；而且，官场上声誉较好、地位尊贵、升转迅速的清要之职，多从新进士之中选拔——"台阁清选，莫不由兹"(王溥:76/1382)，"由此出者，终身为闻人"(李肇:下/55)。新进士名望既高，前程又不可限量，所以当时的人们形成了这样的共识：

> 缙绅虽位极人臣，不由进士者，终不为美，以至岁贡常不减八九百人。其推重谓之"白衣公卿"，又曰"一品白衫"；其艰难谓之"三十老明经，五十少进士"。(王定保:1/4)

时人艳羡进士，称进士及第为"迁莺"(《尚书故实》，罗宁:139)，为"登龙门"，形容刚刚擢第的进士是"头上七尺焰光"(封演:3/17)，而高宗朝中书令(中书省长官，为宰相之职)薛元超将"始不以进士擢第，不得娶五姓女，不得修国史"引为终生憾事(刘悚:中/28)，更可见出唐代之崇重进士科，以及其在社会上的影响和地位。

同时，与此相对应的是，唐进士科取人颇少。宋人指出，自太宗贞观（627~649）迄玄宗开元（713~741），“文章最盛，较艺者岁千余人，而所收无几。咸亨、上元增其数，亦不及百人”（王珪语，脱脱等1977：155/3614）。每年集于京师的各科贡士，约千人至三四千人不等，其中进士科的举人在一千人左右，而有幸能登第者只占很小的一部分，得以金榜题名的进士的比例则更小，大概是百分之一或百分之二（杜佑：15/357）。每年进士及第者虽无一定之数，但少则一二十人，多亦不过三四十人，这就在客观上增加了登第的难度。读书人朝驰暮走，汲汲于一第，却往往不能如愿，许多人久困名场，竟至终身无望。

一方面贵盛如此，另一方面却又竞争激烈，艰难如斯，但因为实际利益的吸引和诱惑，进士科遂成为天下读书人众所瞩目的晋身之阶。寒门庶族借此脱离土地的束缚，告别赋税、劳役乃至贫穷，从此改换门庭，参与权力与财富的再分配，成为新的贵族；而世家豪门则赖以巩固、延续或恢复家族的风光与荣耀。俗话说“君子之泽，五世而斩”，历经几代人的传承，社会发展，制度迁变，他们的政治地位随着经济所有权的转移而不断更迭，过去钟鸣鼎食，荣华富贵，现在家道中落，世业沦替——“诸达官身亡以后，子孙既失覆荫，多至贫寒”（姚崇语，刘昫等：96/3026）——不少大家族已到了金玉其外败絮其中的地步，较之寒族的景况，其实相差无几，这就迫使他们不得不走上科举入仕的道路。《唐摭言》评论道："三百年来，科第之设，草泽望之起家，簪绂望之继世；孤寒失之，其族馁矣；世禄失之，其族绝矣。"（王定保：9/97）可知科举（尤其是进士科）是获得政治地位和维系世袭门第的重要途径。古人的遗训是学而优则仕。是以当时士子莫不殚精竭虑，焚膏继晷，驰逐于科场，争名于进士，以博南宫折桂，春闱一鸣，以至于老死文场，亦无所恨。

业诗攻赋荐乡书:寄籍与争解元

尔来乡贡渐广,率多寄应者……

——王定保《唐摭言·乡贡》(1/8)

同华解最推利市,与京兆无异,若首送,无不捷者。

——王定保《唐摭言·争解元》(2/17)

通常情况下,唐代的乡贡每年举行一次。地方州府所贡人数,开元二十五年的敕书曾予以限定:上州三人,中州二人,下州一人(王定保:1/1)。也就是根据户口的多寡来分配名额。虽然说“有才能者无常数”(杜佑:15/353),但允许各地报送的举子数量仍是不均衡的(而荐送人数的多少也会影响到最终录取的人数)。不同行政区划的政治地位以及经济和文化的发展水平决定了这种事实上的差别。会昌五年(845)的一份举格(朝廷或礼部颁发的有关贡举的文件)规定了学校和乡贡的人数,凡明经一千三百九十人,进士六百六十三人;其中地处京畿的同、华二州及邻近的河中府,进士各为三十人,明经各为五十人,而位于边远地区的福建、黔府、桂府、岭南等处，每一地的明经和进士加起来也不过十七人（王定保：1/2）。

福建虽号称鱼米之乡，但僻居东南沿海，中唐以前，文化一直比较落后。德宗建中（780~783）初，常衮出任福建观察使，广施教化，移风易俗，闽地人士始虔心向学，每年的乡贡人数才与内地州府大体持平（欧阳修等：151/4810）。在此之前，可考知的最早登进士第的闽人是中宗神龙元年（705）的姚仲豫和二年的薛令之（徐松 2003：4/162，165）。此后大约一百年的时间，闽人差不多默默无闻，名字很少再出现在登科记上。贞元八年（792），欧阳詹进士及第，与他同榜的大文豪韩愈后来在题为《欧阳生哀辞》的文章中说，“闽越之人举进士繇詹始”（2010：12/1278），这话固然失之考辨，却足以证明闽地进士一度稀少的历史事实。

武宗会昌三年（843）登第的袁州人卢肇，初举进士时，曾遭到先辈的嘲谑：“袁州难道也出举人吗？”（王定保：12/137）长沙人刘蜕于宣宗大中四年（850）南宫折桂，此前荆州贡士罕有及第者，所以当时称为“破天荒”（王定保：2/16）。江西、荆南均位于长江中下游流域，地土肥沃，荆州更被誉为“衣冠薮泽”（孙光宪：4/81），但这里的读书人通过科举考试大批进入官僚集团却迟至中晚唐时期。区域经济文化的渐次上升带来了这一变化。我们承认这 点的同时，也应该看到乡贡中政治因素所起的作用：比如同、华二州地瘠民贫，并非经济文化特别发达的地区，而乡贡人数却居于帝国首位，其作为长安门户的地理—政治优势决定了它们在科举格局中扮演着重要的角色。

唐代乡贡在地区之间的区别对待的确是基于现实情况的设计（一定程度上恐怕也不能排除统治阶级的政治考量，毕竟唐王朝是以关陇贵族为核心立国的），有其一定的合理性，然而在具体实践过程中，这种人为的划分和限制并不必然能够保证取士的公平。从来没有绝对的公平。这始终是考试制度无法回避的问题。时至今日,中国高考制度仍然残留着类似的地区意识:各高校在京津沪等直辖市的录取人数远远超过一些文化教育大省,而录取分数线则低得多。长期存在的省际鸿沟让一些人不惜铤而走险,使出浑身解数,将孩子的户口迁到分数较低名额较多的省份,在那里报名参加高考——这就是备受争议的高考移民现象。而那些没有关系和资源的"弱者"只能凭靠自身的才干和努力寻求脱颖而出的机会。

被迫以不公正的手段谋求公正,这也是古代考生曾经采取的解决之道。

宋代"国家申严条约,不许寄籍"(阮阅:前集44/421)。唐代科举制度尚在确立发展阶段,没有后代那样严密死板,却也有相关的条文。武德四年(621)四月一日的敕书说:"(诸州)明于理体,为乡里所称者,委本县考试,州长重覆。"(王定保:1/1)可见至少在唐初,乡贡须于本州。后来乡贡普及,地位上升,这项法令逐渐失去了约束作用,涌现了寄籍的新生现象——取解不再受籍贯限制,很多士人都到非本贯的州府参加选拔考试,造成韩愈所说的"不本于乡,不序于庠,一朝而群至乎有司"(《进士策问》六,2010:4/436)的局势。此种现象大概始于开元盛世的前夜,故开元十九年(731)六月,政府要颁布敕书再次申明禁令:"诸州贡举,皆于本贯……不得于所附贯便求申送。"(王溥:76/1384)

诗风浅切的大诗人白居易祖籍太原,祖上徙居下邽,遂为下邽人(刘昫等:166/4340);他自己出生于郑州新郑县(存疑),应进士举前曾寄居各地,而他二十八岁时参加乡试却是在宣州(次年,也即贞元十六年[800],以第四名中进士第)(白居易2006:年谱简编/1~7)。中唐著名的乐府诗人张籍也不是在本贯(和州乌江或苏州)取解的;他在汴州结识了韩愈，或许是因为这层关系，他便选择在汴州府试（韩愈主试），得首荐入京，于贞元十五年（799）擢第（张籍：附录3/1051~4，1964~5）。而泉州诗人黄滔，在二十多年的考试生涯中，更是游州历府，辗转于道路，广州、襄州、河南等地都留下了他的足迹，他在《成名后呈同年》一诗中回顾这段经历时说："业诗攻赋荐乡书，二纪如鸿历九衢。"（4/1b，2a，4a，8a）——随着社会的发展，原有的户籍制度已经不能对人口的流动构成束缚（许多人因各种各样的原因久离原籍，寄寓他乡，他们的后代以旅居地为籍贯是顺理成章的事），允许寄籍不失为适应新形势的明智之举。会昌五年颁布的举格中有"寄客"的字样（王定保：1/2），这说明寄籍多少已得到朝廷的默认。

由于各地乡贡机会的不均等，许多读书人不得不考虑到相对容易获得荐送机会的州府应试。长安所在的京兆府和附近的同、华二州在乡贡中占有的地位尤其特殊，士子就竞相汇集到这里投刺（拿着名片报名考试）。开元、天宝（742~755）之际有一句流传颇广的话，形象地概括了这种情况："以京兆为荣美，同华为利市。"（王定保：1/5）

京兆府乡贡的权力之大，是外省州府所不能比拟的。柳宗元在《送辛生下第序略》一文中说："京兆尹岁贡秀才，常与百郡相抗，登贤能之书，或半天下。"（23/1578）京兆府试前十名的谓之"等第"，只要有幸进入等第之列，在接下来的礼部试中就有希望高中，即便不能十拿九稳，最不济的时候也有七八分的把握；而等第为第一的幸运儿（解元），他们之轻易取得上第，犹如探囊取物一般；如果等第中人竟然被黜落，不仅世人视之为怪事，而且京兆府也会做出相应的反应：移文同试官交涉，请他解释个中缘由（王定保：2/13，柳宗元：23/1578）。终唐之世，京兆府等第罢举的不过三十余人，解元而落第的只有九人（王定保：2/15~6）。

图 03　王维像
《古圣贤像传略》
《集异记》所载王维与张九皋争解元事流传甚广，明清人演为杂剧或传奇，虽非信史，但其透露的社会风气却真实不诬。作为天下文宗的王维，不仅兼擅诗文书画，也妙解音律。

尽管区分等第的做法曾遭到一些有见识的官员的质疑，且曾短暂地废除过，但未能改变天下士人辐辏于京兆府争夺解元的局面。东海徐申、福建许稷、赵郡李固言、深州张又新、吴兴沈亚之、睦州李频等皆不远千里至京兆取解。李固言居京兆等第之末，旋即状元及第（王定保：2/15）；张又新连取京兆解头、进士状头和宏词敕头，时人号为“张三头”（王定保：2/18）；沈亚之元和五年（810）赴京应试，屡黜于有司，至十年（815）始登进士第（沈亚之：附录 1/283~93）。据其《与同州试官书》所言，他曾求贡于多个州郡（8/146）。在《与京兆试官书》中，他说，“时亦有人勉亚之于进士科，言得禄位，大可以养上保下”（8/148），真可谓道出了天下举子普遍的心理期待。更有一帮利欲熏心的干禄之徒，“互争强弱，多务奔驰”（王定保：2/14），找门路、通关节的风气于是愈演愈烈。世传王维《郁轮袍》逸事正是一个传奇色彩颇浓的注脚：王维受岐王眷重，与张九皋（张九龄弟）争京兆解头，在岐王的谋划下，凭十篇清越旧诗和一曲哀怨凄切的琵琶新声取悦于公主，硬生生抢走了张九皋已经到手的肥肉（薛用弱：2/9~10）。

同、华二州的乡贡与此类似。“同华解最推利市，与京兆无异，若首送，无不捷者。”《续玄怪录·窦玉妻》述元和中进士王胜、盖夷求荐同州，遇处士窦玉，窦自言娶冥官之女为妻事，剥离故事的志怪外衣，我们可以得到这样的知识：同州经常吸引数量庞大的应举者，以致“宾馆颇溢”——客舍中人满为患（李复言：3/176）。每年华州的考场也是人头攒动，摩肩接踵，其中很多人身上都带着名公巨卿的推荐信，“常年以清要书题求荐者，率不减十数人”（王定保：2/17）。元和中，令狐楚镇华州，时值秋赋，下令在惯常的三场试（一如省试，考的也是帖经、诗赋和时务策）之外加置两场，此举令很多人望而却步，知难而退（王定保：2/17）。大和六年（832），渭南尉唐特主试京兆府，京兆尹杜悰（杜佑孙，杜牧从兄，尚宪宗长女岐阳公主）打算替亲知求等第，特意设宴款待唐特，但他刚想说些荐托的话，唐特就识破了他的用意，“趋而下阶，俯伏不对”，结果堂堂京兆大人“竟不敢言而止”（赵璘：3/90）。像令狐楚和唐特这样秉公处事，拒绝私荐的只是个别的例子，而常见的情况是，朝廷贵官的推挽均能达到目的，结果自然是皆大欢喜。

利益当前，争夺解元的斗争因此变得非常激烈。卢宏正在华州秋试时独步文场，令狐楚已决定以之为解元，谁知半路里杀出个程咬金——将家子弟马植，一篇《登山采珠赋》让令狐楚深为折服，卢宏正功亏一篑，空欢喜一场（王定保：2/17）。张祜与徐凝争解元的传说似乎

图 04　明唐寅李端端图

南京博物馆藏

唐伯虎此画本事见《云溪友议》，略谓崔涯、张祜久在维扬，大有诗名，每每品题倡家，毁誉由之，名妓李端端被嘲“鼻似烟窗耳似铛”，“忧心如病”，哀恳见怜，于是二子继以一绝，赞她是“一朵能行白牡丹”（范摅：中/93~4）。图中倚坐之男子，或云是崔涯，或云系张祜。《桂苑丛谈》称崔张任侠尚义，崔尝醉作《侠士》诗云：“太行岭上三尺雪，崔涯袖中三尺铁”，二人侠名播在人口，遂有人囊猪头诣张，诡称仇人之首，利用张氏之虚荣心，骗取了十万缗，经此一事，张氏豪侠之气顿衰（冯翊子：65~6）——乾隆间，吴敬梓把这个故事写进了《儒林外史》。

更富有戏剧性：

> 白乐天典杭州，江东进士多奔杭取解。时张祜自负诗名，以首冠为己任。既而徐凝后至。会郡中有宴，乐天讽二子矛盾。祜曰："仆为解元，宜矣。"凝曰："君有何嘉句？"祜曰："《甘露寺》诗有'日月光先到，山河势尽来'，又《金山寺》诗有'树影中流见，钟声两岸闻'。"凝曰："善则善矣，奈无野人句云'千古长如白练飞，一条界破青山色'。"祜愕然不对，于是一座尽倾。凝夺之矣。（王定保：2/17~8）

据《唐才子传》吴在庆笺，处士张祜、徐凝谒杭州刺史白居易，约在长庆三年（823）（辛文房：3/6/180）。《云溪友议·钱塘论》亦载二子争解元事，而细节颇异：徐凝固然拔得头筹，但张祜不服，一番理论，"祜遂行歌而迈，凝亦鼓枻而归。自是二生终身偃仰，不随乡赋"；此事且有后续：张祜与杜牧诗酒相交，牧之为其抱不平，作诗二首"以高之"，一曰"谁人得似张公子，千首诗轻万户侯"，一曰"如何故国三千里，虚唱歌词满六宫"（范摅：中/88~9）。无论如何，以一二诗句定州府考试的名次，只是后人附会的诗坛佳话，不足征信。皮日休《论白居易荐徐凝屈张祜》认为，徐凝朴稚，张祜浮艳，白乐天"方以实行求才"，抑张而扬徐，理所宜然（附录 1/240~1）。

有时候士人因为未能获取州府的荐送，而迁怒于主考官：咸通（860~873）末，尹璞远来就江西解试，被督邮罗郸挟私黜落，尹恼羞成怒，便拿对方的家讳大开玩笑（王定保：2/17）；大和（827~835）初，魏谟铩羽于京兆，遂对担任主试的参军李回怀恨在心，这股怨气是如此之深，深埋多年，终于借机发泄出来——李回的一念之差种下了日后同僚倾轧的祸根，魏谟抓住他的把柄后穷追不舍，以致锻成大狱（王定保:2/20~1)。名利场中,多数人无法做到开通豁达,他们先则怨天尤人,继则得意忘形,中与不中之间,两种情绪复杂地交织在一起。

举子考试合格取得解状后便首途赴京(带有怀古和表演性质的乡饮酒礼仪式经常被忽略)。他们必须在当年的秋冬之际赶到京师,于是,帝国的山川道路上遍布他们跋涉的身影。一路风霜,艰苦备尝。至迟在十月,他们出现在长安的大街小巷之中,白衣胜雪,满面征尘,内心却怀着美好的希冀和光荣的梦想。离来年开春的考试还有一段日子,他们有充分的时间和闲暇:履行规定的手续,温习功课备考,踏访城内的风景名胜,出入娼寮酒肆,并且展开频繁的人事活动。

棘篱何日免重来:科场规范

阅试之日,皆严设兵卫,荐棘围之,搜索衣服,讥呵出入,以防假滥焉。

——杜佑《通典·选举三·历代制下》(15/357)

试之日,见八百人尽手携脂烛水炭,洎朝晡餐器,或荷于肩,或提于席,为吏胥纵慢声大呼其名氏。试者突入,棘围重重,乃分坐庑下,寒余雪飞,单席在地。

——舒元舆《上论贡士书》(董诰等:727/7487b)

唐代的省试通常在京师长安举行,但有时出于政治或经济上的考虑,也在东都洛阳设置考场。武后朝长期以洛阳为政治中心,所以一度加置东都贡举。代宗永泰元年(765)至大历十年(775),因为安史之乱初定,国家需要休养生息,大批举子集中长安势必会影响到物资的供应,导致政府财政的困难,朝廷遂决定由洛阳分担这一重负,在东西两京同时开科取士,分别委派官员考试放榜。而大和二年(828)的春闱,

图 05　杜牧像

《晚笑堂竹庄画传》

牧之为晚唐大家，留心治乱兴亡、财赋甲兵等天下大事，具强烈的入世精神。其少作《阿房宫赋》意在规讽，是赋体中的杰作。

暂停长安贡举，只保留了东都试。著名诗人杜牧就是这一年登第的，他在《及第后寄长安故人》一诗中提到了这次特殊的考试："东都放榜未花开，三十三人走马回。秦地少年多办酒，却将春色入关来。"（樊川外集/1209）

一般而言，各地的举子们都聚集到长安。入试前夕，他们必须前往尚书省报到。唐朝前期，由户部负责集阅，考功员外郎课试；开元二十四年（736），因进士李权凌侮考功李昂，议者以郎官位卑权轻，不足以临多士，乃改由礼部侍郎知贡举，这以后举子就向礼部缴纳文解和家状，结款通保，并接受有司的审核（杜佑：15/355~6）。文解是州府发给举子们的证明文书；家状则有点类似于家庭状况调查表，根据文献的零星记载，以及唐宋时期登科记的写录格式推测，应该涉及举子的姓名、行第、生辰、年纪、籍贯、婚姻、体貌特征以及祖上三代的名讳、宦秩和存殁等个人资料（参钱易：乙/24；吴曾：4/88~9；王应麟：115/2128a~b；佚名 a：396a；陆容：14/172~3）。

唐人居丧期间能否赴举，史无明文，也未见具体的法律依据。后周广顺二年（952）十一月的诏书中强调，打算赴举者必须待葬事礼毕，这一点要在家状中具体言明，不得有罔冒情事（薛居正等：112/1486；王钦若等：634/7331）。据此可以大体勾勒出李唐科举制在这个问题上的定制。唐律将居丧期间的一些不孝行为定为十恶大罪，凡遭父母丧者，要解除官职，服丧三年；若丧期未满而冒哀求仕，免所居官，徒一年（长孙无忌等：1/12，3/57，10/204；杜佑：108/2812）。虽然法律条文不见得总是能够被贯彻执行，但从情理上推测，当时必不允许在父母丧者参加贡举。

家状的写法须遵照一定的格式。为此，礼部每年都要在贡院悬挂举格，标明样式，“立束缚检约之目”（舒元舆《上论贡士书》，董诰等：727/7487b），以供举人参考。有司对举人资格的审查是严格而苛刻的，举人不仅要状书齐备，而且文字也不能有任何差错，稍不中式，就会遭受责骂，甚或被取消考试资格——“一字有违，即被驳落”（封演：3/23）。唐朝法律对贡举非其人及应贡举而不贡举者科以重罪（长孙无忌等：9/183），因此有关官吏都比较谨慎地对待贡举之事。

缴纳文解和家状后，举人之间还要互相作保，并申报他们在长安的寓居地址。官僚士大夫阶层（衣冠）的子弟以“亲姻故旧、久同游处者”，寒门出身的举人（江湖之士）则以“封壤接近、素所谙知者”相保（王溥：76/1382）。接下来有司对这些文件进行磨勘，审查结果于十一月出榜公布，举人文状有缺或行止有过，均被视为不合格，遭到无情的淘汰(钱易:丁/48)。所谓行止之过,指举人品行方面的瑕疵,凡是“缺孝弟之行,资朋党之势”,迹涉疏狂,兼亏礼教的,都会被排除在考试的大门之外,本人和保人在三年内不准赴举(王溥:76/1382;王钦若等:641/7404)。然而,科场中的请托关节几乎处于公开或半公开状态,很少有人以为有什么不妥,道德检查也未必能够指实,大多数情况下,这些规定不过是用来装点门面,威慑举人而已。

举人受到的非人待遇在朝见仪式上体现得更为明显。朝见时,皇帝本人会对举人温言嘉勉一番,什么“远随乡荐,跋涉山川”啦,什么“有司至公,必无遗逸”啦(钱易:丙/34),总之都是些冠冕堂皇的场面话。表面上看是天子优遇有加,而事实却让人心寒:地方州府进贡的土特产品陈列在御前,乡贡举人反倒只能在外面的朝堂跪拜——他们的地位还比不上无知无识无感情的贡物。这种贵财贱义、重物轻人的做法后来有所革除,举人得以“列在方物之前,以备充庭之礼”(王溥:76/1384),算是享有了较高一级的待遇。但人多拥挤的局面以及来自穷乡僻壤的读书人孤陋寡闻,不熟悉朝廷礼节而出乖露丑的纷乱景象并没有因此而改变。“殿庭中班列不可整齐者唯有三色,谓举人、蕃人、骆驼”(沈括:9/84),《梦溪笔谈》的这个概括把举人与骆驼相提并论,极讽刺挖苦之能事,透露的却是举人心中难以言说的悲哀。

唐代进士考试多在正月于尚书省都堂(前期)或省南的礼部贡院(后期)举行。试前有司派遣专差引导,数以千计的进士们络绎来到考场,每个人的内心都怀抱憧憬,暗地里勾画着远大前程的蓝图,同时心存忐忑。由于考试时间较长,经常是早上五六点(卯时)开始,到下午六七点(酉时)结束,有时甚或延续到夜间,所以他们在入场前要事先准备一日三餐,带上餐具、茶水,和考试期间所需的各类杂物,比如热饭与取暖用的木炭,照明用的蜡烛,等等,当然还有必不可少的文房用具。(《梦粱录》记宋代科场规范说:“其士人在贡院中,自有巡廊军卒赍砚水、点心、泡饭、茶酒、菜肉之属货卖。”[吴自牧:2/10]不知道唐代是否也是这样。)如果家庭条件优越,或者在京师有可以依托的亲朋好友,置办这些东西自是轻而易举,而那些没有门路、身份低微的寒士,不免为此长吁短叹,愁眉不展。考试那天,进士们麇集在贡院之外,有的仆从如云潇洒自在,有的则孤身一人,陪伴他们的只有手中提的肩上扛的一堆破烂家什,初升的旭日和参差的钟鼓,以及他们同命运所做的交易可能会兑现的想法——也许未来已经对他们做出了承诺。所有的进士一律身穿麻衣,名缰利锁缠绕着他们,越来越紧,他们困在一张大网的中央,脸上写满焦灼和企盼,欲望之火在他们胸中熊熊燃烧……

贡院四周修筑篱墙,派重兵驻守,一则杜绝内外传递消息,二则防止放榜时有落第举子喧哗闹事。进入考场时,进士们还要通过搜检一关。把门的胥吏以居高临下的姿态,大声呼唤举人的姓名,验看其文书,搜索其衣服,检查是否有假冒和私带违禁之物,一经发现,立刻毫不容情地驱逐出去。经过这番被呼来喝去的煎熬,士子们才算正式步入科场——这就是求名趋利必须要付出的代价。贡院内阶前设有香案,举人与知贡举的官员对拜后,分东西两廊,按照一定的顺序席地而坐。正二月间的长安正是春寒料峭,遇上下雪天,更是寒气袭人,“单席在地”的滋味肯定不大好受 李景“密雪分天路,群才坐粉廊”(《都堂试贡士日庆春雪》,彭定求等:542/6259)的诗句诸多遮掩,徒具和谐的一团诗意。

贡院中的设施是如此简陋,胥吏斥骂之声更是言犹在耳,遭到怠慢的进士们大多能够忍气吞声,选择沉默和自我安慰,想象日后的飞黄腾达以消除心中的不平。部分胆识兼具者则明白表示自己的不满,对科场制度大加挞伐。舒元舆《上论贡士书》逼真描摹科场情形,最后发出一声浩叹："呜呼，唐虞辟门，三代贡士，未有此慢易者也！……有司坐举子于寒庑冷地，是比仆隶已下，非所以见征贤之意也；施棘围以截遮，是疑之以贼奸徒党，非所以示忠直之节也；试甲赋律诗，是待之以雕虫微艺，非所以观人文化成之道也。"（董诰等：727/7487b~8a）更有少数心高气傲愤世嫉俗的人，将满腔块垒一泄而出，付诸实际行动：

> 进士李飞自江西来，貌古文高。始就礼部试赋，吏大呼其姓名，熟视符验，然后入。飞曰："如是选贤耶？即求贡，如是自以为贤耶？"因袖手不出，明日径返江东。（杜牧《唐故平卢军节度巡官陇西李府君墓志铭》，樊川文集 9/743）

故事中的李飞不堪忍受种种屈辱，一怒之下而抛弃了功名富贵，是很有几分傲骨的。他后来改名李戡，因指责元白诗风纤艳、伤风败俗而名声大振。

不过唐代科场的规范比之后代，相对来说还是宽松多了。像搜身的制度，自肃宗乾元（758~759）以后就逐步放宽。那时的礼部侍郎李揆认为，"主司取士，多不考实，徒峻其堤防，索其书策"，非求贤之意，于是在考场中放置五经、诸史及《切韵》，让举子任意翻检（刘昫等：126/3559）。唐人平日作诗赋，科举考试时试诗赋，都要用韵书作为押韵的标准；唐进士试对诗赋用韵要求极为严苛，如有犯韵者，不得放及第。在考试务求其难的背景下，李揆的做法颇有远见卓识。这其实等于默许携带书策，此例一开，遂因循而成惯例，搜身的本意（防止私自挟藏）也便丧失殆尽，制度虽在，却日渐变得纵容怠惰。长庆元年（821），白居易在《论重考试进士事宜状》中陈述了和李揆近似的见解："伏准礼部试进士，例许用书策，兼得通宵。得通宵则思虑必周，用书策则文字不

图 06　白居易像

《中国历代名人画像谱》

长庆元年知贡举钱徽徇私，去取不公，朝廷下令白居易、王起覆试。这次科场风波后，白居易写了一篇文章，说明当时的情况。

错。"（2011：23/1290）这一年因考试不公引起纷争，朝廷下令覆试，故严申禁令，实际上是违背了许用书策的旧例。这个旧例，就是允许将《切韵》之类的韵书带入科场，作为赋诗作文时用韵的依据（至赵宋时代，这同样是合法的）。

另外，贡院中的防范也不是那么严密。据一些笔记小说的说法，举子之间可以自由交流而不受限制：请教题目的出典和文字的押韵，抄袭他人的试卷，甚而至于请人假手。在很大的范围内，举子的活动是不受干涉的。梅权衡"入试不持书策，人皆谓奇才"，场中诸生公然向他求教如何押"谅"字韵，而他竟然也毫不避忌地朗吟其赋作，"听某押处解否"（温庭筠《干𦠆子》，12/1263）。《唐摭言》郑光业为同场进士取水煎茶的故事亦是一个生动写照（王定保：12/140）。这个操一口吴语的进士在策试之夜闯入贡院，请求郑光业分一半席位给他，试限将尽还能得到入场的许可，说明唐时科举考试即使锁院——李群束书就贡，"比及京师，已锁贡院，乃捶院门请引见"（王定保：2/19）——也不是出于杜绝主司和举人交通的考虑。在考试现场，应试者有权向主考请问题意，这就是唐代和宋初的上请制度：当时试诗赋，“题不皆有所出，或自以意为之”（叶梦得：8/113），出题的灵活性较大，不像后世那样拘泥于四书五经，钳制思想；而知贡举官员拥有的权力更是超出我们的认识：他们有时能自作主张，发还试卷，让考生重新誊写，改正错字，然后加盖官印（温庭筠《干𦠆子》，12/1251）。由此我们就不难理解，为什么韦承贻敢于在都堂西南隅壁间题诗，并且这墨迹从咸通中一直保存到光化（898~900）初仍完好无损。诗曰：

> 褒衣博带满尘埃，独上都堂纳试回。蓬巷几时闻吉语，棘篱何日免重来？三条烛尽钟初动，九转丸成鼎未开。残月渐低人扰扰，不知谁是谪仙才。（王定保：15/163）

唐代前中期，进士考试多为昼试，清晨朝阳始升时发放题目，傍晚日势将晚前收回考卷。或许是鉴于白天光阴迫促，难以使文士尽展其才，后期便将时限向后顺延，“兼得通宵”，也就是自昼达夜；夜试给烛三条，以烛尽为限（程大昌 2008：7/107）。李颀《古今诗话》说：“唐制：举人试，日既暮，许烧烛三条。”（郭绍虞：上/120）薛能也在《省试夜》一诗中写道：“白莲千朵照廊明，一片承平雅颂声。更报第三条烛尽，文昌风景画难成。”（彭定求等：561/6513）长夜将逝，那些没有画成“文昌风景”的举人不免备受揶揄：“三条烛尽，烧残学士之心；八韵赋成，笑破侍郎之口。”（王闢之：6/68）

这种日以继夜的考试要连考三场。

闻达之路唯文章:进士三场试

高第由佳句,诸生似者稀。

——李嘉祐《送冷朝阳及第东归江宁》(彭定求等:206/2151)

唐试士重诗赋者,以策论惟剿旧文,帖经只抄义条,不若诗赋可以尽才。

——胡震亨《唐音癸签·进士科故实》(18/197)

从古至今,考什么和怎么考其实一直是考试制度的设计者关心的重要问题。科举的最终目的无非是选拔治理国家的政治人才,“明知今古,通识治乱,究政教之本,达礼乐之源”(仁寿三年[603]七月诏,魏徵等:2/51),但通过这种方式能否甄别出安国经邦的治世栋梁,却不是制度设计所能完全左右的。秀才科的兴废很能说明这一点。

隋文帝朝,秀才科试方略,侧重于内容而不是形式,考核的是有志入仕者的政治才能而不是他们轻薄浮艳的文辞,前朝“止求其文,不取其理”和“唯论章句,不及治道”(刘景安语,魏收:66/1479)的标准已经发生了根本的变化。然而这个标准似乎定得过高——秀才科在隋朝被称为“秀异之贡”,一般士子都生畏难之心而不敢应举;唐代史臣指出,整个隋代,秀才及第者不过杜正玄等十数人而已(魏徵等:76/1750)。李唐王朝的统治者们面临的是同样的尴尬。唐沿隋旧,秀才仍为最高科等,所试科目仍为方略策五道,取人标准还是那么严格;由于“取人稍峻”(李林甫等:2/45,4/109),“举人惮于方略之科”(封演:3/15),故高宗永徽(650~655)之后遂告停废(欧阳修等:44/1163)——开元末虽曾恢复,但为时甚短(杜佑:15/354),此后便彻底消失。从此天下举人群趋于明经、进士二科,而“秀才”一词更演变成对进士或读书人的通称。

进士科为隋炀帝始置,唐因之,开始时只试时务策五道;高宗调露二年即永隆元年(680),考功员外郎刘思立奏请加帖经及杂文两首(封演:3/16;王溥:76/1379)。次年八月颁布的诏书中,只提到加试杂文,而未及帖经(王溥:75/1375),不过进士科试帖经、杂文和策的格局已经基本确立下来,自此以后,三场试成为唐代进士考试的定制。三场试每场定去留,三场皆通即为登第,分别甲乙等第和名次先后,出榜公布。唐朝前期,三场的次序是帖经、杂文(箴铭论表之属)、试策,大约自中唐起,杂文(时已专用诗赋)跃居首位,初场诗赋是否合格乃成为决定去留的关键。有成格可守是促成这一变化的重要原因:诗赋用格律,有一定之规,考官容易掌握客观的评判标准。正如《唐音癸签·进士科故实》所说:“按其声病,可塞有司之责。虽知为文华少实,舍是益汗漫无所守耳。”(胡震亨:18/197)另一方面,以诗赋为首的情况也反映出社会上重视文学渐成风气,并对进士科录取产生影响:进士科事实上已由最初设想的政事之科演变为文学之科。

选拔可以经世致用的官员,应该是唐初统治者开科取士的初衷。因此起初试时务策还比较注重考察考生的政治识见,但其要求比之秀才科的方略策已大为降低,同时南朝靡丽文风余波所及,朝廷公文率皆骈体,权衡策文好坏的标准也逐渐倾向于词采而非义理。不管是考官的策问还是进士的对策,均系堆砌典故和辞藻的四六文,即使涉及现实,针对国家的当务之急,也完全被淹没殆尽。这些体性轻薄、文章浮艳的对策得到朝野上下的赏识,于是后生之辈纷纷起而效之,“不以指实为本,而以浮虚为贵”(薛登语,刘昫等:101/3138)。弊端很快就显露出来。由于考试只重辞章,历年题目又多陈套雷同,因此进士们不是留心世务,钻研经史,而是模拟旧有的对策来揣摩应试的技巧,很多人不仅缺乏真才实学,甚至连文理都欠通,结果选拔出来的人才的素质可想而知。为扭转这种不利的局面,遂仿照明经科的办法增加帖经,以求学有根底;同时加试杂文,冀望提高进士的文字水平,从而改变进士论事肤浅、词句不伦的毛病,务使其洞识文律,义理惬当。刘思立的奏疏正好适应了实际需要。

然而,事情的发展却出乎意料,三场试中杂文越来越受到世人的重视,而作为选官重要来源的进士科遂日益走入诗赋取士的窄途。

新增的科目中,帖经考的是儒生对经典知识的熟悉程度(考试时,遮掩经书的前后文,只留一行,裁纸为帖,帖去其中几字,而令考生诵读,以定其上下优劣[杜佑:15/356]),其实专重于考生死记硬背的记忆功夫,离学问的淹博甚远;帖经本来就枯燥乏味,被人厌弃,而允许赎帖(一般文士平常经读得不好,以帖经为大厄,因此允许他们以诗代之)的礼闱故事(封演:3/16),更加强了人们对帖经的贱视。杂文最初所试为箴铭论表之类,诗赋所占比重不大,后来约在玄宗天宝之季始专用之(徐松 1984:2/70),诗赋取士至此成为定局。这正是文学风气正盛,诗歌创作已臻巅峰的时代。当时天下无事,万户砥平,“故太平君子唯门调户选,征文射策,以取禄位……父教其子,兄教其弟,无所易业,大者登台阁，小者仕郡县，资身奉家，各得其足，五尺童子，耻不言文墨焉”（沈既济语，杜佑：15/358）。在这种令人致幻和迷醉的社会氛围下，便形成了“士有不由文学而进，谈者所耻”（梁肃《侍御史摄御史中丞赠尚书户部侍郎李公墓志》，董诰等：520/5289b）的集体认识，以至于独孤及在《唐故朝散大夫中书舍人秘书少监顿丘李公墓志》中不无夸张地写道：“搢绅闻达之路，唯文章先。”（11/7b）

诗赋取士充其量只能衡量进士的文才而非吏干，尚浮华还是进贞实，官僚集团内部的态度是颇为游移的，其间不断有人发出不同的声音。早在高宗咸亨（670~673）年间，王勃就在文章中指出，铨选以诗赋为先，“未足以采取英秀，斟酌高贤”（《上吏部裴侍郎启》，4/131），此时诗赋还没有成为进士考试的科目。玄宗即位之初，励精图治，曾抑制浮

图 07　王勃像

《晚笑堂竹庄画传》

在王勃批评铨选弊病之后若干年，左拾遗张九龄亦上疏论选事，“以二诗一判，定其是非，适使贤人君子，从此遗逸”（《上封事书》，16/849），可见开元初年务实之风尚。

华，一度显露出务实的趋向；随着开元盛世的到来，他开始留意文治，文学之士进士及第的日渐增多。重吏治还是重文学，在整个玄宗时期一直争论未定。开元二十五年礼部执掌贡举之事后，评判进士杂文的标准从“洞识文律”变成了“华实并举”（李林甫等：2/45，4/109）——兼顾词采与质实，形式与内容。二十五年二月，因礼部侍郎姚奕上疏，下诏说：

> 今之明经、进士，则古之孝廉、秀才，近日以来，殊乖本意。进士以声律为学，多昧古今；明经以帖诵为功，罕穷旨趣。……以此登科，非选士取贤之道。（王溥：75/1377）

这道诏书无疑是对文学取士的一次否定。虽然如此，并且有李林甫的排挤文士，不过重词科的风尚业已根深蒂固，积习难返；而宫廷政治生活如修史、编书、草拟诏令等，又确实离不开雕虫之艺；自从国家设置科举以来，此科所取，“其间不容无贤”（王安石语，马端临：31/907）；何况现实的矛盾是“德行、言语、政事、文学，四者无人兼之”（李华《杨骑曹集序》，董诰等：315/3198b），文学虽不足以经务，但政事和文学人才不可得兼的情况下，舍弃目前的取士政策并不明智。进士科之重文学，既是多少出于无奈的权宜之计，也是在找到解决之道前的经过了时间验证的“最佳”选择，因此不能遽废——“自文章而言之，则策论为有用，诗赋为无益，自政事言之，则诗赋、策论均为无用矣，虽知其无用，然自祖宗以来莫之废者，以为设法取士，不过如此也”（苏轼《议学校贡举状》，1986：25/724）。

安史乱后，批评进士试的声音愈发激烈。肃宗时刘峣认为诗赋取士是舍本逐末，重才轻德（《取士先德行而后才艺疏》，董诰等：433/

图 08 王安石像

《中国历代名人画像谱》

读了苏轼的奏疏，宋神宗深以为然，王安石则提出了反对意见："若谓此科尝多得人，自缘仕进别无他路，其间不容无贤；若谓科法已善，则未也。今以少壮时正当讲求天下正理，乃闭门学作诗赋，及其入官，世事皆所不习，此乃科法败坏人才，致不如古。"（马端临：31/907）熙宁变法，以经义代诗赋，虽说已进一步，但仍脱离实际。

4424a）。到了代宗朝，以礼部侍郎杨绾为首的一班朝臣，再次攻击进士科之弊。他们从儒家道德的角度出发，指摘进士科是造成儒道不举的罪魁祸首，甚至很牵强地将取士之失与安史之乱相联系。大乱初定，士大夫阶层亟欲整顿山河，收复民心，挽狂澜于既倒，所以立论不免偏颇：提议废止科举，恢复两汉时代的察举制，这种复古的思维方式不仅保守，而且荒谬。打着孔教大旗的儒家忠实信徒遭到了微弱而坚决的抵抗——宰臣和翰林学士以进士科行之已久难于速改为由，将他们的动议搁置下来（刘昫等：119/3430~4；欧阳修等：44/1166~8）。此后虽有赵赞（建中三年[782]）、李德裕（大和七年[833]）等停罢诗赋，但都为时甚短（徐松 1984：11/417~8，21/757），没有从根本上触动进士科的基础。

不过，对诗赋取士不切实际的指责已然在社会上造成不小的舆论——"文词取士，是审才之末者"（杜佑：18/456）成为很多人的共识。

中唐时，一些非进士（科举）出身的官员如柳冕、元稹等曾力斥文学取士之非，而文坛上显露的新气象也为酝酿中的改革提供了理论武器。大历（766~779）、贞元之间，鉴于藩镇连兵，国运衰颓，一批有政治抱负的文士锐意进取，试图以实际行动中兴唐室。如文章有两汉遗风的独孤及，为文博约而深厚的梁肃，古文运动的这些先驱多崇尚古学，反对拘限声病；而古文大家像"欲自振于一代"（刘昫等：160/4195）的韩愈，"以生人为己任"（柳宗元《与杨诲之第二书》，33/2134）的柳宗元，更是留心古今兴亡得失，关注天下治乱安危，明确主张文以明道，文道合一。他们学识和文才兼备，既有远大理想又能身体力行，文学和政事在他们身上重新得到了统一。

在这一背景下，经学宗师啖助的弟子赵匡在任洋州刺史期间，上《举选议》全面抨击"岁月既久，其法益讹"的选举制度。谈到诗赋取士时，他说：

> 进士者，时共贵之。主司褒贬，实在诗赋，务求巧丽，以此为贤。不惟无益于用，实亦妨其正习；不惟挠其淳和，实又长其佻薄。……所谓所习非所用，所用非所习者也。故当官少称职之吏。（董诰等：355/3602b）

在赵匡看来，国家用人应着眼于选举人的施政才能。贞元元年（785）的《冬至大礼大赦制》以政府法令的形式肯定了赵匡等人的意见（陆贽：2/61~2）。该制由陆贽起草。若干年后他受命知贡举，将为国选士的理念付诸实践。当年一榜之中录取了很多才识之士，如韩愈、李观、李绛、崔群等，"数年之内，居台省清近者十余人"（刘昫等：139/3800），故时人称为"龙虎榜"（欧阳修等：203/5787）。

嗣后高郢、权德舆等人继续坚持新的选士标准,“志在经艺”(刘昫等:147/3976),“为时求人”(权德舆《答柳福州书》,41/627)。文武两朝两度出任宰相的政治家李德裕的改革措施涉及的领域较广,如罢呈榜(旧例,放榜前将拟定的及第者名单呈宰相过目,后者有权调整替换),限制座主与门生关系,禁断新进士曲江宴集等(李德裕《请罢呈榜奏》《停进士宴会题名疏》,李卫公集补/855~6)。大和七年,李德裕建言,进士试以论议代诗赋,文宗准奏(司马光 1956:244/7886):

> 进士之科,尤要厘革。虽乡举里选,不可复行,然务实抑华,必有良术。既当甚弊,思有改张。……其公卿士族子弟,明年已后,不先入国学习业,不在应明经、进士之限。其进士学,宜先试帖经,并略问大义,取经义精通者;次试议论各一首,文理高者,便与及第。其所试诗赋并停。(《大和七年册皇太子德音》,宋敏求 1959:29/106)

这些“新政”治标而不治本,并没有触及科举之弊的实质,却无法推行下去——随着李德裕的失宠和被贬,一切又悉复旧态(王定保:3/28~9)。

一个国家的治理需要多方面多层次的人才。即使海内承平的时期,国家也面临一系列亟待解决的问题。如何因应时势、不拘一格选用人才是制度设计者必须面对的难题。唐代科举虽然做出了若干有价值的制度变更,但仍然存在严重的误区。一个人只要熟读儒家或其他古代经典,帖经自然不在话下,从这类考试中脱颖而出的无非是些皓首穷经寻章摘句的老经师,他们专精的学问无关国民经济,仅仅满足国家意识形态的需要,帮助从草寇或流氓豪强出身的皇权建立其正统性;经自然要有人来阅读和解释,但如果所有的读书人都拥挤在这条狭仄的路上,写四平八稳的“八股文”,发毫无新意的迂腐议论,没有创见，甚至没有阐释，只是亦步亦趋地跟在圣人或帝王的屁股后面，那真是十足的悲剧。天生颖悟才高八斗的诗人墨客，写得一手漂亮的文章，吟得许多脍炙人口的诗篇，同样不能挽救不振的朝纲，凋敝的民生，很多时候，他们的才华只能消耗在翰林供奉的任上，成为开明盛世一代名主的花边和点缀；他们中的大多数，只在文学史和帝王将相的家谱上留下名字，虽然他们也曾出牧一方为民之父母，却对国家政治社会变革影响甚微。策论或许多多少少能见出一个人政治方面的识见，然而，在传统中国，董理一姓之社稷基业的官员，其自我修养关键在于是否精通为官做人的道理：那些蒙受皇恩的官员必须学会俯首帖耳，小心谨慎，做好皇家的守财奴和看门犬，即使满腹经纶，却被权力和自我束缚住了手脚；他们一旦走上官道，原有的那点经国之才很可能马上就被无处不在的人际关系的污染源所销蚀，最终变得碌碌无为，甚或混迹其中如鱼得水。

一句话，在古代中国，不论考什么和怎么考，都不能解决实际的人才问题。农业的中国始终不大重视技术上的建设，缺乏必要的“数字化管理”，少有的或可动摇根基的改革（如王安石变法）也以失败告终。而后代科举制度的严密化和规范化，更缩小了任何变革的可能性。

忽闻金榜扣柴扉:放榜与登科记

一声天鼓辟金扉,三十仙材上翠微。

——韦庄《放榜日作》(1/40)

国初循唐制,进士登第者,主文以黄花笺,长五寸许,阔半之,书其姓名,花押其下,护以大帖,又书姓名于帖面,而谓之榜帖。当时称为金花帖子。

——赵彦卫《云麓漫钞》(2/23~4)

三场试的成绩并不是决定录取的唯一标准。唐代有向宰相呈榜的惯例,有时候帝王也会出面干预科场去留;缴纳省卷的规定方便主司考核举子文章的同时,也帮助应举者制造了声誉;由于公荐和通榜十分普遍,请托行卷的风气愈演愈烈,达官贵人的赏识,亲朋好友的揄扬,以及社会舆论对士子的评价,都成为录取时的重要依据,因此考试成绩经常只是一个参考,甚至可有可无。在这些情况下,最终确定下来的及第者名单就毫无悬念可言。

名单要张榜公之于众，这就是科举时代所谓的放榜。唐代通常在二月份放进士榜，其时天气转暖，春光乍泄——“水国寒消春日长，燕莺催促花枝忙。风吹金榜落凡世，三十三人名字香”（周匡物《及第谣》，彭定求等：490/5549）。贞观初年，张榜的地方似乎在宫城的端门附近。据传，唐太宗李世民于放榜日私幸端门，见进士从榜下缀行而出，心中窃喜，对侍臣说了那句非常著名的话：“天下英雄入吾彀中矣！”（王定保：1/3，15/159）玄宗开元中，张榜之前要在尚书省都堂举行唱第仪式，被唱到名字的即为进士及第，否则就是落第。那时的一首民谣很风趣地描述道：“两两三三戴帽子，日暮但候吟一声，长安竹帛皆枯死。”（《大唐传载》，罗宁：17）（当时规定，唱第之后，试卷须送中书、门下复核[王钦若等：639/7391]，但这个制度并没有得到严格的执行。）开元二十四年以后，礼部侍郎知贡举，进士考试移尚书省南面的礼部贡院，张榜地点也就改在贡院东墙：此处专设一道短墙，高约丈余，周围绕以棘篱。宪宗元和六年（811），鉴于发生了监生郭东里撕毁文榜的事件，后来放榜就分正副，先出虚榜，稍晚一些时候再挂正榜（王定保：15/159~

图 09　唐太宗像

《中国历代名人画像谱》

统治者设下“圈套”，以高官美仕牢笼天下英才，读书人不再徘徊犹疑，纷纷投身其间，尽在“猎人”的一箭之地内。

60)。榜文以黄纸淡墨书写，喜庆吉祥，所以也称“金榜”；因放榜正当春天，所以又称“春榜”。

放榜时天色尚早(午后放榜是特例)。陈标《赠元和十三年登第进士》诗说：“春官南院粉墙东，地色初分夜色红。”(彭定求等：508/5770)此时漏尽更残，月落乌啼，长安城笼罩在雾气中，百姓仍贪恋着睡乡，梦中的情景或甜蜜或悲伤，或者淡淡的了无痕迹，梦醒后什么也不留下，更没有人知道。望眼欲穿的进士们彻夜未眠，守候在下榻的旅店或馆舍之中，或独坐寒斋，拥炉而叹，或彳亍中庭，患得患失，焦急地等待出榜的消息；而各种小道消息络绎不绝地传来，更增添他们的愁苦。忽然钟鼓初鸣，宵禁解除，慢慢地城内开始有了动静，人声市声驴马声此起彼伏，卖胡饼的，卖茶汤的，诸般生意都开张了。此时，榜文从尚书省礼部送至贡院，很快张挂出来。“一声天鼓辟金扉，三十仙材上翠微”，“千炬火中莺出谷，一声钟后鹤冲天”(韦庄《癸丑年下第献新先辈》，8/290)，一年的焚膏继晷，一年的奔波劳累，一年的希望与梦想，到如今终于见到了分晓：落第者思绪万千，心头别有一番滋味，“十载驱驰倦荷锄，三年生计鬓萧疏。辛勤几逐英雄后，乙榜犹然姓氏虚”(殷尧藩《下第东归作》，彭定求等：492/5569)；及第者踌躇满志，喜形于色，“桂苑五更听榜后，蓬山二月看花开”(黄滔《二月二日宴中贻同年封先辈渭》，3/7b)。当那些幸运者的名字被大声唱出来时，所有的进士一定会想起若干年前第一次听祖父讲述鲤鱼跃龙门故事的那个晚上。

此时也正是文武百官上朝的时刻，“喧喧车马欲朝天”(徐夤《放榜日》，8/10a)——下面的故事就发生在这个特殊的场合。秘书监薛逢，晚年颇不得志，一日早朝，骑了匹羸马，路遇看榜后归来的新进士；鸣锣开道的进士团(长安民间的商业机构，以新进士为服务对象)见他模样寒酸困顿，呵斥道：“回避新郎君！”趾高气扬，来势汹汹，仿佛这帮京城闲汉也分享了新科进士的荣光。薛逢闻言，微微一笑，命仆从传话说："报道莫贫相，阿婆三五少年时，也曾东涂西抹来。"(王定保:3/40)——你们这些人不要那么猖狂，我老人家年轻时，也这样横冲直撞不可一世来着。薛逢会昌元年(841)第三人进士及第，文词俊拔，有经画之略，是个自视甚高的人物(徐松 1984:22/785)。

张榜之外，榜文也会流传各地。开元、天宝之际，新进士中间流行一种以泥金帖子报喜的风俗。王仁裕《开元天宝遗事》说："新进士才及第，以泥金书帖子附于家书中，用报登科之喜。"(下/40)泥金帖子是家庭喜报，由新进士个人书写，附于家信之中。而后来出现的金花帖子则属于官方文件，有点类似于今天的录取通知书："进士登第者，主文以黄花笺，长五寸许，阔半之，书其姓名，花押其下，护以大帖，又书姓名于帖面，而谓之榜帖。当时称为金花帖子。"这种制度一直延续到宋初。南宋洪迈家藏咸平元年(998)孙仅榜小录，"犹用唐制，以素绫为轴，贴以金花"，上书主司头衔、姓名、年岁、生辰和父祖名讳，下列该榜状元和同榜进士的姓名、籍贯等(容斋续笔 13/378)。

榜帖大概需差专人送至及第者的家乡或所在州府，有时也递交他们的亲友——如《玉泉子》所记，通知赵琮及第的榜帖就送到他的岳父处，"授所持书，乃榜也"(夏婧:120)。会昌三年，王起知贡举，擢拔了不少孤寒之士。其中有个叫高退之的，觉得登科无望，考试结束后便归居于长安左近的盩厔县，其实心里还是存了侥幸的念头的。果然，有一天进士团"遣人赍榜，叩关相报"，对他来说，这真是意外之喜，"忽闻金榜扣柴扉"(王定保:3/34)，短短七个字，将惊疑参半恍在梦寐的心理暴露无遗。

唐人特别重视进士科，企羡新科进士的风采，所以"每岁得第之人，不浃辰而周闻天下"(沈既济语，杜佑:15/358)，他们的名字很快就会传遍帝国的万里江山。这促成了社会上编撰进士登科记的热潮。据说，每年礼部放榜后，贡院的小吏都要写录及第者的姓名，献给士大夫子弟，以备他们应酬交际并作为将来应试的参考(《蔡宽夫诗话》，郭绍虞：下/148)。这类实用目的很强的文字记录同榜帖、题名之类的材料，都是登科记的资料来源。据《封氏闻见记·贡举》，大约从中宗神龙(705~707)年起，就有好事之徒开始纂集登科记，逐年记载登第者姓名，以后不断增添(封演：3/17)。士人多以名字能够上登科记为荣。天宝末，封演进士及第，得以添写姓名于旧登科记之末；而不幸落第的进士张绅，则手捧登科记置于头顶，羡慕地称之为"千佛名经"(封演：3/17)——可见登科记这东西在唐代进士心目中的地位。

唐宋时期由私人纂集或官方编次的唐人登科记和类似登科记的著作，今知有十几种之多，皆已不存，只能从史志、书目、类书窥其鳞爪(参赵守俨：135~8)；宋代登科记，完整留存下来的唯有《绍兴十八年同年小录》和《宝祐四年登科录》两种(参傅璇琮 2009：叙例/1)。根据这些弥足珍贵的文献，可大致了解唐人登科记的内容：除了及第者姓名和名次，也会载录其籍贯、行第、年龄、生辰、婚姻，父祖名讳、宦秩和存殁等情，并列叙知举者名氏和所试诗赋题目之类(吴曾：4/88~9；王应麟：115/2128a~b；佚名 a：396a；陆容：14/172~3)。

放榜之后，新进士还要拜谢座主和参谒宰相，称为"谢恩"和"过堂"。谢恩就是登门答谢主司的赏识提拔之恩，其间新进士还要向座主介绍各自的情况，并炫耀家世，借这个机会提高一下身价。过堂时，新进士在座主的引导下到尚书省都堂参见，新科状元例当致词：某年某月某日，礼部放榜，某等忝幸成名，获在相公陶铸之下，不胜感惧。诸如此类，不外是些感恩戴德的言辞(王定保：3/25~6，27)。会昌三年，卢肇、丁棱等及第，时状元卢肇因事未能与会，所以致词的任务便落到了

图 10　清叶衍兰文天祥像

《中国历代名人画像谱》

宝祐四年(1256)的状元是文天祥。《登科录》载其名字(字宋瑞,小名云孙,小字从龙)、行第(千一,千字当衍)、年龄(二十)、生辰(五月二日丑时)、婚姻(未娶)、籍贯(吉州庐陵)、家庭成员(曾祖安世,祖时用,父仪,母曾氏,弟天麟)等(佚名 b:2/51)。据《文山先生纪年录》,文天祥生于子时而非丑时;初名云孙,字天祥,后以字为名乡贡,更字履善;理宗皇帝见其名曰:"此天之祥,乃宋之瑞也",遂又字宋瑞;五月二十四日唱名,后四日,父文仪病故(因此《登科录》记曰"偏侍下"),天祥兄弟扶榇归里(文天祥:17/443~4)。

第二名丁稜的身上。偏偏这个丁稜不仅生得面貌丑陋,而且有口吃的毛病。碰上这般大场面,紧张得浑身出汗,口齿更加不灵便了,"鞠躬移时,乃曰'稜等登,稜等登'"——他是要说"稜等登科"如何如何——结果这次的过堂就在众人的哄笑声中结束了。第二天,有个促狭鬼打趣丁稜:"闻君善筝,可得闻乎?"丁稜不虞有他,老老实实回答道:"在下并不善筝。"那个人说:"昨日闻'稜等登,稜等登',岂非筝之声乎?"(《新辑玉泉子》,夏婧:117)

公卿门户不知处:公荐与请托

收人既少,则争第急切,交驰公卿,以求汲引,毁訾同类,用以争先。故业因儒雅,行成险薄,非受性如此,势使然也。浸以成俗,亏损国风。

——赵匡《举选议》(董诰等:355/3603a)

仆窃谓今之得举者,不以亲,则以势,不以贿,则以交,未必能鸣鼓四科而裹粮三道;其不得举者,无媒无党,有行有才,处卑位之间,仄陋之下,吞声饮气,何足算哉!

——王泠然《论荐书》(董诰等:294/2982b)

唐代科举广开入仕门路,拓宽应举及第的范围,极大地刺激了帝国境内读书人的积极性,但囿于录取名额,最终能够考取的毕竟只是少数,竞争激烈而残酷,即使是英才特出,也无法保证自己一战必胜,因此想从科举出身的士子不得不另觅登科的捷径。由于文章的考校取舍悉委之于知贡举一人,试卷又不像后世那样实行糊名,诸如此类的制度设计上的漏洞无形中为寻找机会的应举者敞开了方便之门：他们大可以走人际关系的路线，打通上下关节，借助达官贵戚或名士闻人的力量，影响和左右主司的视听，从而谋求自身的利益——“驱驰府寺之门，出入王公之第。上启陈诗，唯希欬唾之泽；摩顶至足，冀荷提携之恩”（薛登语，刘昫等：101/3138）。尤其那些无交无援、无媒无党的贫寒之士，更是奔走于公卿之间，以求汲引荐拔。他们“身居穷约，不借势于王公大人则无以成其志”（韩愈《与凤翔邢尚书书》，2010：8/841），而王公大人不费吹灰之力就获得了荐贤的令名，这可是两全其美的好事，何乐而不为呢？

每年考试之前，朝中显要的府第前必然是人声鼎沸，熙来攘往，“请谒者如林，献书者如云”，其中大多数都是“有望于吹嘘剪拂”的属词求进之士（白居易《与陈给事书》，2011：7/302）。为了获取人人艳羡的科第文名，此辈登门投刺，执书请益，几无虚日。只要博得有力之人的青睐，得到他们的推毂揄扬，举子的声誉马上暴涨，识者动目，闻者侧耳，转瞬之间天下皆知，所谓“伯乐一顾，价增三倍”（韩愈《为人求荐书》，2010：8/855）也。科场之中，名公巨卿的举荐延誉可谓举足轻重，差不多成为能否及第的关键因素。虚名比实学重要，先声夺人不仅是兵家必备的战略，在士人中间也是心照不宣，被大家当成了秘密武器。如果有人肯为之周旋，那么举子取高科上第简直如拾草芥一般容易；就是不幸而下第，也能落一个衔冤负屈的好名声。是故有唐一代，请托之风盛行，举人争相行卷，官员不惮荐才，不论出于公道还是私心，都是“多务朋游，驰逐声名”（刘昫等：147/3976），以制造舆论为目的。

牛僧孺初到长安，喘息未定，就去拜谒当时“名价籍甚”的韩愈和皇甫湜，两位名士读了牛的文章后击节赞叹，于是故意乘他外出时回访，在门上写了几个大字，说是韩愈和皇甫湜来过了；第二天，牛僧孺

图 11　韩愈像

《历代帝王圣贤名臣大儒遗像》

在贞元、元和之际的改革浪潮和古文运动的大背景下，一批文章驰名的达官，如梁肃、韩愈、柳宗元等，都以奖掖后进、推荐贤才自任。他们通过荐贤，吸引会聚了不少后辈，将政治理想和文学观念的种子播撒在他们中间。

下榻之处"观者如堵"，由是牛的名气"大振天下"（王定保：6/63~4）。这则逸事虽多少偏离历史的真相，却提供了一种想象唐朝士风的方法。韩文公平生留意世务，乐于接引后进，门下聚集了一大批人才，时人目为韩门弟子，而他本人之擢第春官，同样也获益于这种弥漫朝野的风气。贞元八年，兵部侍郎陆贽权知贡举，其时右补阙梁肃不但是古文大家，而且在科场也很有威望，为一代之龙门，陆贽就诚恳地邀请他推介艺实之士；梁肃果然不负所望，他一共荐举了八个人（包括韩愈在内），都巍然高中，无有失者。先辈的赏识让韩愈感激在心，其榜样的力量更让他心向往之，后来他便效法梁肃，"孜孜以荐进良士、明白是非为己任"（韩愈《与祠部陆参员外荐士书》，2010：7/823）。

名人的示范作用促成了良好的科场风气，有的知举官员唯恐遗贤，一些居官有声的士大夫也贤贤易色，而举子们当然愿意趋附其门，以文为贽。柳宗元《答贡士廖有方论文书》说："吾在京都时，好以文宠后辈，后辈由吾文知名者，亦为不少焉。"（34/2209）在这种时代氛围下，就出现了唐代科举特有的公荐现象——“故事，知举官将赴贡院，台阁近臣得荐所知进士之负艺者，号曰公荐”（马端临：30/876）。这些台阁近臣多能出于公心，充当举子强有力的奥援，在主司面前激扬其文字，品鉴其人格；而他们显赫的地位和慷慨的名望，也让他们的褒奖令人信服，“指顾即能置人羽翼”（《金华子杂编》下，夏婧：286）。宝历二年（826），朱庆馀进京赴举，行卷于享有重名的张籍，大获称赏，张籍向主文推荐了他的二十多首诗，结果朱氏诗名日著，并因此而登科（范摅：下/200）。

> 洞房昨夜停红烛，待晓堂前拜舅姑。妆罢低声问夫婿，画眉深浅入时无。（朱庆馀《闺意献张水部》，彭定求等：515/5892）

这首脍炙人口的唐诗表面写燕尔新婚的小儿女情态，实则暗含希求引荐之意。

随着科举尤其是进士科地位的上升，开元二十五年，礼部侍郎（正四品下）代替考功员外郎（从六品上）典贡举，知举者的声威进一步提高。披览文卷并决定名次高下的权力在主司手中，然而卷轴繁多，阅卷工作实在苦不堪言，为避免一时失察而造成遗憾，有些知贡举官员就拜托交情契合的朋友襄助。《容斋随笔·韩文公荐士》说：“唐世科举之柄，颛付之主司，仍不糊名。又有交朋之厚者为之助，谓之通榜。”（洪迈：容斋四笔 5/686）贞元十八年（802），非进士出身的权德舆掌贡士，祠部员外郎陆傪是他的莫逆之交，遂得通榜，时韩愈向陆傪公荐侯喜等文行出群者十人，权德舆连续三年主文柄，共放进士七十二人，韩愈所荐十收其六七（王定保：8/82；徐松 1984：15/579）。富有文学、刚正不阿的给事中许孟容，也曾助权德舆通榜，“进士可不，二公未尝不相闻”

（钱易：癸/164）。

一般来说，公荐和通榜者仅限于向主司推荐人才，而不强行插手科场去留，最后的取舍仍由知贡举者掌握。不过有些特殊的时刻，主司也会把权力交付通榜的人。大中（847~859）间，宣宗皇帝的爱婿郑颢知举，托崔雍员外通榜。崔雍答应得很爽快，做起事来却磨磨蹭蹭，也许这个人是慢性子，也许他喜欢恶作剧，反正他一拖再拖。放榜前一天，眼瞅着东方渐亮，崔老先生的榜还没到。郑驸马正自着急，崔雍的童仆叫寿儿的来了。榜呢？没有。驸马急得直跳脚，但无法可想。白天就这样逝去。天色已晚，寿儿也不回去，就在院中安歇。郑颢这才心生疑窦，搜索寿儿身上，结果仍然没找到。无奈，只好亲自造榜。夜深人静，顽童拿出一个蜡丸，里面藏着早已写就的榜文。而皇帝的乘龙快婿呢，“得之大喜，狼忙札之，一无更易”（王定保：8/82）。

在唐代，公荐和通榜都是公然进行的，唐人司空见惯，视为极平常之事，而很少有人提出异议。李商隐开成二年（837）进士登科。据他自己说，自大和七年以后，他不屑学人行卷——但令狐绹代他写出旧文，纳于贡院，他好像也没怎么表示反对——“未曾衣袖文章，谒人求知”（《上崔华州书》，2002：编年文/108），所以累举不第；直到高锴知举，一日在朝中见到令狐绹，问令狐与谁的交情最厚，令狐随口说出李商隐的大名，没说一句荐托的话，高锴便心知肚明，遂放义山及第（《与陶进士书》，2002：编年文/434）——李商隐将这段“不光彩”的经历详述给别人，一点也没有隐讳的意思。大和二年东都试，百官为主文崔郾饯行的宴会上，太学博士吴武陵盛赞杜牧的《阿房宫赋》：

> “请侍郎与状头。”郾曰：“已有人。”曰：“不得已，即第五人。”郾未遑对。武陵曰：“不尔，即请此赋。”郾应声曰：“敬依所教。”既

即席，白诸公曰：“适吴太学以第五人见惠。”或曰：“为谁？”曰：“杜牧。”众中有以牧不拘细行间之者。郾曰：“已许吴君矣。牧虽屠沽，不能易也。”（王定保：6/63）

主考人未离京，第一名到第五名就已经内定好了——“去取高下，固已定于胸中矣”（洪迈：容斋四笔 5/687）。这种“一言姓名，状头可致”（李复言：2/158）的局面一经形成，考试无非是虚应故事而已。

倘或“止推言于公荐，不攘臂于私恩”（黄滔《赵员外启》，7/34b），推荐者以荐贤为急务，知贡举者也是志在得人，双方相知诚信而无间疑，则“其取人也畏于讥议，多公而审”（洪迈：容斋四笔 5/686~7）。平心而

图 12　李商隐像

《晚笑堂竹庄画传》

义山弱冠之年受知于令狐楚，与其诸子交游甚笃，遂因令狐绹之荐而登进士第。后来令狐楚卒，义山入王茂元幕为掌书记，并就婚于王氏，从此陷入牛李党争，为牛党所排，更被令狐绹指为无行背恩，以致终生仕途坎坷。

论，这种残留着察举制痕迹的推荐和考试相结合的录取办法，在一定程度上的确是能够选贤举能的。但是任何事情都有其反面。知贡举官为“朝廷美选”（王钦若等：639/7382），手中握有左右士子命运的“生杀大权”；执掌礼闱的任命几个月前便已宣布，他们不须入住贡院（锁院）以防嫌，仍旧可以像平日一样应酬交际，行动上有充分的自由，几乎不受什么约束，这样干谒请托之事自然不可避免，而去取也必然不能无私。能够不徇私情秉公取士或者抑豪华擢孤进的终归不多。经常的情况是公荐与私谒相半，二者的界限模糊不清。就算是真正的公荐，也是以牺牲弱势一群的权益为代价。公平只是某些人的公平。相当一部分知举者处于权力风暴和人情漩涡的中心，承受着来自四面八方的压力，“或胁于权势，或挠于亲故，或累于子弟”（洪迈：容斋四笔 5/687），在金钱、权势和人情的糖衣炮弹的交相进攻下败下阵来。

唐代科举虽有别头试这种亲属回避制度（马端临：29/833），但不能完全杜绝营私舞弊的行为。诚如柳宗元所说，“初，礼部试士，有与亲戚者，则附于考功，莫不阴授其旨意而为进退者”（《唐故秘书少监陈公行状》，8/548）。很多时候，别头试仅仅徒具形式，暗度陈仓、以公肥私的做法在中晚唐甚为普遍。大中九年（855），沈询主管礼部试，放榜前夕，与母亲在家闲谈。老夫人建议儿子放亲族中较孤弱的沈僧及第，她的理由很简单：“近日崔、李侍郎，皆与宗盟及第。”（范摅：下/150~1）适当照顾宗族亲党，恐怕也是人之常情。而更多的知举者则丧失良心，倒行逆施，利用手中职权，勾结权贵，借国家公器以市私恩。崔瑶外示公正，表现出不畏物议的高姿态，暗地里却受贿通关节，榜中率皆权贵子弟（王谠：3/214）。吕渭结附裴延龄，擢裴子操居上第，为正人君子所不齿，后来他不慎丢失私谒的书启，请托事败露，贬官收场（刘昫等：137/3768）。这个吕渭于贞元十一年（795）放榜，不能确定名次去留，心中苦闷，作诗寄前主司说：“独坐贡闱里，愁多芳草生。仙翁昨日事，应见此时情。”（王定保：8/83）如何才能取悦当权者而又不致引起公愤，他苦闷的原因很值得深思。

裴坦的故事似乎更具代表性。大中十四年（860），中书舍人裴坦权知礼部贡举，登第的三十个人中，多是无实才的衣冠子弟（刘昫等：172/4468）。据小说家言，这次考试名义上是裴坦主持，取舍实际出自裴的两个儿子。两人纵横议论于私室之中，浑然不知避忌为何物，在座的一位与裴家相熟的老僧遂乘机要挟，为其同乡翁彦枢争得第八人及第的承诺。老僧的说辞一针见血，一下子戳到了腐败者的痛处：

> 夫科第国家重事，朝廷委之侍郎，意者欲侍郎刬革前弊，孤平得路。今之与夺，率由郎君，侍郎宁偶人邪？且郎君所与者，不过权豪子弟，未尝以一平人艺士议之，郎君可乎？（《新辑玉泉子》，夏婧：119）

正式放榜前呈榜的惯例，客观上使当朝宰相得以上下其手，而知举官员慑于宰相的权势，不得不仰其鼻息，挟私妄举。国子祭酒包结（佶）在进士李俊面前夸下海口，保他今科必然高中，李是志在必得，可又放心不下，催问颇为急切；包不得已，呈榜那天早晨，在主司前往宰相府的途中拦住他打探消息，主司无奈地告知：“迫于大权，难副高命。”国子祭酒区区一个闲官，自然敌不过权高位重的宰相。后来包以绝交相逼，主司才硬着头皮做手脚，揩去一个不相干者，换上李俊的名字（李复言：2/157~8）。刘太真榜中有一姓朱的举人，时朱泚之乱刚刚平定，宰相担心朱姓及第会触怒德宗，遂让刘更换一人；刘毫无思想准备，惶遽之间，只记得江东人包谊。这个人曾在长安佛寺中冲撞了刘太真，所以刘记忆深刻，就这样，莽汉包谊凭空捡了个大便宜（王定保：8/87~8）。吴武陵之得第，则是因为知贡举崔郃错会了宰相李吉甫的意，以为二人是故交，实则李吴虽是旧识，却颇存嫌隙（范摅：下/147）。无疑，宰相的“金口玉言”是及第的最好保证——郑从说一句“大好及第举人”的称誉，便令刘崇望独步场中（《金华子杂编》下，夏婧：286~7）。

故家旧族、甲门势要干预科场，胁制主司的事情也是屡见不鲜。贞元十九年（803），权德舆主文，宗室李实荐托私人不成，悍然开列二十个人的名单，向德舆施加压力，并且威胁说，“可依此第之；不尔，必出外官，悔无及也”，德舆虽然没有屈服，却也很担心李实向皇帝进谗言诬告（刘昫等：135/3731~2）。李实的所作所为已然近似市井无赖，然而在中晚唐正是这类人试图控制科举，横行霸道，肆无忌惮：杨虞卿早年颇以名节自砺，后阿附牛党，与李宗闵、牛僧孺等朋比唱和，李待之如骨肉；他和兄弟汝士、汉公一起，为人“驰走取科第，占员阙，无不得其所欲；升沉取舍，出其唇吻”（刘昫等：176/4563）。当时又有苏景胤、张元夫，也能掌控举选，故举子之间传言，“欲趋举场，先问苏张；苏张犹可，三杨杀我”（王定保：7/75）。开成（836~840）、会昌（841~846）间，社会上流行“郑、杨、段、薛，炙手可热”之类的说法，这四个人围绕着权相崔铉，形成一个私谊色彩颇浓的圈子，足以进退举人，扭转乾坤（欧阳修等：160/4974）。还有前面提到的郑颢和崔雍。郑颢尚万寿公主，恩宠无比，大中间权知贡举，他的老丈人，雅好文学的宣宗赐以红笺名纸，上书乡贡进士李忱——天子还是他的门生（王定保：15/160）；崔雍兄弟八人皆出身进士，清名蔼然，时号“点头崔家”，崔郑两家都是著名的世族，同受士流钦重，“举子入事，得游历其门馆者，则登第必然矣，时人相语为‘崔、郑世界’”（《金华子杂编》上，夏婧：269，266）。而晚唐的牛、孔等几家豪族更是势倾中外，以致“每岁主司为其所制”（王谠：3/

285）。

唐季末造，王室多故，官员争权，各树朋党，“中朝流品相率为党甲，以名德清重之最者为其首”；懿宗咸通之时，李都为党魁，沙汰名士，士大夫都以入甲为幸，容止清秀、有才名且官运亨通的崔澹得以侧身其间，他的堂兄崔涓却因性格豪放粗率未能预于品目，虽然想方设法投怀送抱，冀求攀附，但仍受党人排挤，终未能齿列（《金华子杂编》上，夏婧：265）。崔氏兄弟郡望博陵，系出名门，诸崔“历台阁藩镇者数十人，天下推士族之冠”（欧阳修等：182/5364），兄弟二人同一门第，同一起点，只是天性上的些微差异，竟决定了一生运命的穷通与变数，可见朋党比周的力量——“朋党连结，悉相期以死。权势熏灼，力不可拔”（《新辑玉泉子》，夏婧：131）。这力量盘根错节，无涯无涘，如一张小孔眼的大网笼罩了帝国政治的方方面面，像冬日阴湿的雾气渗透进日常的世俗生活。对不择手段追名逐利的举人来说，这些盘踞要津的朋甲中人一言过于九鼎，动目屈指便能致人高科，好似一股强劲的东风，送他们一飞冲天，一鸣惊人。

权臣当路，朋党滋甚；小人谗胜，君子道消。于是科场风气日坏，请托成风，贿赂公行。天下有才能有抱负的读书人扼腕痛惜，敢怒而不敢言；而那些善于钻营的“大好及第举人”，乃竞相奔走于豪门，卑躬屈膝，觍颜示人，甚而不爱惜羽毛，依托宦竖强藩以求进。真是“及第不必读书，作官何须事业”（赵令畤：4/103）！

权贵之家凭借自身优越的政治经济资源，企图通过把持选举权，占据官场要职，延续世袭的门第；而根基不厚的草泽之士冀望借科举起家，同时力保辛苦挣得的政治优势——科举取士的天平越来越明显地偏向孤寒——双方都寸步不让，为国家抡材的科场遂变成士族和寒门争夺利益的激烈战场。在这个战场上，丑闻不断，上演了许许多多充满偶然性的喜剧故事,也到处飘荡着含冤负屈者不散的游魂——多少人把大好年华耗费在科场之中,一事无成而饮恨终生!他们无依无靠,以一己之力寻觅求索,碰得头破血流却不改初衷。“公卿门户不知处,立马九衢春影中”(赵嘏《下第后归永乐里自题二首》二,117),通向天堂的道路有时近在咫尺,有时又遥不可及,如水月镜花般难以捕捉。

秋卷装成寄与谁:进士行卷

唐之举人,先藉当世显人,以姓名达之主司,然后以所业投献;逾数日又投,谓之温卷,如《幽怪录》《传奇》等皆是也。盖此等文备众体,可以见史才、诗笔、议论。至进士则多以诗为贽,今有《唐诗》数百种行于世者是也。

——赵彦卫《云麓漫钞》(8/135)

天下之士,什什伍伍,戴破帽,骑蹇驴,未到门百步,辄下马奉币刺,再拜以谒于典客者,投其所为之文,名之曰"求知己"。如是而不问,则再如前所为者,名之曰"温卷"。如是而又不问,则有执贽于马前自赞曰"某人上谒"者。

——马端临《文献通考·选举考二·举士》(29/836)

不管是公荐还是私谒,请托在唐代的科场中早已是公开的秘密。向达官贵戚、名士闻人投书献文章,博取他们的举荐和揄扬,以期引起主考官员的注意和赏识,这就是唐代举子中间盛行一时的行卷风气——“唐举子先投所业于公卿之门，谓之行卷”（计有功：65/2179）。对于大多数没有什么背景的举子来说，那些在社会、政治或文坛上地位显赫的人是他们通往权力和荣耀之路的阶梯，接通了上流社会这根线，整个世界就在他们面前铺展开来，广阔，平坦，有着无穷无尽的机遇和诱惑，任由他们驰骋啸傲。吟诗作赋是读书人的看家本领，在最擅长的领域用武自是轻车熟路，用其他方式干谒请托不免受人之讥，予人以柄，而以文为贽却既便捷又惠而不费，同时也能多少保留儒门的风雅，不致完全丧失士的尊严和身份，何况除了仅有的文才可以货卖之外，他们也没有其他拿得出手的东西。

上启陈诗在初唐已初露端倪。武后天授（690~691）中，左补阙薛登对这种“觅举”的现象曾加以批评（刘昫等：101/3138），但风尚深入人心，难以遽革，反而有愈演愈烈之势。如“遍干诸侯”“心雄万夫”的大诗人李白，屡次上书于“为文章之司命，人物之权衡”的州郡长吏，“欲收名定价于君侯”，自称所作诗文积成卷轴，愿缮写呈上，目的是获得当事人的品题，“长价于薛、卞之门”（《与韩荆州书》，26/4016~23）。

自高宗永隆二年（681）加试杂文，至玄宗天宝间以诗赋为主，进士科考试趋向于偏重文词，行卷的条件乃渐次成熟。天宝元年（742），韦陟以礼部侍郎知贡举，鉴于考试成绩不足以准确反映一个人的才能，遂命举人在省试前上缴往日诗文，以便“知其所长，然后依常式考核”（刘昫等：92/2958~9）。韦陟的创举开启了唐代科举纳省卷的先河，到天宝十二载（753）冬元结举进士，作《文编》纳于有司（元结《文编序》，12/581）的时候，大概已经正式形诸条文。纳省卷的制度化恐怕和上启陈诗的旧习以及行卷新风的兴起有关——既然都是以文为贽，还不如直接呈献给掌天下贡举的礼部，也许倒能避免或减少请托关节等舞弊行为。当然，好的设计并不一定指向好的结果。

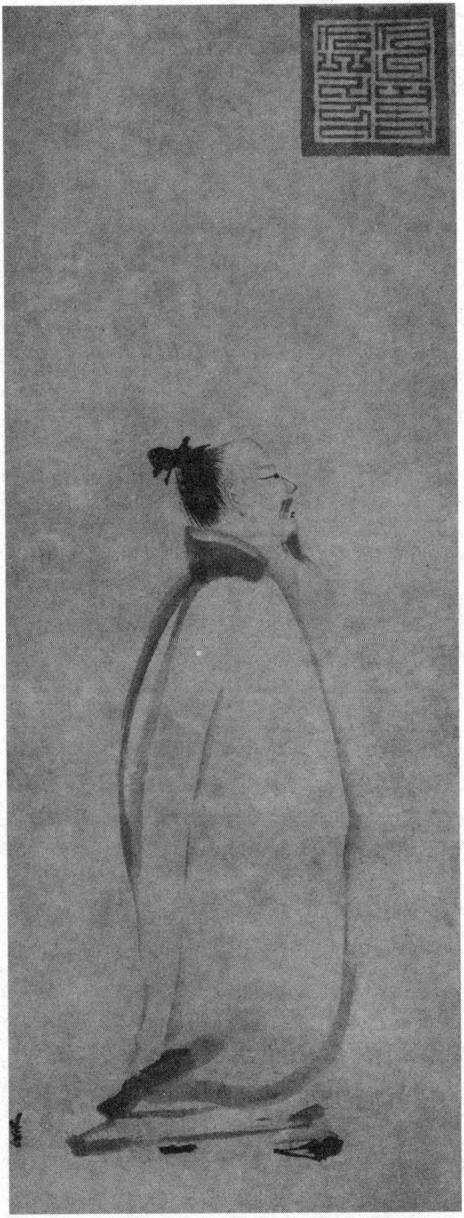

图 13　宋梁楷太白行吟图

东京国立博物馆藏

李白喜谈纵横，好击剑任侠，生平抱有“使寰区大定，海县清一”（《代寿山答孟少府移文书》，26/3982）的大志。他“杖剑去国，辞亲远游”（《上安州裴长史书》，26/4030），目的无非是有所作为。梁楷的这幅名作，很好地表现出“谪仙人”的气概。

这样，作为增加及第入仕希望的一种手段，行卷开始变得可能而且十分必要，虽然“行卷”这个词要到晚唐才见诸文献。

省卷的优劣某种程度上关系到能不能及第，因此举子往往精选出最得意的作品当作省卷缴纳，也有的举子偏好以文备众体的文集呈递，如元结进《文编》，皮日休贡《文薮》(皮日休《文薮序》,2)：纳卷越多，登科的机会越大。然而从主司的角度而言，负担却加重了。有的知举官员不堪其扰，便限定纳卷的数量(王定保：9/103，12/136)，或者规定不得有神道碑、墓志铭之类的篇幅过长的程式化文章(窦仪《条陈贡举事例奏》，董诰等：862/9039a)，传奇小说因其虚构性，“事非经济，动涉虚妄”，也在摒弃之列(钱易：甲/9)。另外，举子在考试前后可以向主试官员献纳诗文，陈述素乏奥援、久困场屋的不幸——“九重城里无亲识”(施肩吾《上礼部侍郎陈情》，彭定求等：494/5587)——寄望于主考能够独具慧眼，不拘一格选拔人才；但畏于物议，严禁举子私下拜见主司(《蒲录纪传》，李昉等 1961：155/1112)。行卷则相对自由，不必遵守礼部的这些规矩，不过行卷本身也有很多讲究，是挣扎于名利场中人的必修功课。

正月日，乡贡进士白居易谨遣家僮奉书献于给事阁下：伏以给事门屏间请谒者如林，献书者如云……率不过有望于吹嘘剪拂耳。……伏以给事天下文宗，当代精鉴，故不揣浅陋，敢布腹心。居易鄙人也，上无朝廷附离之援，次无乡曲吹煦之誉。然则孰为而来哉？盖所仗者文章耳，所望者主司至公耳。……谨献杂文二十首，诗一百首……可与进也，乞诸一言，小子则磨铅策蹇，骋力于进取矣。不可进也，亦乞诸一言，小子则息机敛迹，甘心于退藏矣。进退之心交争于胸中者有日矣。幸一言以蔽之，旬日之间，敢伫报命。

（白居易《与陈给事书》,2011:7/302~3）

这是一篇典型的行卷文字。白居易只遣一介家童奉书投文,是自高身价,态度不卑不亢,多数举子做不到这般豁达,而且情势也不允许他们过分自尊自重。他们通常要亲自出马,放下架子,貌谨气和、毕恭毕敬地登门造谒,行卷并千方百计乞求赐见。唐末科场风气日益浮薄,举人更是勤于请谒(时号“精切”),罔顾自身有无士行,文艺高下。但是侯门如海,这些人无名无分,欲求贵人一面是难于上青天的。在这种情况下,频繁游历于前达之门,孜孜以求见,显然不是明智之举:进退揖让之间,难保不会有疏忽失礼的时候,虽文词可取,终究背上行止有亏的恶名。举人李文彬谒纥干皋,纥干问他最近有什么新闻,正巧京兆府司录贺兰洎刚刚病故,李一时不察,回答道:“听说纥干洎死了。”纥干闻言,拂衣而去,临走还幽上一默:“你好像在跟鬼谈话呢。”(《奇闻录》,李昉等 1961:242/1869)所以必须灵活掌握其间的分寸,有所节制,既要让人家知道有你这么一号人物,又不能叫人心生憎厌。慎重选择行卷对象,有目标地进行投谒也非常重要,这样至少可以免去没头苍蝇般四处奔走的劳苦,节省时间专注于寻觅真正的知音。《唐摭言·旧话》记载科场禁忌,其中“见面少,闻名多”“卷头有眼”“省闲游,事知己”诸条(王定保:15/166),可谓行卷的“十诫”。

一旦锁定目标,就要全力以赴,“文艺既至,第要投谒庆吊及时”(王定保:15/166)——碰上人家府上有人升迁贬谪或有红白喜事,你应该上门道贺或慰问,表露你的拳拳之忱;倘若急难之时有用得着你的地方,你更要表现出“敢效微躯”(李白《与韩荆州书》,26/4021)的意思,否则人家会把你当势利小人、干禄之徒看待。崔蠡丁忧居家,有同宗崔某,久举不第,登门造访,愿出钱三百万助成丧事,崔蠡被他的慷慨和诚意打动，知举时便取崔某为状元；议者认为“一第则可矣，首冠未为得”，崔蠡道及前事，并说：“状头是某私恩所致。”(《芝田录》，李昉等 1961：182/1354)司空图谒王凝，请见后不访亲知即出城而去，王凝“谓其专敬，愈重之”；后王典贡举，司空图以第四人登科，同年怪其名声不响而成事太速，王具言所以，由是司空图“声采益振”(孙光宪：3/46)。四门博士欧阳詹的孙子欧阳澥，来自偏僻遥远的闽地，“薄有辞赋”，因朝中无人，出入考场达二十年；他行卷于日后官至宰相的韦昭度，“凡十余载，未尝一面，而澥庆吊不亏”，韦虽然口头上未作承诺，其实念念不忘，已有知遇之心，无奈欧阳澥命短，刚刚时来运转，便心脏病发作，一命呜呼了(王定保：10/108)。

既然将命运交托于他人之手，则行卷成与不成，或得或失，都是上天的安排，不可过于挂怀；同时考虑到下次考试，为未来预留出路，很多士子在落第后，虽然心有怨恨，仍然“不辞更写公卿卷”(杜荀鹤《下第投所知》，唐风集中/69)，以诗文向先前的行卷对象聊表谢意，一摅悃诚。元和十三年(818)，很多科场失意的进士都作诗讽刺主司，唯独章孝标作《归燕诗》留献，说了些奉承话，主司大悦，“诚恨遗才”，再次主文时果然擢之上第，舆论认为章孝标是“二十八字而致大科”(范摅：下/174)。可见行卷者不仅要学会察言观色，还要有广阔的胸襟和远见卓识。但是人非草木，谁能长期忍受豪门的倨傲、冷落和侮辱？皮日休谒尚书归融，未获延接，一怒之下写了篇《夹蛇龟赋》，讥刺龟(归)不出头，而归融的子侄辈也针锋相对，以《皮靸鞋赋》回敬，双方“递相谤诮”，未知伊于胡底(孙光宪：7/156)。

初次行卷，例须上书启一封，诗文“采其可者若干首，录在异卷”(韩愈《上宰相书》，2010：6/648)。书信除了说明行卷的内容，不外自陈身世，炫耀才华，大肆吹捧行卷对象，多作夸饰肉麻之辞，谄媚乞怜之态，以求赢得对方的好感，得到对方的举荐延誉，从而在科场之中声光灿然，取高科如探囊取物。如何措辞，颇费思量："赞功论美近乎谄，饰词言己近乎私，低陋摧伏近乎鼠窃，广博张引近乎不敬，钩深简尚则畏不能动乎人，偕俪相比又畏取笑乎后，情志激切谓之躁，词语连绵谓之俗。"(刘蜕《上礼部裴侍郎书》，5/1b)唐人避讳风气很盛，行卷的书启和诗文要刻意回避对方的家讳，否则非但援引无望，而且可能因这个小小的失误遭受冷遇，以致断送了前程。据说，进士褚载行卷，把打算面贽刘崇龟的卷轴误投给陆威，恰巧其中几个字触犯了陆的家讳，褚"白以大误，寻谢以长笺"，陆威虽然激赏其文才，却"终不能引拔"，褚载"竟流落而卒"(辛文房：4/10/390)。

行卷的诗文可多可少，关键在于耸动接受行卷者的视听。贺知章览《蜀道难》一篇，赞李白非人世之人，乃是太白星精下凡；顾况初见白乐天有不屑之意，以"长安百物贵，居大不易"戏谑之，及至读到"野火烧不尽，春风吹又生"的诗句，才正色相向——"居天下有甚难"(王定保：7/81)，这两个故事都广为世人传诵。行卷贵精不贵多，但以多为贵渐成时尚。白居易投献陈京给事的是杂文二十篇，诗一百首。这个数量已颇为可观，而王贞白所送则是他的好几倍——"五百首新诗，缄封寄去时"(《寄郑谷》，彭定求等：701/8061)。赋性轻佻、"好行巨编"的薛保逊甚至给自己取了个"金刚杵"(寓无坚不摧之意)的外号。由于进士日增，行卷风靡，公卿府第卷轴盈积，举子的心血结晶对膏粱之家来说没有任何价值，不是被拿来取笑消遣，就是沦为"脂烛之费"，交给下人作为引火之物(王定保：12/136，140)。

要想炫人眼目，行卷的内容必须不断出新，不能翻来覆去总是旧作。裴说行卷，每年都只用五言诗一卷，有人讥笑他，他回答道："只此十九首苦吟，尚未有人见知，何暇别行卷哉？"(钱易：庚/103)他倒是看

图 14　贺知章像

《古圣贤像传略》

四明狂客贺知章禀性放旷，又是好饮的酒徒。这种性情上的近似，也使得他同李太白能够相交莫逆。《唐语林》亦载李白”遍干诸侯“的一则逸事：开元中，白谒宰相，自称海上钓鳌客李白，宰相问曰：“先生临沧海，钓巨鳌，以何物为钩线？”白曰：“风波逸其情，乾坤纵其志。以虹霓为线，明月为钩。”又问：“何物为饵？”曰：“以天下无义气丈夫为饵。”（5/492）

得很开，更多的进士跳不出名利的羁绊，挖空心思开掘新异的题材，制造阅读的兴奋点。宪宗元和十年（815）六月癸卯，黎明时分，长安靖安坊发生了暗杀宰相武元衡的事件，藩镇派来的刺客割元衡首级，又入通化坊偷袭御史中丞裴度，裴度头部受伤，因所戴毡帽较厚，幸得大难不死，时隶人王义奋身相救，饮刃而亡（司马光 1956：239/7713）。此事一出，京城大骇，举朝震动，而忠仆王义的勇烈事迹也随之传布四方。自裴度作祭文伤悼王义之后，“是岁进士撰《王义传》者三之二”（钱易：戊/67）——用取材于时事新闻的传记文行卷，的确是非常好的主意。

行卷的卷轴，其形制与书写的行款格式都有规可循：须“卷有标轴”，上加装饰，不当用生纸（生纸非有丧故不用）写，不当有揩、注之处

(韩愈《与陈京给事书》,2010:7/788);须“厚纸谨字”(李商隐《与陶进士书》,2002:编年文/433),纸张必选坚韧耐磨者,字迹一定要端庄秀丽的;一轴只写十六行,每行不超过十一个字(程大昌 1985:7/586b)。卷轴需要每年整治,如果“怠于装修”,则不免引人议论(孙光宪:10/228)。

请谒行卷后,要耐心恭候回音,经过一段时日(白居易所谓“旬日之间”),若对方没有做出相应的反馈,就要再次上书,询问兼且敦促,这就是温卷。如此反复数次仍未收到答复,说明对方是有意置之不理,或者压根就没有看到行卷的卷轴,进士们良苦的用心落得个付诸东流的下场。

行卷不单是进士的“特权”,科举及第后,应制举或科目选,参加吏部的考课,一样用得到行卷。此外,行卷的时间也不固定。有的在举子云集京师等待礼部考试期间,有的在落第后即将出关的那一刻——长安作为帝国的政治文化中心,人物辐辏,行卷的环境和条件最为充分;还有的在乡贡刚刚开始的金秋时节。李翱行卷于誉满天下的梁肃就在此时。《感知己赋序》说:“贞元九年(793),翱始就州府之贡举人事。其九月,执文章一通,谒于右补阙安定梁君。”(1/1a)为了获得州府的荐送,每年七月,苦读一个夏天的读书人拿着新作的诗文(称为“夏课”,因为秋季以之行卷,所以也叫“秋卷”),向州府长官或名公贵要投献,如果幸运的话,甚至可以拔解,也就是不走考试程序而取得举人资格。他们奔波各地,投新课,求拔解,风尘仆仆,辛苦劳碌,“槐花黄,举子忙”(钱易:乙/22),当时的俗谚形象地概括了这一情景。

明人胡震亨指出,“唐士子应举,多遍谒藩镇州郡丐脂润,至受厌薄不辞”(26/277)。读书人,尤其是出身贫寒的读书人,离家辞亲,旅食寄客,遭人白眼而勤勉不辍,实有不得已的苦衷:州府或节镇长官握有地方实权，士人投书请谒，既可求得荐引，又能谋取一份经济上的资助，可说是一举两得。在社会上信望特隆的文人名士出牧或贬黜外州，虽处江湖之远，旧雨亲知仍居庙堂之高，过去建立的人脉网络依然在释放能量，向他们行卷同样事半功倍，有立竿见影之效。刘禹锡在连州任上，“诸生以进士书刺者，浩不可纪”（刘禹锡《送曹璩归越中旧隐诗》小引，外集 8/1459）；白居易贬江州司马，在庐山结茅读书的刘轲多次请谒行卷，刘举进士，乐天作《代书》送行，信中遍托台省故人，“到长安，持此札”，“则子之道庶几光明矣”（2011：6/281）。州府的试官直接掌控乡贡，更是应举者贽谒的不二人选。沈亚之《与同州试官书》、李频《投京兆府试官任文学先辈》（40a）等，都是乡试投启之作。

每年试期临近之时，来自五湖四海的进士云集在达官贵人门前，上书请谒，期盼着“一登龙门，则声誉十倍”（李白《与韩荆州书》，26/4016~7）；达官贵人不见得有周公之风，能躬行吐握之事，而多吝惜阶前的盈尺之地，故举子一般并不奢望得到接见，只求行卷及门——那些“天下文宗，当代精鉴”若能俯察下情，开诚布公，在公事之暇稍加披览品鉴，举子就算三生有幸，鸿运高照了。事实上，像梁肃、韩愈、柳宗元那样引致后进，以荐贤为己任的伯乐并不常见，大部分高高在上的王公大人“以先达自居，不复求士”（马端临：29/836），他们官官相护，卖面子做人情，为肥马轻裘的权贵子弟大开方便之门。他们倚势而骄，傲物凌人，根本未把天下寒士放在眼里。那些十年寒窗为功名的读书人头戴破帽，身穿麻衣，胯下的驴子羸弱且多病，一副寒酸潦倒的模样：

> 进无所归，居无所依，忿割口食，以就卷轴，冒暑触雪，携出籍谒。所至之门，当关迎嗔，俯眉与语，授卷而去。望一字到主人目且不可得，矧其开口以延乎？时或不弃，而遇主人推心于公是者，当

开缄引读，苟合心曲，又曰：彼何人耶，彼何自耶？况所为幽拙，大与时阔。（孙樵《骂僮志》，10/4a~b）

他们既没有故旧交游之知，又没有亲朋推荐之分，“见遇尽关于薄技”（萧颖士《赠韦司业书》，董诰等：323/3275a），所能凭仗的只有文章一艺。他们节衣缩食，好不容易装备好卷轴，低声下气，前往贽谒，能否毕功于一役还属未知之数：先是被司阍的仆隶百般阻挠，不得其门而入——“万卷书生刘鲁风，烟波千里谒文翁。无钱乞与韩知客，名纸毛生不为通”（刘鲁风《江西投谒所知为典客所阻因赋》，彭定求等：505/5745）；继而又受衡文的主人轻贱忽视，无法互通款曲——“复有置之而不暇读者；又有默而视之，不暇朗读者；又有始朗读，而中有失字坏句不见本意者”（李商隐《与陶进士书》，2002：编年文/434）；即便“文翁”幸而怜悯垂顾，还要问一问来历根源，哪里谈得到邀名造势，推公心而荐？举世皆为乡愿，杨敬之“平生不解藏人善，到处相逢说项斯”（《尚书故实》，罗宁：136），顶多只是点缀科场的佳话罢了。

“蹇驴放饱骑将出，秋卷装成寄与谁？”（张籍《赠贾岛》，4/476）请托无门，干谒无路，已是四顾茫然，欲沽善价却又书上不报，知己难求，更觉形单影只，进退失据，举子纵有奥学雄文，也势必要老死文场，或终生埋没于陋屋穷巷之中。

毋庸讳言，进士行卷的风气确实对文学有促进作用，但也带来了一些负面的东西，最显著的流弊是作假和抄袭。李商隐文集中就收有代人所作的行卷书启。捉刀代笔的现象在晚唐是普遍存在的，尤其多见于世家子弟，“今子弟之求名者，大半假手也”（《新辑玉泉子》，夏婧：131）。有个叫殷保晦的，“历官台省”，他举进士时的行卷文字居然全系出自老婆封氏之手（孙光宪：11/245）。抄袭或偷盗他人文卷的事也很常

图 15　明张路骑驴图
故宫博物院藏
驴子仿佛是诗人特有的坐骑，这是钱钟书的名言(280)。虽然唐人的诗思在灞桥风雪中驴子背上(孙光宪：7/149)，但骑驴并不总是那么惬意和浪漫，而是同浪迹天涯的风霜和困顿联系在一起。

见。李播为蕲州刺史，进士李生携卷来谒，李播开卷读之，惊诧莫名：原来这竟是自己当年未第时的行卷之作。盘诘再三，李生吐露了实情："顷于京师书肆百钱得此，游江淮间二十余年矣。"(计有功：47/1605~6)杨衡隐居庐山，他的一个中表兄弟剽窃他的文章行卷，并因之及第；杨衡听说此事，就去找这个人理论："'一一鹤声飞上天'这句还在不在？"那个人微微一笑："此句知兄最惜，不敢辄偷。"(王定保：2/19)

若使吾徒还早达:进士朋党

天宝中,进士有东西棚,各有声势。

——段成式《酉阳杂俎·贬误》(续集 4/1648)

时应进士举者,多务朋游,驰逐声名;每岁冬,州府荐送后,唯追奉宴集,罕肄其业。

——刘昫等《旧唐书·高郢传》(147/3976)

举子倾盖相交,以文会友,切磋学业,投献诗文以延誉,如果说这些尚属正常的科场活动,那么,彼此结成朋党,通声气,造舆论,干挠主司,乃至依附权贵,谄事阉人,则未免不顾廉耻,有伤士行。"若使吾徒还早达"(刘禹锡《酬乐天见寄》,外集 2/1131),断章取义,测度和假设语气背后暗含的是对未来的充满期待的肯定、祈使和命令。

随着进士科的贵盛,士子争夺科名越来越呈现白热化的趋势。在弱肉强食、适者生存的残酷境遇下,朋就应运而生了。"朋"(也写作"棚")有成群、朋辈、同类等意思,汉代以前还是一种货币单位,即使是在唐朝，也并非专指进士结党——唐教坊中音乐、舞蹈、演剧、百戏，以及在朝野上下盛极一时的打球戏等活动，经常分成两组或更多组进行比赛，决胜负，判优劣，争竞双方也称为“朋”，并且各有领队，叫作“朋头”（参崔令钦：序/5）。进士朋比为党大约起于玄宗开元、天宝年间：

> 玄宗时，士子殷盛，每岁进士到省者常不减千余人，在馆诸生更相造诣，互结朋党以相渔夺，号之为“棚”，推声望者为棚头，权门贵盛，无不走也，以此荧惑主司视听。其不第者，率多喧讼，考功不能御。开元二十四年冬，遂移贡举属于礼部。（封演：3/16）

封演很有见地地指出进士朋党是贡举移于礼部的一个深层原因。他是天宝末进士，对风气的形成有切身的感受。根据他的说法，朋相当于进士的互助组织，与后世的行帮和工会多少有些类似；举人们推选文名大呼声高的士子为领袖（朋头或棚头），在他的带领下奔走请托，出入公卿门户，宣传造势，以谋求自身的利益。被尊为五言长城的著名诗人刘长卿，未登第前就做过朋头，《唐国史补》说，“天宝中，则有刘长卿、袁成用分为朋头”（李肇：下/56）。写过“落魄江南载酒行，楚腰肠断掌中轻”（杜牧《遣怀》，樊川外集/1214）这样情致缠绵的诗句的杜牧，也担任过这一“职务”，事在大和二年，《投知己书》自述道：“当其时，先进之士以小生行可与进，业可益修，喧而誉之，争为知己者不啻二十人。”（樊川文集 13/881；重新标点）小杜才华横溢，又是名门之后，大家自然是争为“知己”，衷心推戴。同时稍晚，又有杜颛、窦纲、萧嶰等，皆“极有时称，为后来领袖”（王谠：4/378）。大中年间的封定乡、丁茂珪，在科场中也是头角峥嵘，“举子与其交者，必先登第”（孙光宪：11/244）。这些人在举人群中一呼百应，俨然黑社会威风八面的大哥。

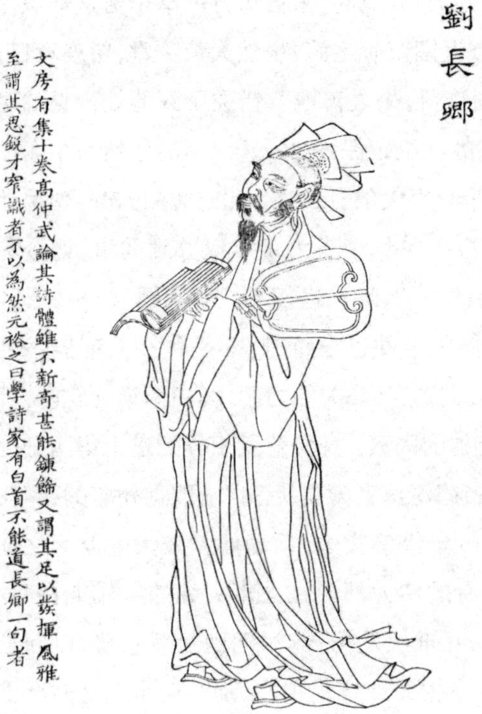

图 16　刘长卿像

《晚笑堂竹庄画传》

河间刘长卿少年时读书嵩岳，有过屡试不第的经历，后入国子监为诸生，就做了朋头。他很有交际的手腕和天才，这或许是他成为举人领袖的一个原因。

在请托行卷之风日盛，势要之家控制举场，主司考校取舍往往不公的情况下，一些学校生徒和乡贡举人在共同理想或利益目标的驱使下走到一起，他们气质相近，兴趣趋同，教养和门第相当，有稳定而可靠的社交圈子，一旦联合起来，便爆发出惊人的能量。

元和七年(812)，李固言举进士，不熟悉科场规矩，遂向亲友求教，“问以求知游谒之所”，那个人城府很深，妒忌他文章写得好，就哄骗他去拜见主司(《蒲录纪传》，李昉等 1961:155/1112)——在唐代，这可是犯规的行为。李商隐初至京师，也像李固言一样懵懂无知，“系鞋出门，寂寞往返其间，数年卒无所得”，后来多亏友人指点，才算找到门路

(《与陶进士书》,2002:编年文/434)。那些来自边方的举子更是不识体统,误打误撞。牛锡庶和谢登误闯萧昕宅第,虽然大蒙称赏,留连竟日,却始终心神不定,生怕“数刻淹留,失之善地”,错失了到他处行卷的时机——好运有可能隐藏在别处(王定保:8/86)。二李的茫然和牛谢的忧虑,说明多数举子请谒时带有很大的盲目性。此时此刻,就凸现出普天下士人团结一致的好处:以前单凭个人力量难以办到的事,如今易如反掌;过去是求告无门,目的不明,现在也都不成其问题了。

朋的组织非常严密,入朋的条件也很苛刻,不是什么人都能忝列其中的。朋需要的是有人脉,交游广,公关能力强,黑白两道通吃的“英才”,文名和声望当然也是考虑的因素。身份背景相异的进士集团分为东西朋或更多的派别,各以名德清重者为朋头。自从取得州府的文解,举人资格到手后,这些具备一定经济实力,活动能量较大的浮薄之徒便不再潜心读书,而是把所有的精力都放在人事关系的运作上:同党之人往来交际,宴聚酬答,相互推敬发扬;党派间则互争强弱,以回护同侪,打击异己为荣,如果非其伦辈或意见相左,那么这个人必然会受到轻侮和排挤。他们“交贵势,倚亲戚”,朝夕造请于权要之门,矫笑伪言,奴颜婢膝,心怀“插羽翮,生风涛”,一步登天的奢望(柳宗元《送娄图南秀才游淮南将入道序》,25/1640~1),稍有不满,就聚众滋事,搅扰场屋,声势可谓浩大。

唐代的画家曾画过一幅《朋甲图》,描绘东西二朋举子相互攻讦的场面:

> 按朋甲,唐人有画图,画举子七十八人,列二队,指呼纷纭,如相嘲竞者,意诸甲必各有脉路与朝贵通,成就人,故气力足以奔走同辈,令入队耳。若搅场十恶,又是一种无赖举子,礼部得而黜之

者，非其伦也。（胡震亨：26/277）

这幅谐趣十足的风俗写生在北宋还有人见到过。据宣和（1119~1125）间的书画鉴赏名家董逌记载，他的朋友孙祖仁拿着这张画请他指点，“没有人晓得画的是什么，都叫它《措大出队》”；董逌告诉他这是唐人的《朋甲图》，“唐之士子，中世最盛，各以朋甲相为敌者，至有东西甲，东呼西为‘茫茫队’，言无所知也”（1985a：5/723a）。这种情形不禁让人想到武侠小说中腥风血雨的江湖，山头林立，门户纷争，耍阴谋，使诡计，倾轧不止，杀伐不断——小说家想象和虚构的江湖映照的是社会和人性的真实。

有些举子为了沽名钓誉，耸动视听，有时会故意做出一些特异的举动。比较典型的例子是初唐才子陈子昂。传说陈子昂居京师十年，“碌碌尘土，不为人所知”，遂出奇谋，买一价值百万的胡琴，大张宴席，遍邀宾客，当众指责世人重物轻人，并把琴砸碎，“一日之内，声华溢都”（李冗：补佚/83~4）。不过这种非常手段跟进士结党一样，并不是总能收到预期的效果，尤其在中晚唐上层统治者朋比为奸，党同伐异，把持和垄断选举权的腐败政治环境中。这些豪门旧族和官场新贵握有实权，声望隆盛，能够左右舆论，“臧否由己，升沉在心”，“言泉疾于波浪，舌端利若锋芒，所排殁九泉，所引升霄汉”；而他们的子弟大树底下好乘凉，倚仗着祖辈的庇荫，“取富贵若咳唾，视州县如奴仆”，神气扬扬，不可一世（牛希济《贡士论》，董诰等：846/8891b，8892a）。多数知贡举官员贪恋自身的功名富贵，退守安乐窝中，拜倒权势脚下；举人若想求得一第，不仅要结朋树党以自助，还必须不惜代价，牺牲尊严，投入上流社会的怀抱，参与他们的权力游戏，和他们眉来眼去，沆瀣一气。所以明人胡震亨批评说：“进士科初采名望，后滋请托，至标榜与请托争途，

图 17　清王树毂弄胡琴图

故宫博物院藏

图绘陈子昂毁琴故事。子昂家世豪富，少时尚气任侠，年十八始发愤读书，博览经籍，卒登进士第。家境和性格决定了他的夸张言行。

朋甲共要津分柄。”（26/277）

史称宣宗朝进士千人，旷古无俦，但登第者多为衣冠士子和膏粱子弟（孙棨：22）。像身居相位、权在一门的令狐绹，每年都为其子令狐滈办妥应举的手续，虽然表面上避嫌不让儿子参加科试，实际在他辅政期间，令狐滈凭借父辈的权柄，内交皇亲国戚，外连进士举人，“骄纵不法，日事游宴，货贿盈门，中外为之侧目”；令狐父子党援方盛之时，求请者风趋云集，简直是门庭若市，“每岁贡闱登第，在朝清列除官，事望虽出于绹，取舍全由于滈”（刘昫等：172/4467~8）。广文馆学生吴畦机缘巧合，与令狐滈在国学之中邂逅，二人相得甚欢，吴畦上门行卷，

"由是出入滈家",不久之后,令狐向驸马郑颢"荐贤",吴畦一举及第(王谠:3/283)。只要搭上了权贵这条大船,从此仕途坦荡,顺风顺水,因此进士举人争相附丽,不耻干索,将"上等举人,应同人举;中等举人,应丞郎举;下等举人,应宰相举"(王定保:15/166)的科场戒律全然抛诸脑后。

唐末藩镇割据,宦官擅权,不少举子为登高科取美官,甘愿低眉敛翅,自贬身价,依栖在这些势要的羽翼之下。恶名昭昭在人耳目的"四凶"和"芳林十哲"就是这样摧眉折腰事权贵的无耻之徒。"四凶"中的李沼附邠州节度使王行瑜,计偕之际,"仆马生生之具,皆行瑜所致",李得意忘形,根本没有意识到危险正步步逼近:未几,王行瑜兵败,李受牵连,上了朝廷的黑名单,被迫亡命秦陇(王定保:9/103)。杜荀鹤和殷文圭因梁王朱全忠举荐而登科。杜荀鹤是晚唐文学史上重要的诗人,为诗主张"言论关时务,篇章见国风"(《秋日山中寄李处士》,唐风集上/44)。他诗名早著,却屡遭挫折,于是不免依托强藩以为进身之阶。大顺二年(891),荀鹤进士及第,殷文圭作诗相贺,"大鹏出海翎犹湿,骏马辞天气正豪"(《寄贺杜荀鹤及第》,彭定求等:707/8137)——可惜骏马是去了势的,大鹏只能在人家屋檐下做窝觅食。

藩镇在外飞扬跋扈,宦官在内玩弄权术,他们都是寄生在腐烂的国家肌体上的蠹虫,贪得无厌的蚕食侵吞加速了帝国的毁灭。"芳林十哲"(芳林是入宫的门户)说法不一,指的是那些通连中官的"儿进士"。这些人与阉宦勾连结党,"根蒂牢固,坚不可破"(王谠:3/214)。诗写得不错的秦韬玉就是"十哲"之一。他和刘晔等皆受知于阉人田令孜,"各将两军书尺,侥求巍科,时谓对军解头"(计有功:63/2126)。宦官掌管左右神策军,故以两军称之。田令孜受僖宗宠信,威权一时无两(刘昫等:184/4771)。而文宗时大阉仇士良的气焰更是嚣张到了极点,连皇帝都无能为力，自叹受制于家奴。仇士良曾鞭伤元稹，发动甘露之变，杀二王一妃四宰相，贪酷二十年（欧阳修等:207/5872~5）。宦官势可滔天，就有一些患软骨病的文人自甘堕落，卖身投靠。阉党裴思谦拿着仇士良的推荐信，身穿紫衣（唐代故事，举子须穿白色麻衣），大摇大摆有恃无恐地走进贡院，一开口便吓得主司（三掌贡举，颇得实才的礼部侍郎高锴）心惊肉跳：

> "军容有状，荐裴思谦秀才。"锴不得已，遂接之。书中与思谦求巍峨，锴曰："状元已有人，此外可副军容意旨。"思谦曰："卑吏面奉军容处分，裴秀才非状元，请侍郎不放。"锴俯首良久曰："然则略要见裴学士。"思谦曰："卑吏便是。"……不得已遂礼之矣。（王定保:9/100）

不管是交通方镇还是取媚寺人，生命不息躁进不止的士子们已无暇顾及来自同辈的孤立或唾弃，甚至不在乎可能会有的身败名裂的下场。实用主义的逻辑蒙蔽了他们的双眼，让他们看不到未来；及时行乐的思想冲昏了他们的头脑，让他们敢于藐视天上的神明与地狱的审判，现世的道德评判自然更缺少威慑力。作为栋梁和良心的知识分子不再心存畏惧，对家国和人民的爱也就荡然无存了。士风凌夷至此，大唐的气数差不多已到了尽头。

新有受恩江海客:座主与门生

凡号门生而不知恩之所自者,非人也。

——柳宗元《与顾十郎书》(30/2018)

当是时谓南宫主文为座主,谓登第进士为门生,上之人荣得士之明,下之人怀藻鉴之德,扬揄品目,至于终身,敦尚恩纪,子孙不替。

——华镇《上门下许侍郎书》(24/298a)

进士朋党的风气也延续到及第后的同榜进士中间。曲江春宴,归乡觐省,不论聚会狂欢或离别伤情,他们都要以诗酒相唱和,这不仅是文学的盛事,也是发展同志友谊的良辰吉日。在诗歌中,文人往往表现出对同年的依恋、勉励或期许。徐夤《赠垂光同年》诗曰:"他时黄阁朝元处,莫忘同年射策人"(9/2a),很露骨地将这种偶然形成的人际关系看作可以随时取用的资源。

同年相互提携,彼此汲引的事例的确很多。皇甫镈与令狐楚、萧俛同年登第，元和十三年，皇甫已经做到宰相的高位，他没有忘记当年同醉杏园的老友，抓住时机向宪宗进言，萧俛得拜御史中丞；第二年，令狐也因他的举荐而入相；未几，他又偕同令狐一起推荐萧俛，萧俛从此仕途通达，腰金衣紫，位极人臣。后皇甫因事得罪，将罹杀身之祸，萧俛投桃报李，出面营救，皇甫终于留下一条老命；其时百官对令狐也是颇有微辞，但朝中有萧俛的支持，虽然群情共怒，却也没有人敢于出头（刘昫等：172/4476~7，4460）。这三个人先后占据台衡要津，同进退，共患难，情义相得，可以说是同年交契的典范。"当其盛时，联袂齐镳，亘绝九衢，若屏风然"（28/908），刘禹锡《送张盥赴举》诗小引所言，不妨看作是对此类情深义笃或臭味相投的交谊的概括。

而有些同年则不能同舟共济，反而同室操戈。相轻相轧的苗头在新进士赴期集之时已经显露：卢象关宴前请假归省，淹迟不归，等到曲江大会那天，他乘一辆华丽的车子，搂抱着花枝招展的妓女，事不关己地旁观于侧；担任录事的崔沆下判词谴责他说："紫陌寻春，便隔同年之面；青云得路，可知异日之心。"（王定保：3/31）日后经历各异，穷通有别，同年而分属不同政治派系的不在少数。咸通五年（864），韦保衡登进士第，"以幸进无艺"，为同年所鄙薄。保衡心中已然颇为不快，正好有个叫萧遘的，"形神秀伟，志操不群"，自比李德裕，大家戏呼为"太尉"，便将所有的愤恨转移到萧的身上。韦后来出将入相，遂寻隙贬萧遘为播州司马（刘昫等：179/4645）。

对中国人而言，关系学实在是一门深奥而重要的学问。我们承续的是这样一种文化传统：庞大的人际网络无处不在，覆盖了社会生活的方方面面，千头万绪，如果找不到那个能直抵迷宫中心的线团，我们只能在里面盲人瞎马，最终迷失方向，倒毙在走向"城堡"的途中。关系千万重，科举制度下座主与门生的关系只是大网上一个很小的活结。

称南宫主文为座主，大约出现于玄宗时，至大历、贞元之际逐渐普及，知举者和及第者的关系，也由最初的以名分为纽带的松散结合演变成带有强烈实利色彩的师生之谊，并作为科场共识而被人们广泛接受。礼部侍郎掌贡举后，主司握有取舍大权，考试成绩和请托行卷有时不过是参考；知贡举一职是公认的朝廷美选，升迁容易，速度也快，其地位和权力不但决定着举子能否及第，还可能影响到他们未来的命运。科举为入仕的正途，由此出身者多能位至高官，他们闻达之后，自然对擢升他们的人心存感激。一方是加意提携，一方是留心报恩，二者的互动便催生出座主门生的联合体。

滴水之恩，涌泉相报。“虽知珠树悬天上，终赖银河接世间”（黄滔《寄同年崔学士仁宝》，3/8b），对门生来说，座主的简拔恩重如山，等同再造，当然应该时时刻刻切记在心，并想方设法予以报答，否则就会遭受社会舆论的谴责——“凡号门生而不知恩之所自者，非人也”。这构成了整个社会意识的一部分，支配和塑造着士人的立身行事，而士人

图 18　柳宗元像

《历代帝王圣贤名臣大儒遗像》

《与顾十郎书》深刻剖析了座主和门生之间的利害关系，“凡号门生而不知恩之所自者，非人也”，是对社会整体认知的精辟概括。子厚贞元九年进士及第，座主是顾少连，十郎是顾的一个儿子。

在这个问题上表现出的操守，反过来也修改着对座主门生关系的集体认知。

登第后新科进士照例要参拜座主，谢恩的仪式化，说明世人普遍认为门生对座主负有报恩的义务，将之视为天经地义的事情。建中元年(780)，令狐峘掌贡举，一榜取进士二十余人，因触德宗之怒，放榜当天被贬逐，没有来得及与众门生相见；若干年后，令狐峘从吉州刺史任上左迁衢州别驾，衢州的长官田敦是他当年所放进士，听说老师来了，大喜过望，以门生礼拜见，“迎谒之礼甚厚”，并拿出每月俸禄的一半孝敬久违的恩人(王定保：14/154~5；刘昫等：149/4014)。事隔多年，田敦仍不忘旧情，念兹在兹，执着地要弥补昔日未尽的礼数，修完谢恩这一必修功课。舆论可以在一夜之间让人声名大噪，也能够转瞬即置人于万劫不复的深渊，评价的标准全系于悠悠众口。人言可畏，侥幸跳过龙门的进士们不得不小心翼翼，规行矩步，毕恭毕敬地侍奉座主，唯恐稍有闪失而招致诽谤或恶名。韦保衡尚懿宗女同昌公主，“恃恩权，素所不悦者，必加排斥”(刘昫等：177/4602)，对同年无所不用其极，但在座主面前却不敢有丝毫的放肆(欧阳修等：185/5406)。韦保衡的同门，受他倾轧的萧遘，后来时来运转，与座主王铎同居相位。一次僖宗召见宰臣，王铎年事已高，上台阶时失足跌倒，萧遘见状，连忙伸手搀扶；这一举动博得了皇帝的称赞：“爱卿尊老敬长，朕心中着实喜慰。”萧遘是个君子，便据实以对：我这么做还有其他的缘故，“臣应举岁，铎为主司，以臣中选门生也。”(刘昫等：179/4648)——门生报恩的观念深入人心，难以动摇，因此会昌中李德裕限制座主门生的改革不久就无疾而终了。

新进士成名后一般都要向座主上诗陈情，用诗歌铿锵婉转的韵律夸赞他的公道和精鉴，同时抒发自己感激涕零的心情。孟郊《擢第后东归书怀献坐主吕侍郎》诗曰：“昔岁辞亲泪，今为恋恩泣。”(6/284)将座主比为再生父母，几乎成为唐诗的陈套。会昌三年，王起选士，号称得人，华州刺史周墀寄诗相贺，门生卢肇等也纷纷写诗唱酬。《唐摭言·慈恩寺题名游赏赋咏杂纪》不厌其详地记录了这二十二人的歌功颂德之作。那个口吃的“古筝高手”丁稜更是谀辞滚滚，让人肉麻：“新有受恩江海客，坐听朝夕继为霖。”(3/34)更多的人则选择实际行动来报恩。最多见的就是照顾并扶持座主的子弟，尽可能地为他们创造便利。郑从谠会昌二年(842)登进士第，释褐授秘书省校书郎，历任拾遗、补阙、尚书郎、知制诰等职；他父亲知贡举时的门生令狐绹和魏扶此时身为宰相，遂“为之延誉”，从谠“寻迁中书舍人”，此后迁转迅速，终成一代名臣(刘昫等：158/4169)。门生发迹变泰，援引座主的事例也有不少。李训长庆二年(822)在王起门下状元及第(徐松 2003：19/797)，十几年后，李训用事，秉持权衡，打算提携恩师；只是造化弄人，李训很快就倒了台，再也无法了却多年的心愿。王起虽然没能做成宰相，但他是儒素长者，“人不以为累”，倒也未受什么牵连(刘昫等：164/4279)。

官场险恶，仕途坎坷，并不是每一个人都能置身青云，奋飞九霄，大多数英俊之士沉抑下僚，郁郁而不得志，他们人微言轻，势单力薄，根本没有机会和力量来回报座主的知遇之恩。急于报恩而又酬答无门，难免忧愁焦虑，日久天长，这种心理压力便转变成沉重的精神负担。有些新进士甫一及第，就开始顾虑将来如何报恩，在大喜的旋律中掺杂了不和谐的变奏：“虽然回首见烟水，事主酬恩难便闲。”(黄滔《和同年赵先辈观文》，4/10b)白居易贞元十六年进士登科，一生升沉荣辱，未暇报座主高郢之大恩，暮年思念及此，耿耿于怀，引为毕生的憾事：

> 宦途自此心长别，世事从今口不言。岂止形骸同土木，兼将寿夭任乾坤。胸中壮气犹须遣，身外浮荣何足论？还有一条遗恨事，

高家门馆未酬恩！（《重题》四，2006：16/1314）

乐天好佛老，栖心梵释，淡泊自守，自谓已经了生死，外形骸，仍然斤斤于人间的恩怨情仇，则那些热心俗务的人更是可想而知。

人们头脑中座主门生一体的想法既已固定，也就惯性地相信，座主对门生的言行应该负一定的责任。开成二年，进士柳棠及第归乡，流连娼家，纵酒招摇，得罪了东川节度使杨汝士，汝士修书一封，“让其座主高锴侍郎”；二人书信往来，最后高锴畏于议论，违心地承认取柳棠及第是“谬举之过”（范摅：中/117~8）。这类诿过座主的事时有发生。在许棠风波的前几年即大和二年，刘蕡应贤良方正能直言极谏科，对策万余字，因直言忤时，为主司黜落，虽屈声大振，却招来宦官的忌恨（刘昫等：190下/5064~77）；大阉仇士良当面责问其座主杨嗣复——刘蕡是嗣复宝历二年所放进士：“奈何以国家科第，放此风汉耶！”嗣复甚是恐惧，幸亏天生有几分急智，连忙搪塞道：“当年在下与他及第的时候，这个人还没有疯。”（《新辑玉泉子》，夏婧：116）座主门生联系紧密，荣辱与共，仇士良是深谙个中道理的，甘露之变时，他就利用这一“知识”捕杀了藏匿在门生家中的丞相贾餗。这次事件中，贾餗的门生胡濦慷慨赴死，殉身以报（张读：4/55）。宁为玉碎，不为瓦全，胡濦不肯低头示弱，是因为座主一旦获罪，门生通常也会受到株连，一荣俱荣，一损俱损。

座主声弘势大，门生故吏遍满天下，居上者明修栈道窃市私恩，在下者急功近利暗送秋波，二者的关系犹如唇齿之相依，骨肉之相连，自然容易勾连朋比，结成党派，编织一个个庞大的官僚网络。刘太真两知贡举，因交通权贵，所收多滥，生前颇遭物议（刘昫等：137/3762）；殁后，门生裴度撰《刘府君神道碑铭》，中多溢美之词（董诰等：538/5466c~

9a)。太真两榜共放进士六十七人,三分之一都做到高官或清要之职。权德舆三主文柄,擢进士七十有余,门生杨嗣复在《权载之文集序》中说,“登辅相之位者,前后十人。其他征镇岳牧文昌掖垣之选,不可悉数”(权德舆:附录2/849)。这些人围绕在他们的恩师周围,形成一个相对稳固的权力—话语圈子。如果座主是这个圆圈的中心和起点,那么门生就是延伸其覆盖面积的半径,势力所到之处,非我族类,尽在打击之列。元和十一年(816),中书舍人李逢吉知贡举,放榜前拜相,诏命礼部尚书王播代司其职,及第进士就中书见座主,时人称之为“好脚迹门生”(赵璘:2/79)。穆宗时,这一伙攀了高枝的,有些人就在李逢吉的授意下,结托巨宦王守澄,阴谋排挤大臣李绅(刘昫等:173/4498)。座主门生“受命公朝,拜恩私室”(华镇《上门下许侍郎书》,24/298a),是中晚唐政治的显著特点,下面的故事或许能给我们一个感性的认识:

> 杜审权,大中十二年(858)知举,放卢处权。有戏之曰:“座主审权,门生处权,可谓权不失权。”又乾符二年(875),崔沆放崔瀣,谭者称“座主门生沆瀣一气”。(钱易:戊/71)

这种狼狈为奸沆瀣一气的关系遭到后人的猛烈抨击。顾炎武批评说,“科场取士,只凭所试之文,未识其名,何有师生之分?至于市权挠法,取贿酬恩,枝蔓纠连,根柢磐互,官方为之浊乱,士习为之颓靡”,他指出,座主和门生的连环套是中唐以后朋党之祸的肇因(顾炎武:17/997,994)。

这种座主与门生间的裙带相结很大程度上是建立在利益互惠基础上的。唐人有一种极其世俗的看法——门生视座主为恩地,为遮风避雨的大树,而座主则公然把门生当作可以收租征税,取之不竭的产业:

唐崔群为相,清名甚重。元和中,自中书舍人知贡举。既罢,夫人李氏因暇日常劝其树庄田以为子孙之计。笑答曰:“余有三十所美庄良田遍天下,夫人复何忧?”夫人曰:“不闻君有此业。”群曰:“吾前岁放春榜三十人,岂非良田耶?”夫人曰:“若然者,君非陆相门生乎?然往年君掌文柄,使人约其子简礼,不令就春闱之试。如君以为良田,即陆氏一庄荒矣。”群惭而退,累日不食。(李冗:下/59)

对此,陈寅恪先生有个精辟的见解:“座主以门生为庄田,则其施恩望报之意显然可知。”(2001a:中篇/271)既然纯粹是一种权力寻租行为,利害攸关,那么所谓的报恩就有必要讲条件。在座主大权在握如日中天之时,门生如苍蝇竞血般趋附;当座主一旦失势,树倒猢狲散,马上跑得踪影不见,哪里还谈得上知恩图报?即使畏人闲话,也不过是“矫于中以貌于外”(柳宗元《与顾十郎书》,30/2018),做做表面功夫罢了。所以,虽然唐人重视座主门生之谊,士人操行犹有实行察举制的两汉的遗风,但对座主能够笃志不渝,之死矢靡它,甚而以死相报,酬知己之恩的终是少数,背信弃义的情况倒是屡见记载。

像上述以门生为庄田的崔群就是一个代表。他于贞元八年陆贽下及第,元和十年典贡举,放三十人而黜陆贽子简礼(钱易:己/84),所以崔夫人以“陆氏一庄荒矣”来讥刺他。崔群后来深切地体味了陆贽曾经验过的郁闷,门生忘恩负义的事情在他身上重演。大和四年(830),崔群拜托时为京兆府试官的门生张正謩,让他首荐好友刘禹锡之子,久在举场而无成的刘咸允。张正謩答应了,但府试榜出,“咸允名甚居下”,崔群勃然大怒,对看门人说:“张正謩来,更不要通!”(《续命定录》,李昉等 1961:156/1120)

图 19　陆贽像

《中国历代名人画像谱》

陆宣公长于制诰政论，四库馆臣赞扬他的文章，“于古今来政治得失之故，无不深切著明，有足为万世龟鉴者”（永瑢等：150/1287a）。其门生崔群，字敦诗，与韩愈同榜，同柳宗元、刘禹锡等交善，被誉为贤士，不过，他的“庄田理论”却相当世故和俗气。

姜晦眼不识字，手不解书，任吏部侍郎时，滥掌铨衡，不加甄别，选人作歌嘲笑说：“今年选数恰相当，都由座主无文章。案后一腔冻猪肉，所以名为姜侍郎。”（张鷟1979：4/90）门生冷落无才无德的座主，这样的情形不难理解。然而，一些尚能秉公取士的主司竟然也受到类似的待遇，只能说是人心不古了——大概唐代的“背德者”都洞悉了座主门生间的秘密。高锴文宗开成间三掌贡举，计放进士一百二十人（刘昫等：168/4388），但他的儿子高涣却久举不第。桃李遍满天下，竟然没有一个人肯略尽绵薄！当时市井中流传一首歌谣，将“君子”和“小人”各打一棒：“一百二十个蜣螂，推一个屎块不上。”（王定保：15/167）

中篇

长安之春：进士宴集与进士题名

春风得意马蹄疾，一日看尽长安花。

——孟郊《登科后》（3/154）

唐代举子进士及第，自放榜至关试前后，一项重要的活动是所谓的宴集。《唐摭言》记宴集的各种名目，有大相识、次相识、小相识、闻喜、樱桃、月灯打球、牡丹、看佛牙、关宴（王定保：3/28）——《绀珠集》和《类说》节引《摭言》明确此九种为宴名（朱胜非：4/345a；曾慥：34/568a），《唐音癸签》谓“其宴集之名凡九”（胡震亨：18/198）而未指实。实则相识宴大可不必一分为三，牡丹宴与著名的杏园探花有关，同样著名的雁塔题名亦当视为宴集之一种，因此接下来讨论的宴集共计八种：相识宴、闻喜宴、樱桃宴、月灯打球、看佛牙、曲江关宴、杏园探花和雁塔题名。

大略而言，以吏部关试为界，前有闻喜宴，后有关宴（宴后同年分散，亦谓之“离会”或“离筵”）。闻喜宴在放榜后，皇帝下敕令新进士宴聚，有一定的官方色彩；关宴在关试后，由新进士醵资委托进士团承办，属私人和民间性质。这两大宴会一般都在曲江举办，因此一些材料又名之为曲江会，尤其是关宴，古人常以之指称曲江宴集。关宴在曲江宴集的尾声，作为一系列娱乐的压轴大戏，历来受到重视和艳羡，当然不妨笼统以称其余。不过，有一点必须说明：曲江的宴会在过堂、谢恩之后即已启动，直至关宴后同年离散各赴前程方告结束。

王定保叙放榜后新进士行止，谓过堂之日，进士团事先于大明宫光范门里东廊供帐备酒食，新进士在此候宰相上堂后参谒；接下来拜谢座主，在主司府上也有酒席，席间要饮酒数巡；谢恩之后，便赴期集院（进士团在主司宅子附近租赁的供新进士期集的场所），院内盛设宴馔，此时宴集正式进入日程。是日，状元与同年相见后，即分派职司，录事通常由状元担任，其余则有主宴、主酒、主乐、探花、主茶等，通过抽名纸等方式敛集宴会所需资金交给进士团。“大凡敕下已前，每日期集”，自皇帝敕下曲江开宴（闻喜宴），到最后的关宴结束，几乎无日不于曲江宴饮聚会（王定保：3/24~7）。

其间曲江游赏、杏园探花、雁塔题名等活动都在曲江或曲江附近。若不区分关宴与曲江宴集，则容易造成概念上不必要的混乱。愚意以为，不妨将新进士的曲江宴集总称为曲江会或曲江大会，闻喜宴、曲江游赏、杏园探花（含牡丹宴）、关宴和雁塔题名皆可归属其名下：闻喜宴是良好的开端，关宴则是圆满的结束。其他宴集如相识、樱桃、月灯打球、看佛牙等，有的在长安有名寺院，有的地点知之不详，不好纳入曲江会的范畴；这些宴会通常穿插于闻喜宴和关宴之间，相对来说不甚重要，似乎也不是每年必有，换句话说，不算是新进士宴集的例行节目。

曲江会（曲江大会）在新进士宴集中规模最大，时间最久，有时长达数月，甚或延长至仲夏。不管是一举而登龙门还是迭经数举方得折桂，都在彼时获得精神的大欢喜和大释放。一方是“初获美名，实皆少隽；既遇春节，难阻良游”（王定保：3/29），少年得志，青春意气，适逢治平胜时，当然要大肆庆祝，寻欢作乐；一方是长期蹭蹬，心情被抑郁得久了，精神世界一派消沉，遽尔成名，如在梦寐，大喜欲狂，不免将过去的失意与苦楚乘此机会发泄出来。孟郊诗：“昔日龌龊不足夸，今朝放荡思无涯。春风得意马蹄疾，一日看尽长安花”（《登科后》，3/154），正是这种心理的绝佳表露。此种印象是如此刻骨铭心，以至于王定保在久经乱离之后，犹念念不忘京华故事，他记新进士宴游之盛况，追怀往日，云：“四海之内，水陆之珍，靡不毕备。……曲江之宴，行市罗列，长安几于半空。”（王定保：3/24~5）

科举使部分读书人通过知识获得了“解放”，掌握了权力。此后，知识仍是他们治国平天下的工具——中国实用理性的思维方式决定了知识从来不是目的、真理、绝对或终极——不过，宦海沉浮，

图 20　宋无款春宴图（旧题唐人，局部）
故宫博物院藏

更为重要的可能已非往昔用作敲门砖的“知识”。宴集这种盛极一时的风气似乎透露了这一点。新进士名望既高，前程又未可限量，曲江宴集、一春狂欢自是顺理成章的美事，然而，宴集的意义绝不止于此。也就是说，宴集不仅仅是为了庆祝和娱乐，更有其他的目的和考虑在内。考取进士意味着读书人获得一纸进入统治阶层的门票和通行证，开始步上仕途，而他们的生活也由个人和家庭的狭小圈子扩大到整个官场和社会，其仕途是一帆风顺还是蹭蹬淹蹇，很大程度上取决于有没有建立和发展良好的人际关系。此时此地，犹如西方小说中贵族少女初次参加社交舞会之前要学习社交礼仪，宴集也为新进士进入上流社会的客厅准备了多次排练和预演的契机。知识改变了读书人的处境和地位，使他们拥有了话语权力，维持这辛苦得来的话语权，其主要手段之一即是饮食男女这类人之大欲。在中国社会，交流、联络感情的最普遍和最不那么露骨的方式大概非宴会莫属；而平步青云的一条快捷方式就是同豪门贵胄联姻。宴集适足以为之提供上演多幕风俗喜剧的舞台。在此意义上，新进士宴集无异于一场温文尔雅、香气袭人的政治秀，其日后权力—话语机制之运作也端赖此种工具之启动。而新进士之急于办醵，唐人之盛赞关宴，于此亦可得到另一种解释。

士子一旦“出自幽谷，迁于乔木”（程俊英等：小雅/454），即备受尊重，“进士为士林华选，四方观听，希其风采，每岁得第之人，不浃辰而周闻天下”（沈既济语，杜佑：15/358）。新进士的言行举止既为万众所瞩目，其对道德标准和社会风俗的形成或转移就具有强烈的示范意义（首先在京城长安的文化中留下深刻影响）。唐人为宴集创造了诸多名目，相识宴是对人伦关系的重视，樱桃宴是出于对荐新这一礼仪的尊重，而月灯打球则在一定程度上反映了事功的精神。世人的仰慕促进了进士的浮华，反过来，宴集的奢侈也引领着时尚的趋向。宴集中饮酒、赋诗、唱和、游戏，在此后的人生中，饮食—交谊关系同样不可或缺。座主和门生，同年和同年，甚至及第者和落第者之间，因为相似的经历、爱好以及均沾的利益，逐渐达至心灵上的亲切和默契，形成荣辱与共的利益集团或文人群体，诗艺之切磋，学术之发展，人际之整合，门第之隆替，党派之分野，政治之革命，在此皆得以与之互动。——古代中国大体是人情社会，政治也很难脱离人治的怪圈。朋党之兴，与人心有莫大关连，新进士之宴集实已肇其端倪。

然而，尽管如此，我们不能否认宴集这种特殊的社会活动反映了一个或几个阶层的活力和热情。——虽然历代统治集团以科举牢笼天下英彦的策略如出一辙，但至少在唐代，这种策略还是灵活的，具备一些人性化因素。如唐代这般规模的宴集在此后各朝似乎渐趋衰微,一个重要表现就是它的名目被削减,进而演进为规范的一部分。我们甚至可以把唐代新进士的宴集看成是发泄过盛精力的集体嘉年华行为,而这种行为随着盛世的结束,也成为了抑制的和罕见的。很遗憾,无论怎样,制度的成熟往往都是规训与惩罚的结果,科举制度也不例外。这也是非常有趣的一点:我们看到,在科举制度发展过程中,越轨和犯规的可能性相对减少,士人曾经张扬的欲望核心日益深埋,终于转化为一种隐秘而内敛的狂热。或许可以认为,在唐代之后,随着科举的进一步规范化和制度化,取得功名这一人生理想已经变得阴沉和更加道学了。

群莺共喜新迁木：相识宴与烧尾宴

> 一荣犹未已，具庆且应稀。
>
> ——李频《送太学吴康仁及第南归》（36a）
>
> 李唐故典存烧尾，皇宋科名重敕头。
>
> ——刘克庄《和曹守司直劝驾》（35/1879）

唐代各式公私宴集盛行。上有帝王之赐宴，举凡奖酬大臣、对外交往、重大节庆（如中和、寒食、上巳、重阳、除夕等）、生日诞节等都广为宴会，尤以庆贺即位、册立太子、改元、郊庙或庆贺丰收及其他重大喜庆事件的赐酺最为盛大——玄宗年间的一次大酺，"上御勤政楼……纵士庶观看。百戏竞作，人物填咽。金吾卫士白棒雨下，不能制止"（《开天传信记》，吴企明：84）；宰相而下，文武百官日常会食，宰相在政事堂（《大唐传载》，罗宁：8），京师百司和地方州府长官在公厨，"因食而集，评议公事"（蔡词立《虔州孔目院食堂记》，董诰等：806/8472b）；一般有经济实力的家庭，遇时令节日、婚丧嫁娶、迎送宾朋以及与人生礼仪有关的各种场合(如诞辰、洗儿、满月等),则设家宴庆祝。此外,郊野的聚宴,也是唐人日常生活中一个重要的内容;至于文人之间因各种原因(如唱和、送别等)而举办的宴饮集会,更是频繁。当时社会上下盛行饮酒之风,长安市肆酒店林立,西市胡店尤为闹热去处,“五陵年少金市东,银鞍白马度春风。落花踏尽游何处?笑入胡姬酒肆中”(李白《少年行二首》二,5/879)。除饮酒之外,唐人宴集,例行酒令,并有音乐歌舞,百戏杂陈;若是文人间的雅集,则必然少不了吟诗作文。——新进士宴集是这类饮食娱乐活动中性质比较特殊的一种。

相识宴,据《唐摭言·宴名》自注,主司在具庆谓之大相识,主司在偏侍谓之次相识,主司有兄弟谓之小相识(王定保:3/28)。所谓具庆,指壮年之人父母俱在;偏侍指“二亲或有一存”(宋濂《望云图诗序》,29/626),父存母故曰严侍,父故母存曰慈侍(陆容:1/2);有兄弟则其意甚明。礼部侍郎为公认的朝廷美官,如果知贡举官员的父母仍健在,通常会被人当作美谈,要特地设宴宣扬一番。《唐摭言》所载杨嗣复事,即是一个典型的例证:

> 宝历年中,杨嗣复相公具庆下继放两榜。时先仆射自东洛入觐,嗣复率生徒迎于潼关。既而大宴于新昌里第,仆射与所执坐于正寝,公领诸生翼坐于两序。(王定保:3/32)

杨嗣复于宝历元年(825)、二年两知贡举,选贡士六十多人,后多至达官(徐松 1984:20/724)。《新唐书》本传说,这次宴会,除了杨嗣复的两榜门生,其父杨於陵任吏部铨选官时擢拔的李师稷也在座,“人谓杨氏上下门生,世以为美”(欧阳修等:174/5241)。

如此看来,相识宴是以座主名义举办的近似家宴的宴会形式,从严格意义上说，不能看作新进士们的宴集活动。相识宴上，理所当然的主角是座主及其家庭，新进士只是陪衬红花的绿叶，他们的欢乐不过是侯门喜事的点缀，而且，这一宴会在自娱之外，实际具有很强的功利目的——既然宴名“相识”，那么，座主向家人引见门生，以门生为私人庄田的意图就非常明显；反之，门生视座主为庇护所和摇钱树，欲利用其权势步步高升的心事也很露骨地表现出来。

“世之难遇者太平，人之至乐者具庆。”（陈基《春晖楼记》，24/1a）一举而登龙门，且在具庆下或偏侍下，唐人同样认为是百年难逢的盛事，故李频《送太学吴康仁及第南归》诗说：“首领诸生出，先登上第归。一荣犹未已，具庆且应稀。”（36a）对进士的家庭来说，子孙以实际行动光耀了门楣，对新进士而言，他们用“寸草心”回报了“三春晖”，其成功不仅足以娱亲，还为全家开拓了一片巨大的利益空间。因此，他们进士及第后所做的第一件事往往是向家人报喜——唐代流行以泥金帖子附家书中报喜的风俗，“至乡曲，亲戚例以声乐相庆，谓之喜信也”（王仁裕：下/40）。故乡的亲友得知这个天大的喜讯，无论家私万贯还是一贫如洗，都要竭尽所能倾其所有地大肆欢庆。

杨知温登科，其父东川节度使杨汝士大开家宴，是日营妓咸集，人人都得到一份丰厚的赏赐：“一曲高歌绫一匹，两头娘子谢夫人。”忠武军节度使曹汾之子曹希幹擢第，春榜送至许州，曹盛排筵宴，用钱二十万，有人上启道贺，极力夸赞曹氏一门的煊赫：“一千里外，观上国之风光；十万军前，展长安之春色。”李峣及第那年，在偏侍下，他的老丈人是岭南节度使韦宙，他本人又受知于丞相韦保衡，干预政事，号为“李八郎”，金钱和权势都允许他置办规模宏大的告慰高堂的起居宴。然而天公不作美，偏偏在宴会期间下起了绵绵细雨，但李峣自有办法，他拿出七百缗钱租赁了许多张油幕，从升平里的宅第起始，搭建了长达一

图21　五代顾闳中韩熙载夜宴图(宋摹本,局部)
故宫博物院藏

里的遮雨天棚,前来赴宴的人加上他们的仆从,多至一千余人,"来往无有沾濡者,而金碧照耀,颇有嘉致"(王定保:3/37,42)。从李峣设起居宴的情形看,受邀出席其家宴的也有与他同榜的新进士。

家宴是家族中的喜宴,烧尾宴则是朋友之间的欢聚,它是唐人独有的宴集名目。最早的时候,烧尾宴是带有一定礼仪色彩的官方宴会。《大唐新语》指出,中宗景龙(707~710)末,"公卿大臣初拜命者,例许献食,号为'烧尾'"(刘肃:3/45)。韦巨源拜尚书令,献食于天子,菜单中珍奇食物多达五十八种(陶穀:下/102~3;《食谱》,陶宗仪:95/4338b~40b),可见排场之奢华。据《南部新书》所说,到玄宗开元以后,这种烧尾就逐渐衰歇了(钱易:丁/48)。官吏升迁除拜,皇帝有时会赐宴,这也被称为烧尾。中宗时,兵部尚书韦嗣立入三品,户部侍郎赵彦昭假金紫,吏部侍郎崔湜复旧官,"上命烧尾,令于兴庆池设食"(封演:5/43)。起初烧尾还只是自上而下的行政命令，后来才由纯粹的政府行为转变为同僚间自发的个人行为，而朋侪为登第进士贺喜的宴会也开始有了烧尾的称呼。

> 士子初登荣进及迁除，朋僚慰贺，必盛置酒馔音乐以展欢宴，谓之“烧尾”。说者谓虎变为人，惟尾不化，须为焚除，乃得成人；故以初蒙拜授，如虎得为人，本尾犹在，体气既合，方为焚之，故云“烧尾”。一云新羊入群，乃为诸羊所触，不相亲附，火烧其尾，则定。（封演：5/42）

这些解释虽然迂诞而无根据，但以“虎变为人”和“新羊入群”喻及第或拜官还是很有新意的，也比较形象地勾勒出初入官场的新人在言行举止方面的生涩和疏阔。此时他们需要的是一个仪式，而烧尾宴正是这样的“冠礼”或曰“成人礼”：亲朋或同僚通过声乐酒食的欢乐方式安慰他们，消除他们心头的不安甚至恐惧，替他们打开一扇通向仕途康庄大道的门户，祝愿并扶持他们一路上走好。

对烧尾名称缘起的另外一个解释，涉及鱼跃龙门变化成龙的传说。唐人对化龙说深信不疑（参程大昌 1985：8/590b），更喜欢以登龙门象喻进士之登第。他们相信，“鱼将化龙，雷为烧尾”（孙光宪：4/88），从水中游鱼到遨游九天的飞龙，关键的一步是雷电烧尾。唐末进士梁震，以诗投谒进士不第却颇负文名，有“刘仙掌”之称的刘象，刘象劝梁震更名为震：“震字雨下从辰，辰者龙也；龙遇水雨变化，烧尾之事，不亦宜乎？”（何光远：9/304b）在唐诗中，化龙和烧尾在很多语境下也都是同义词。如许浑的《晚登龙门驿楼》：“风云有路皆烧尾，波浪无程尽曝腮”（7/445），黄滔的《喜陈先辈及第》：“飞离海浪从烧尾，咽却金丹定易牙”（3/11a）。

绿衣半醉戴宫花:闻喜宴

闻喜当时,开宴盛仪容。遥想新年寻故事,扶醉帽,夕阳中。

——张纲《江城子·和吕丞送进士赴省》(39/5a)

恰似曲江闻喜宴,绿衣半醉戴宫花。

——杨万里《晓穿芙蓉径》二(37/1914)

光化四年(901)四月,唐昭宗平定内难不久,改元天复(901~904),诏令择选新及第进士中久在名场、年齿已高者,特敕授官。礼部侍郎杜德祥以王希羽等五人的名字上奏,五位老进士躬逢盛世,终于苦尽甘来,尝到了做官的滋味(王定保:8/90~1)。诗学贾岛,曾经写过"凭君莫话封侯事,一将功成万骨枯"(《己亥岁二首》一,彭定求等:717/8237)这样脍炙人口的名句的诗人曹松,也在这次的"五老榜"中——只可惜他被任命为校书郎之后不久就死掉了,还未来得及充分品咂人生的失落与得意;他的诗句成为对日薄西山的大唐帝国的点缀。在题为《及第敕下宴中献座主杜侍郎》的诗中,曹松流着眼泪描摹了他感恩的心情:

“得召丘墙泪却频，若无公道也无因。门前送敕朱衣吏，席上衔杯碧落人。半夜笙歌教泥月，平明桃杏放烧春。南山虽有归溪路，争那酬恩未杀身。”（彭定求等：717/8246）诗题中的“敕下宴”，指的就是唐代新进士宴集中著名的闻喜宴。

明人胡震亨有一种看法，“宴集之名凡九，以关试后曲江亭闻喜一宴为盛”（18/198），说闻喜宴最盛大致不差，但他却在时间上犯了一个小小的错误：闻喜宴在关试之前而非关试之后，其性质与吏部试后大会于曲江的关宴迥异。《唐摭言·宴名》所列宴集名目虽不一定完全依照时序，但闻喜宴同关宴并列，确是不争的事实。王定保于“闻喜”下自注“敕士宴”（3/28）——《绀珠集》《类说》引作“敕下宴”（朱胜非：4/345a；曾慥：34/568a）——顾名思义，闻喜，指乍闻金榜题名时的喜悦心情，故此宴会行于放榜之后，是理所当然的——宋代的《蔡宽夫诗话》即明确指出闻喜宴在关试前，放榜后（郭绍虞：下/418）；敕士（下）宴，说明是由朝廷下诏命新进士宴会，实际上具有较浓重的官方色彩，不同于由进士团承办的关宴，后者在一定程度上属私人和民间性质，且在庆贺夸耀之喜庆气氛外带着些即将离别的感伤。

唐时，闻喜宴的地点多选择曲江之滨；五代诸朝建都开封或洛阳，遂改于著名的园林寺庙中设宴；北宋时一般在京师的琼林苑，南宋则多于礼部贡院。《事物纪原·学校贡举部·赐宴》云：

> 太平兴国二年（977）正月七日，太宗亲试吕蒙正以下，并赐及第，仍赐宴开宝寺，兼降御制诗二首赐之。此赐宴及诗之始也。唐制，礼部放榜后敕下之日，醵钱于曲江，为闻喜宴，近代多于名园、佛庙，至是官为供帐，为盛集焉。景德二年（1005），始赐宴于琼林苑，自此为定制。（高承：3/171）

《燕翼诒谋录》所记略同（王林：1/4）。《朝野类要·故事·闻喜宴》则曰：“在京则赐及第进士宴于琼林苑，中兴以后，就于贡院。”（赵升：1/31）

闻喜宴在皇帝诏命下达之后于曲江之畔举行，是新进士宴集中头一个大规模的宴会。《唐摭言》说：“敕下后，人置被袋，例以图障、酒器、钱绢实其中，逢花即饮。故张籍诗云：‘无人不借花园宿，到处皆携酒器行。’”（王定保：3/25）这一天，春风得意的“一品白衫”们内心的喜悦如长安城怒放的百花一样遮拦不住，他们纵情声色，走马章台，恣意挥霍着金钱和体力，不管是翩翩少年还是衰朽老翁，举手投足都流露出无边的青春意气。新进士在闻喜宴上可能也有探花的举动，因此宋人往往将其同杏园宴相提并论。《朝野类要·举业·探花》就说：“选年最少者二人，于赐闻喜宴日，先到琼林苑，折花迎状元吟诗。此唐制，久废。”（赵升：2/58）

起初，新进士醵钱为游宴之资，闻喜宴的花销多来源于同年的集资（大概也如关宴一样委托进士团代办），似乎纯粹属于私人性质。只是后来由于科举受到皇帝的进一步重视，兼之晚唐崇尚奢侈的社会风

图22　宋马远华灯侍宴图（局部）
台北故宫博物院藏

气的影响，用于一春宴集的花费恒过万数，对于贫寒出身的新进士来说负担过重，闻喜宴遂改由朝廷赐钱，官府出面主办。官办的时间，高承和王楙都说是在宋初的太平兴国二年。李焘《续资治通鉴长编》则提供了另外的说法："唐时礼部放榜之后，醵饮于曲江，号曰'闻喜宴'，五代多于佛舍名园。周显德（954~960）中，官为主之。"（18/393）这有显德六年（959）正月甲戌的诏令可证：

> 诏曰："起今后每年新及第进士及诸科举人闻喜宴，宜令宣徽院指挥排比。"先是，礼部每年及第人闻喜宴，皆自相醵敛以备焉。帝以优待贤隽，故有是命。（王钦若等：642/7420）

其实，早在后唐明宗天成二年（927），闻喜宴所费即由朝廷供给，当年十二月的一份敕书称，"新及第进士有闻喜宴，逐年赐钱四十万"（薛居正等：38/531）。末帝清泰二年（935）七月，御史中丞卢损上言，以"举人既成名第，宴席所费属私，况国用未充"为由，"请依旧制不赐"，但未被朝廷采纳，"仍旧官给"。卢损在奏疏中引述了天成二年二月份的诏令："每年进士合有闻喜宴、春关宴，并有司所出春关牒用绫纸，并官给。"（王钦若等：642/7415）这里有两点值得注意：一、闻喜宴是与关宴并列的另一种形式的宴集；二、"宴席所费属私"，也就是说，在此之前，闻喜宴（还有关宴）的所有费用都由新进士自己负担，此为旧制。然而，我们相信闻喜宴改由官办的时间应该更早一些。王定保于光化三年（900）登进士第，"以乐闻科第之美，尝咨访于前达间"（王定保：3/24），对贡举故事，耳闻目见，烂熟于心；《唐摭言》一书成于后梁贞明二三年间（916~917），去唐亡未远，其所记述，可信程度自然较高（参刘毓崧《唐摭言跋》，12/533b~4a）。细案卷三《宴名》文义，王定保既然独于闻喜宴名下注明“敕士宴”,当不无根据和深意。由此推寻,可得出一个大致不差的结论,即闻喜宴至迟在唐末已由民间性质的宴集转变为官方出钱并主持的敕赐形式的宴集了。

敕赐新进士闻喜宴,这在宋代(尤其是在北宋)是颇为兴盛的,时人甚至比之为唐代新进士艳称的杏园宴。宋初诸帝如太祖、太宗、仁宗,以及后来的风流皇帝徽宗,都对闻喜宴十分看重。太宗“尤留意斯文。每进士及第,赐闻喜宴,必制诗赐之,其后累朝遵为故事”(《庚溪诗话》上,丁福保 1983:162)。宋室南渡后,此礼虽时有兴废,但亦保存法度,高宗、宁宗等都曾赐新及第进士闻喜宴。闻喜宴上赐诗,在宋及以后文士的诗文中,也是一个经见的话题。

一般而言,宋代闻喜宴大约在唱名之后半月。杭州掌故专家周密在《武林旧事》中详述了唱名仪式,最后说:“又数日,赴国子监谒谢先圣先师讫,赐闻喜宴于局中。”(2/28)明代的陆容曾亲眼见到绍兴十八年(1148)的《晦庵先生同年录》(即今存之《绍兴十八年同年小录》),上面记载着南宋进士及第后的活动:四月十七日唱名,十八日赴期集所,二十六日,“依令赐钱一千七百贯”,五月初五日,赴国子监拜谒孔子像,于礼部贡院立题名石刻,并赐闻喜宴(14/173;参佚名 a:348b)。

宋时闻喜宴的规模远比唐五代为大,也更为隆重铺张,这多少与宋代取士人数大增有关。据《宋史·选举志》所说,宴会一连进行两天,分别进士和诸科,请朝官出席(脱脱等 1977:155/3608),说明当日闻喜宴已经礼仪化和制度化了。这一整套礼仪甚为琐碎繁缛,《宋史·礼志》有详尽的说明(脱脱等 1977:114/2711~2)。酒席间用雅乐(脱脱等 1977:139/3298),对新进士的服饰也有一些规定,如着唱第时御赐的绿袍,搢笏(王栐:1/4),并幞头簪花(谓之“簪戴”)(脱脱等 1977:153/3569~70)。根据《宋史》本传记载,司马光于仁宗宝元(1038~1039)初中

图 23　司马光像

《历代帝王圣贤名臣大儒遗像》

史书上说司马温公“于物澹然无所好”，终生恶衣菲食（脱脱等 1977:336/10767），则闻喜宴不肯簪花——在一篇教子的文章中，司马光提到了这件旧事(《训俭示康》,2010:69/1413)——是性格使然，非为故意做作。

进士甲科，年甫弱冠，因素性不喜华靡，闻喜宴时独他一人不肯戴花，后经同年劝说，始簪一枝(脱脱等 1977:336/10757)。这一趣闻目的虽在表彰司马光的俭朴，但无意中却透露出当时闻喜宴的一般情状。崇宁二年(1103)，闽人徐遹子衰年及第，赴琼林苑闻喜宴，归骑过平康狭邪之所，同年所簪花多为群倡所求，只有他头上的花无人问津，于是戏题一绝：“白马青衫老得官，琼林宴罢酒肠宽。平康过尽无人问，留得宫花醒后看。”（张邦基:9/245）宋代的诗人在他们的作品中写到了闻喜宴，从中可窥见一时之风气趋尚。张纲词《江城子·和吕丞送进士赴省》说：“闻喜当时，开宴盛仪容。遥想新年寻故事，扶醉帽，夕阳中。”杨万里诗《晓穿芙蓉径》说：“恰似曲江闻喜宴，绿衣半醉戴宫花。”——宋仍唐制，由宋代闻喜宴的这些情况，我们可大略推寻和建立唐人闻喜宴的基本面貌。

晚唐时代的闻喜宴还有吃红绫饼的风俗。清人朱彝尊词《一斛珠·赠伎饼儿》自注说：“唐闻喜宴，赐进士红绫饼各一枚。”(江湖载酒集/

63;重新标点)红绫饼是唐代宫廷美食。光化三年,裴格、卢延让(宋人避讳改作“逊”),还有《唐摭言》的作者王定保等二十八人进士及第,宴于曲江,御赐二十八枚红绫饼。卢延让后来入蜀依王建,颇为人所轻,故作诗说:“莫欺零落残牙齿,曾吃红绫饼馂来。”(《韵语阳秋》一九,何文焕:641)卢向以苦吟著称,自谓“吟安一个字,撚断数茎须”(《苦吟》,彭定求等:715/8212),这两句诗却似乎冲口而出,可能确实感到受了侮慢。

曲江共说樱桃宴:樱桃宴

遥知寝庙尝新后,敕赐樱桃向几家。

——顾况《樱桃曲》(4/96)

脱霜披茜初登第,名高得意。樱桃荣宴玉墀游,领群仙行缀。

——黄庭坚《贺圣朝》(山谷词/172)

"新进士尤重樱桃宴"(王定保:3/38),《唐摭言》言之凿凿,但关于唐代新进士樱桃宴,我们所知的材料实在少得可怜——唐人诗文写樱桃的篇什不可谓不多,对此一宴集形式却鲜有述及。

樱桃形美味佳,先百果而熟,作为时新的蔬果备受古人的青睐,所以古多贵之。据唐人记载,当时樱桃著名者有三:殷红硕大的吴樱桃,小而赤红的水樱桃,黄而白的蜡珠,以蜡珠最为可口(《膳夫录》,陶宗仪:95/4343a)。樱桃之类的水果,是常人消费不起的;而宗室后裔李直方仿贡士之目品第果实,"以绿李为首,楞梨为副,樱桃为三,甘子为四,蒲桃为五"(李肇:下/57),将樱桃与进士比类,则在一定程度上反映了樱桃在唐人饮食、果品结构中的地位，同时也说明了其在社会、礼仪层面上的价值。在唐人的日常生活中，除食用和入药外，樱桃还是供观赏的植物，公卿百僚相互馈赠的礼品，皇帝赏赐臣下的“殊恩”；它也进入文学的语汇，成为诗人咏歌的对象，并且在国家礼仪中担当重要的角色——荐新。

所谓“荐新”，又称“尝新”，作为宗庙礼仪的一部分，可远溯至三礼的时代。当时人们以新出五谷或时新果品祭祀祖先亡灵，奉献于宗庙社稷之前；如尚未祭献，则不敢食新，这是古人的孝敬之道。荐新有一套完整的繁缛不堪的仪式，《通典》删繁就简，总结了荐新仪的基本含义：“其四时新物初登，皆先荐寝庙而后食。”（杜佑：49/1367）至于以樱桃荐新，《史记》《汉书》等史籍谓之始于汉孝惠帝时：

> 孝惠帝曾春出游离宫，叔孙生曰：“古者有春尝果，方今樱桃孰，可献，愿陛下出，因取樱桃献宗庙。”上乃许之。诸果献由此兴。（司马迁：99/2726）

叔孙通言“古者有春尝果”，是说荐果是古礼而非汉制。《礼记·月令》孔颖达疏称，以樱桃荐寝庙，是考虑到“此果先成，异于余物”的特点（阮元：16/1370a），尚属应时之法，并未制度化。到了汉代，用樱桃荐新的礼仪才被固定下来，以后遂相沿成为故事。

唐季荐新所用诸物多达五十六种，其仪式及名目备载于《唐开元礼》，其中一款即樱桃（马端临：97/2988）。樱桃二月中开花，按照古礼的规定，三月当进，但因地气不同，或寒食清明前后结果，或三月末四月初熟，因此荐新往往随时之宜，转至春夏之交的三四月份。此时正当唐人所谓“樱笋时”。郑谷《自贻》诗曰：“恨抛水国荷蓑雨，贫过长安樱

图 24　唐周昉内人双陆图(宋摹本)
弗利尔美术馆藏
双陆又名握槊、长行、波罗塞戏,系古代流行之博戏,尤盛于南北朝以迄宋元。据说传自天竺,或云为陈思王曹植所创。

笋时。”(3/345)晚唐诗人韩偓在一首诗的注释中指出,秦中以三月为樱笋之会(《湖南绝少含桃偶有人以新摘者见惠感事伤怀因成四韵》,2/501);而唐亡之后李绰创作的《秦中岁时记》则告诉我们,“四月十五日,白(自)堂厨至百司厨,通谓之‘樱笋厨’”(曾慥:6/107a),这一说法也见于宋初的《南部新书》(钱易:乙/21)。韩偓提供了三月以樱桃荐新的证据,而李绰则有四月荐新的记述:“四月一日内园进樱桃,寝庙荐讫,颁赐各有差。”(《分门集注杜工部诗·往在》注引,转引自杜甫 2015:6/917)

荐新所用樱桃或许出自地方上的土贡,更可能的来源是大内的樱桃园。杜甫《解闷十二首》其九有言“炎方每续朱樱献”(2014:17/4952),谓夏荐樱桃,岭南荔枝继之而献,并没有某些旧注所谓南方进朱樱的意思,故仇兆鳌援引李绰《岁时记》指出,“樱桃荐寝,取之内园,不出蜀贡”(杜甫 1979:17/1517)。内苑之樱桃,似乎有专人负责看守。擅长乐府诗的诗人王建曾作《宫词一百首》,侈谈当日宫廷生活起居,第七十二首说："宫花不共外花同，正月长先一半红。供御樱桃看守别，直无鸦鹊在园中。"（10/514）有意思的是，深宫寂寞，永日无聊，宫女偶尔会聚在一起投壶或打双陆，以消磨漫长的无所事事的时间，其赌资之一即是樱桃。《宫词》第七十七首就写到了这一风俗："分朋闲坐赌樱桃，收却投壶玉腕劳。各把沉香双陆子，局中斗累阿谁高。"（10/517）

每岁樱桃熟，除荐寝庙之外，也用于宫中尝新。张籍《宫词》吟道："尽理昨来新上曲，内官帘外送樱桃。"（6/745）有时候则以之赏赐近臣。王建《宫词》其四有言："白玉窗中起草臣，樱桃初赤赐尝新。"（10/457）史书上也记录了这样的几次皇室"恩典"。景龙四年（710）四月的那回尤其盛大，大陈宴席，置酒为乐，樱桃则盛以琉璃，和以杏酪，宴罢，人赐朱樱两笼（《景龙文馆记》，李昉等 1960：969/4298b）。这种赏赐，通常是在荐新之后。大诗人王维为文部郎中时，有诗答谢"今上"《敕赠百官樱桃》："才是寝园春荐后，非关御苑鸟衔残。"（4/303）诙谐放任、雅好佛老的顾况在《樱桃曲》一诗中也提到："遥知寝庙尝新后，敕赐樱桃向几家。"杜工部流离成都之日，见蜀地樱桃而忆昔日朝赐，作《野人送朱樱》诗曰："忆昨赐沾门下省，退朝擎出大明宫。"（2014：9/2576）贵重樱桃之风延及朝野上下，公卿乃至一般文士都行而效之。

唐人好游赏宴集，四时八节，各类节假日，几乎日日有之；买樱桃花大概亦是习惯（吴融《买带花樱桃》，彭定求等：686/7880）；看樱桃花虽不如赏牡丹那样盛极一时，但因"开花占得春光早"（李绅《新楼诗二十首·北楼樱桃花》，编年诗/181），却也是春间的一种绝好节目。李群玉《题樱桃》诗曰："春初携酒此花间，几度临风倒玉山"（后集 4/4a）；刘禹锡《和乐天燕李周美中丞宅池上赏樱桃花》说，当樱桃花盛开，灿烂如同雪天，是时"王孙宴其下，隔水疑神仙"，"妖姬满髻插，酒客折枝传"（外集 4/1245）。白居易对樱桃花更是有着非同寻常的爱好，集子中写到樱桃的篇章甚夥。他的兴致是如此之高，有时侵晨看花，有时连夜置酒。他老年回忆旧事，犹记得昔日看花的欢乐，写诗说："相思莫忘樱桃会，一放狂歌一破颜。"(《天寒晚起引酌咏怀寄许州王尚书汝州李常侍》，2006：34/2618)像白乐天这样的诗人还有很多。他们"白樱桃熟每先赏，红芍药开长有诗"(吴融《赠李长史歌》，彭定求等：687/7900)，赏花尝新必约集二三同人，宴醵为乐。若一旦错过花期或与满树红珠失之交臂，则引为人生憾事。

文人易感，对月伤怀，见花落泪，即使健康如唐人，也不免此种小小的伤感和喟叹。樱桃春初开白花，繁英似雪，但因其早实，自然容易引起诗人岁月易逝好景不常人生苦短的感慨。在诗人的世界中，樱桃已然成为常见的意象。它是诗酒风流与感时伤春，是年华老去的自况，是物是人非的怅惘，是欲说还休的闲愁，是强颜欢笑及时行乐，是爱情的失意，是对妻子的温柔与缱绻，也是对友朋的记恋和怀念……灞桥折柳，长亭祖送，在饯行的酒筵上，樱桃有时候也厕身其间，充当重要的道具。元稹《折枝花赠行》云："樱桃花下送君时，一寸春心逐折枝"(18/567)；项斯《欲别》云："花时人欲别，每日醉樱桃"(彭定求等：554/6410)。而在好打哑谜的诗人李商隐那里，樱桃更上升为一种象征。《深树见一颗樱桃尚在》曰："惜堪充凤实，痛已被莺含"，刘学锴、余恕诚指出，"诗即物寓慨，自抒有才见弃，孑处荒远，沉沦下僚之感。樱桃向为荐寝庙、供内廷之物……故因晚实一颗而生沦弃不遇之慨"(2004：编年诗/683，685~6)。

可以说，不论在宗庙礼仪、社会风俗方面，还是在文学领域中，樱桃都占有显赫的地位，朝野上下均对樱桃的社会、礼仪功能十分看重。《唐摭言》记载了乾符四年(877)的一次樱桃宴：

乾符四年，永宁刘公第二子覃及第。……会时及荐新，状元方议醵率，覃潜遣人厚以金帛预购数十硕矣，于是独置是宴，大会公卿。时京国樱桃初出，虽贵达未适口；而覃山积铺席，复和以糖酪者，人享蛮榼一小盎，亦不啻数升。以至参御辈，靡不沾足。（王定保：3/38~9；重新标点）

这段文字透露了新进士樱桃宴与荐新（尝新）这一宗庙礼仪和风俗的密切关系。唐制，国家以樱桃荐新在三四月间，正当唐人习称的“樱笋时”，此时宰相以下百官有樱笋厨，而新进士则有樱桃宴。长安繁花似锦的春日，烟水明媚的曲江之滨，新科进士顺应节令，置办樱桃宴以尝时新，兼庆贺夸耀之能事，金榜题名的得意和狂喜，都在这初出的樱桃当中了。

因为是春间的稀罕之物，樱桃价值金帛，故以之为主角的宴会备受新进士关注。唐人以其习见，反而没有什么记述，从后人的诗文，倒是可以想见其风光。宋人黄庭坚《下水船》词说：“几曲笙歌，樱桃艳里欢聚，瑶觞举。”（山谷词/50）金人元好问《探花词五首》第四首说：“曲江共说樱桃宴，不见西园风露秋。”（2011：2/170）

宴会所费一般由新进士集体出资，像刘覃这样“独置是宴”的，估计只是少数。当然也不必排除朝廷赐宴的可能。宋人沈与求《次韵何子楚食樱桃》诗“自从燕罢曲江曲，五湖十载身回旋”句下自注说：“故事，进士赐樱桃燕。”（1/8a）不过他所说“故事”，并非一定就指唐代而言。

樱桃宴的地点应该不局限于一处。《长安志》引《辇下岁时记》说：“进士樱桃宴，在（崇德坊）崇圣寺佛牙阁上。”（宋敏求 1985：9/516a）看佛牙与樱桃宴这两大宴集合并举办，或者多少有经济方面的考量吧。参加樱桃盛宴的当然不只是新进士，公卿亦间或与会，新进士之仆从

图25　敦煌五代壁画昆仑奴与卫士

《中国敦煌壁画全集》五代宋江卷

在著名的唐传奇《昆仑奴》里，也提到了樱桃与乳酪的搭配：崔生遵父命，至"盖代之勋臣一品"府上省疾，一品命坐，"时三妓人，艳皆绝代，居前以金瓯贮含桃而擘之，沃以甘酪而进"，崔生少年面薄，忸怩不食，"红绡妓以匙而进之，生不得已而食"（裴铏：6）。帮助崔生抱得美人归的磨勒，是所谓昆仑奴。张星烺、白乐日等学者虽力主昆仑奴是来自东非的黑人，但夏德、柔克义、伯希和诸家的看法可能更为公允——夏德和柔克义指出，昆仑奴多半是马来人或马来半岛和南方诸岛的黑人；伯希和则认为，卷发黑身的昆仑奴后来逐渐被混同于真正的僧祇（东非）黑人。薛爱华倾向于认同后者的观点，"其实这些奴隶就是最广义的'马来人'"，非洲黑奴只在短期内知名于少数显贵集团（参薛爱华：2/137~42）。

也在筵席间奔走伺候。

樱桃一般"和以糖酪"食用。唐代因循北朝饮食习俗，乳酪类食品十分普遍（参吴玉贵：1/22~3；孟晖：115~9）。据段成式《酉阳杂俎》前集卷七《酒食》所言，唐人还好以樱桃配制食品，而且在一定程度上掌握了樱桃的保鲜技术（607，610）。

少年球马逐秋风:月灯打球

饮食嬉游事群聚,曲江船舫月灯球。

——苏轼《秦少游梦发殡而葬之者,云是刘发之柩,是岁发首荐。秦以诗贺之,刘泾亦作,因次其韵》(1982:24/1273)

击鞠流风自李唐,官家占作状元郎。科场废尽球场在,芳草凄凄几夕阳。

——谢应芳《题打球图》(8/21b)

在讨论新进士月灯阁打球会之前,首先必须明确一点:蹴鞠与打球系两种不同形式的游戏,蹴鞠以步打足踢为主,而打球(击鞠)须乘骑以杖击之。

蹴鞠起源甚古,据传为黄帝所创作,也有人说起于东周战国(刘向《别录》,司马迁:69/2257 集解引)。在古人看来,蹴鞠并非仅是娱情的玩物,而且还是练兵的工具,是演习治国之术的一种手段(刘歆《七略》,萧统:11/533 李善注引)。汉魏以来,蹴鞠之戏盛行,自帝王将相至贩夫走卒，都对此种游戏乐之不疲。李唐一朝虽偏爱打球，但蹴鞠仍与之并行不衰，且浸成风俗；和被称为“半仙之戏”的荡秋千（王仁裕：下/41）一样，蹴鞠亦是寒食清明前后举国胜游的一项游艺活动（参韩鄂：1/13a；陈元靓 1985：16/422b），老杜诗曰：“十年蹴踘将雏远，万里秋鞭习俗同”（杜甫《清明二首》其二，2014：19/5746）。不过，唐代鞠的形制已大不同于古时。古代的鞠一般以皮革为之，中间实以毛发等物，以足蹴蹋为戏（班固：30/1762，51/2367，55/2489 师古注）。在颜师古注《汉书》的时候，鞠犹存古制，但至迟在晚唐，已出现了充气的鞠（参《中山诗话》，何文焕：289~90）。文宗朝宏文馆学士仲无颇作有《气球赋》，段安节少年时与人所踢球即为气球（《中朝故事》下，夏婧：231）。“或略地以丸走，乍凌空以月圆”（《气球赋》，董诰等：740/7655b），气球轻便而富于弹性，古老的蹴鞠戏因此发生了根本的变化。元儒马端临记唐代蹴球戏称：“蹴球盖始于唐，植两修竹，高数丈，络网于上为门以度球。球工分左右朋以角胜负否，岂非蹴鞠之变欤！”（147/4421）正因为从鞠到球的这一变化，以及蹴鞠与打球之间众多的相似性，古人常将二者混为一谈。

降至赵宋，蹴鞠之风更炽。东京汴梁文物荟萃，百戏竞集，每年皇帝寿诞日，艺人要在御前筑球为欢（孟元老：9/834）。宋室南渡后，首都临安承平日久，市井繁华，允为风流之薮泽，在这个令人沉醉的销金锅里，蹴鞠获得了空前的发展，成为百姓的日常娱乐：民间有蹴球爱好者团体齐云社（也叫圆社，打球的集会性组织则为打球社），瓦舍勾栏之中也有黄如意、范老儿之类专门从事这一技艺的艺人（周密：3/40，6/113）。《东京梦华录》留存了北宋蹴鞠的规则：球门高约三丈，“杂彩结络，留门一尺许”，艺人分为两队（左右军），头裹长脚幞头，身穿不同颜色的锦衣，在队长（球头）的率领下分朋（每朋十余人）竞赛；比赛开始，

图 26　元钱选摹苏汉臣宋太祖蹴鞠图(局部)
上海博物馆藏
苏汉臣原作不存，钱选之外，胡廷晖、文徵明、黄慎等也曾摹绘。体育史家多认为图中六人是宋太祖、太宗、赵普、石守信、党进和楚昭辅。但元人王恽集中有《宋太祖蹴鞠图》诗，序曰：“凡六人：对蹴者，赵普。傍看者：太宗、八王、一道士与从者”，诗三首，其三曰：“治定不应忘武备，花间踏鞠是雄图”(32/1569)。

乐人吹笛击鼓，踢球的人“先以球团转众小筑数遭，有一对次球头小筑数下，待其端正，即供球与球头，打大肷过球门”——球在队员间传来传去，最后供给球头大脚射门；获胜者将得到银碗和锦彩的赏赐，失败的一方，其球头要受鞭笞的惩罚(孟元老：9/834)。根据孟元老的描述，当时的蹴鞠已略具今日足球赛之雏形。周密《武林旧事》为我们提供了一份详细的筑球和奏乐器人的名单，其中左右军球头、跷球、正挟、头挟、左竿网、右竿网、散立等各十六人(4/64)。

分朋竞赛之外，又有不设球门，非对抗性的各种花式踢法(场户)，可一人表演，也可二人或多人对踢，名目繁杂错乱，概而言之，两人对踢为白打，三人角踢为官场，四人名四不顾，五人叫小出尖，六人叫大出尖，七人落花流水，八人凉伞儿，九人踢花心，十人全场(参陈元靓 1990：戊集 2/281a~b；陶宗仪：101/4652b~3b；焦竑：正集 3/136；黄一正：16/773b)。一人场户尤其考验踢球者的技艺，“一身俱是蹴踘，旋转纵横，无施不可……千百中一人耳”(汪云程《蹴踘图谱》，陶宗仪：101/4652b)。宋初的柳三复就曾凭借此等高超的球技取悦于宰辅丁谓。据

《中山诗话》,“柳欲见晋公无由,会公蹴球后园,偶迸出,柳挟取之,因怀所业,戴球以见公。出书再拜者三,每拜,球起复于背膂幞头间。公乃笑而奇之,遂延于门下”(何文焕:90)。以球鞠末技贽谒并取高位,在当时绝非仅见。高俅的故事就非常著名。南宋笔记记载,高俅初见宋徽宗,即以对蹴白打“惬王之意”,“由是日见亲信”,平步青云(王明清:后录 7/138)。后来《水浒传》进一步丰富了踢球的细节,写高俅“解膝下场”,“把平生本事都使出来……那身分模样,这气球一似鳔胶粘在身上的”(施耐庵等:2/20),如此身手,诚可谓“一身俱是蹴踘”。

唐时民间风俗,蹴鞠戏率以金钱为彩赌胜。王建《宫词》八十二:“寒食内人长白打,库中先散与金钱”(10/521);韦庄《长安清明》:“内官初赐清明火,上相闲分白打钱”(补遗/374),皆是。《启颜录》有一则笑话,说益州九陇尉封抱一与同事“戏白打赌钱”,几百钱眼看要输光了,就想罢手不赌,旁人劝他再战以翻本,抱一举手摸钱,“赐也,何敢望回”(曹林娣等:62)。赐,在山东之方言中意为“尽”,封县尉的意思是输惨了,不敢指望回本;同时这句话也是巧妙的用典——子贡(端木赐)自谓难以望颜回之项背:“赐也,何敢望回。回也闻一以知十,赐也闻一以知二。”(《论语·公冶长》,朱熹 2012:77)

白打、官场之类球戏规则简便,且不受场地限制,因此流行于市井民间,甚至波及文人和闺阁。唐代韦皋帐下的亲随行军张芬神力惊人,“常于福感寺趯鞠,高及半塔”(段成式:前集 5/494)。《剧谈录》潘将军失珠的故事提到,军中少年于胜业坊北街蹴鞠,球滚落到一个年方十八头梳三鬟的女郎面前,少女“接而送之,直高数丈,于是观者渐众”(康骈:上/8)。球踢得高,所以王右丞诗云:“蹴踘屡过飞鸟上,鞦韆竞出垂杨里”(王维《寒食城东即事》,7/589)。南戏《张协状元》中,屯田员外郎柳永不仅“吟得诗,做得词”,而且能踢一脚好气球,“踢得流星随步转,明月逐人来"(钱南扬:197~8)。蹴鞠是关汉卿擅长的诸多才艺之一,他创作过两套《越调·斗鹌鹑》,都写女子踢球,《女校尉》曰:"白打赛官场,三场儿尽皆有",《蹴踘》曰:"不离了花前柳影闲田地,斗白打官场小踢"(套数/1721,1728)。《琵琶记》第三出有一段科诨表演,老院公"白打从来逞艺,官场自小驰名",但以"如今年老脚肷疼,圆社无心驰骋"为由回绝了老姥姥和惜春蹴鞠的提议(高明:上/16~7)。《金瓶梅》十五回,三个圆社伺候西门庆和李桂姐,踢的是三人场户,"拘踢拐打之间,无不假喝彩奉承"(兰陵笑笑生:425)。《西游记》盘丝洞一节,

图 27　宋马远蹴鞠图(传)
克利夫兰美术馆藏

唐僧亲自去化斋，“只见那茅屋里面有一座木香亭子，亭子下又有三个女子在那里踢气球哩”（吴承恩：72/881）——在妖魔的世界里，也有官场；多足的蜘蛛精，想必精于此道。

打球的规则与蹴鞠约略仿佛：同样是身着不同颜色的球衣，同样是奏乐助威，同样是分朋角逐，唯一的区别在于球的材质，在于徒步还是乘骑，足踢还是杖击。《东京梦华录》记宋代诸军打球：“人人乘骑精熟，驰骤如神，雅态轻盈，妍姿绰约”，一百多名花装男子分为两队，各有朋头，“皆裹角子向后拳曲花幞头，半着红半着青锦袄子，义襕束带丝鞋”，手执彩画球杖，或骑马或跨驴，“两朋争占，供与朋头”，以击球过门入孟者为胜（孟元老：7/689~90）。所谓“入孟”，即先入球也，《鉴诫录》言蜀人“呼头入为孟入”（何光远：1/287b），《蜀梼杌》等亦有类似说法（参孟元老：7/720~1 伊永文注）。孟元老所说似为单球门，而宋代详定的打球仪多用双球门，门高丈余。每年三月，会鞠于大明殿，帝王百官均出席，有时他们技痒，也下场一试身手。是日，立东西球门，竖日月旗，旗下置鼓，教坊设龟兹部鼓乐于两廊，天厩院提供马匹和鞍辔；打球供奉官分左右朋，左朋服紫绣，右朋服绯绣，脚蹬乌皮靴，头戴华插脚折上巾，“承旨二人守门，卫士二人持小红旗唱筹，御龙官锦绣衣持哥舒棒，周卫球场”；内侍从金盒中取出朱漆球掷于殿前，众人驰马争击，教坊作乐，旗下擂鼓，球距离球门愈近，鼓声愈急促，如果进了球（得筹），则击鼓三通，将事先备好的绣旗插在架子上，若是皇帝得筹，从者山呼万岁，群臣得筹则唱好（脱脱等 1977：121/2841~2）。金因辽俗，五月端午于鞠场拜天之后打球，单双球门俱行：

> 已而击球，各乘所常习马，持鞠杖。杖长数尺，其端如偃月。分其众为两队，共争击一球。先于球场南立双桓，置板，下开一孔为

门，而加网为囊，能夺得鞠击入网囊者为胜。或曰："两端对立二门，互相排击，各以出门为胜。"球状小如拳，以轻韧木枵其中而朱之。皆所以习蹺捷也。（脱脱等 1975:35/827）

唐代打球规则虽缺乏具体的记载，但考索唐人诗文，可看出唐代打球制度与宋金基本一致。"杖底敲球远有声"（贾岛《上邠宁邢司徒》，10/496），击球而至于声传远处，则球亦当是木制。"宝杖雕文七宝球"，"初月飞来画杖头"（蔡孚《打球篇》，彭定求等：75/817），可知球与球杖皆彩饰，杖头作偃月形，以华丽为贵。打球者也是衣以锦绣。长庆四年（824）二月庚子，西川节度使杜元颖曾进献罨画打球衣五百件（刘昫等：17 上/508）；和凝《宫词百首》四十四曰："两番供奉打球时，鸾凤分厢锦绣衣"（彭定求等：735/8396）。分朋争筹、击鼓唱好、胜出有彩等规矩同样见于唐代的打球戏："击鼓腾腾树赤旗"，"分曹决胜约前定"，"讙声四合壮士呼"（韩愈《汴泗交流赠张仆射》，2012：1/41，42）；"入门百拜瞻雄势，动地三军唱好声"（杨巨源《观打球有作》，彭定求等：333/3726）；"无人敢夺在先筹，天子门边送与球。遥索彩箱新样锦，内人舁出马前头"（王建《朝天词十首寄上魏博田侍中》四，9/350）。韩、杨的两首诗都谈到了球场，要之贵在平滑坚实，以利驰骋和击拂；球场三面设有短墙，四周树以红旗。而据张建封《酬韩校书愈打球歌》"齐观百步透短门"（彭定求等：275/3117）的诗句，唐代的球门似乎不像《宋史》所述那般高广。

古人对打球马要求甚严。玄宗好马上击球，"内厩所饲者，意犹未甚适"（《松窗杂录》，罗宁：93）；德宗以望云骓打球，此马虽神骏非常，但却不适于球猎（元稹《望云骓马歌》，24/713）——打球马之佳者，不视其高大而视其灵活与否，是故元稹《进马状》说，"解击球者，每嘉其环回斗转，动必惬心”（36/960），徐夤《尚书打球小骢步骤最奇因有所赠》也说，“步骤最能随手转，性灵多恐会人言”（8/2a）。元代诗人张昱在《赵仲穆人马图》一诗中曾感叹“开元球马尽龙材”（3/33a）——唐室所用打球马很有可能来自西域的良种名驹，开元五年（717），于阗就贡献过两匹打球马（王钦若等：971/11237）。由于马在打球戏中的地位举足轻重，所以马球迷们都不惜一切，精心呵护他们的打球马。为了防止争抢时相互缠绕，马尾须定期修剪或临时打结，这在章怀太子墓壁画《马球图》中是有所反映的（参李斌城等：461~2）。

打球本以马上为正格，但唐时亦行步打，王建《宫词》七十三：“殿前铺设两边楼，寒食宫人步打球。一半走来争跪拜，上棚先谢得头筹”（10/515），此风迄赵宋之世犹存。还有打背身球者，《宫词》十五：“对御难争第一筹，殿前不打背身球。内人唱好龟兹急，天子鞘回过玉楼”

图 28　唐章怀太子墓壁画马球图（局部）

《神韵与辉煌》唐墓壁画卷

壁画上二十多匹结尾的骏马飞驰，打球者头戴幞头，足登长靴，手持球杖，逐球而击。

（10/469）。步打之外，兼行驴鞠。敬宗宝历二年六月庚申，郓州进驴打球人石定宽等四人，几天后，“上御三殿，观两军、教坊、内园分朋驴鞠、角抵。戏酣，有碎首折臂者，至一更二更方罢”（刘昫等：17上/520）。剑南节度使郭英乂任性放荡，聚集一帮女人骑驴击球，装饰侈靡之极，“日费数万，以为笑乐”（刘昫等：117/3397）。至于宋季，则驴骡并用，骑驴称为“小打”，乘马称为“大打”（孟元老：7/689~90）。有些不体恤民情的地方官甚至以人为马，乘坐在肩舆上打球。辩州刺史胡澥好击球，嫌南方马矮小而不善驰走，“因命夷民十余辈肩舁，据辇扚杖”，这些老实巴交的“坐骑”稍有懈怠，就要遭到残酷的鞭打（钱易：庚/111）。——此等皆打球之变格也。打球历经宋辽金元明诸朝而不衰，至清乃寝。

向达认为马上打球之戏发源于波斯（“球”字大概系波斯字 gui 之对译），西传至君士坦丁堡，东传至土耳其斯坦，由土耳其斯坦传入中国西藏、印度等地；唐朝之打球则直接得自西域，日本、高丽所行受唐朝影响波及（《唐代长安与西域文明》六《长安打球小考》，79）。唐豪的看法与此正好相反，他认为这种游戏是在二世纪初由中国发明的，其后向西传入波斯，在萨珊朝经过改良，然后回传至整个东亚（转引自薛爱华：3/189 注）。阴法鲁则以为此戏起源于吐蕃，唐初输入中国，欧洲马球亦是从西藏马球演变而来（《唐代西藏马球传入长安》，241~3）。众说纷纭，迄无定论。但无论如何，打球戏之风靡中原，大约在唐朝初年或稍前，是基本可以确定的。针对这种新兴的风尚，太宗曾向侍臣发表自己的见解：“昨升仙楼有群胡街里打球，欲令朕见。此胡疑朕爱此，骋为之。以此思量，帝王举动，岂宜容易，朕已焚此球以自诫。”（封演：6/53）《资治通鉴》文略同，唯系于高宗永徽三年（652）（司马光 1956：199/6278），《通鉴考异》未讨论及此，不能知其实际情形。然有唐一代胡化大盛，上下俱好打球，推究原始，或唐初诸帝开创风气之先故也——

“上好击球，由是风俗相尚”（司马光 1956：209/6624）。

李唐皇室可谓酷嗜打球游戏。玄宗为诸王时已雅好之，兄弟之间斗鸡打球，岁月不绝（《开天传信记》，吴企明：78；刘昫等：95/3011）；及即位，更是频繁地观看打球或亲自下场争逐（封演：6/53；《教坊记》辑佚，吴企明：31）。其球马之精，虽吐蕃名手亦自叹弗如。封演纪其事曰：

> 景云（710~711，当作“景龙”）中，吐蕃遣使迎金城公主，中宗于梨园亭子赐观打球。吐蕃赞咄奏言：“臣部曲有善球者，请与汉敌。”上令仗内试之。决数都，吐蕃皆胜。时玄宗为临淄王，中宗又令与嗣虢王邕、驸马杨慎交、武秀等四人，敌吐蕃十人。玄宗东西驱突，风回电激，所向无前。吐蕃功不获施……（封演：6/53）

《新唐书·艺文志》著录有韩幹画《玄宗试马图》、《宁王调马打球图》（欧阳修等：59/1561），宋晁说之《题明王打球图》：“阊阖千门万户开，三郎沉醉打球回”（6/19b），元张昱《题明皇击球图》：“管钥声随万乘游，开元球马最风流”（3/3a），可见玄宗倡导打球之不遗余力。

玄宗之后，诸帝工打球者尚有德宗、穆宗、敬宗、宣宗、僖宗和昭宗等。贞元元年二月寒食，德宗与诸将击鞠于内殿（刘昫等：12/348）。元和十五年（820）十二月壬午，穆宗驾幸右军，打球后到城西狩猎；长庆二年十一月庚辰，他和内官击球于禁中，有一个太监从马上坠落，像是被什么东西给击中似的，穆宗受惊过度，“足不能履地，风眩就床”（刘昫等：16/484，501）。四年正月，穆宗驾崩，敬宗继位，却不肯吸取父亲的教训，未几，即流连于球马之戏，乐而忘返，“数游宴、击球、奏乐，赏赐宦官、乐人，不可悉纪”；同年四月，敬宗正在清思殿打球之时，染坊匠人张韶等人谋反作乱，他仓皇走避，情态极为狼狈（司马光 1956：

243/7833，7836）。敬宗沉溺于打球，游戏无度，常不舍昼夜，与戏者往往碎首折臂；而刘克明、田务成、许文端、苏佐明、王嘉宪之流得以球工身份侍从左右，日相狎昵，后（宝历二年十二月辛丑）竟至为此辈所乘，被弑身亡（司马光 1956：243/7850~2）。接下来的文宗因为有前车之鉴，多少收敛了一些，“两军球鞠之会什减六七”（开成元年，司马光 1956：245/7927）。宣宗亦是个中高手，每击球，务必尽欢（大中元年，司马光 1956：248/8031），其敏捷的身手甚至连左右神策军的老手都为之赞叹：“每持鞠杖，乘势奔跃，运鞠于空中，连击至数百，而马驰不止，迅若流电。”（王谠：7/633~4）僖宗精通骑射、剑槊、蹴鞠、斗鸡等，可以说是个游戏多面手，尤其擅长击球，且自视极高，谓当得状元：

> 尝谓优人石野猪曰：“朕若应击球进士举，须为状元。”对曰：“若遇尧、舜作礼部侍郎，恐陛下不免驳放。”上笑而已。（广明元年，司马光1956：253/8221）

元人谢应芳曾作《题打球图》感慨其事，诗云：“击鞠流风自李唐，官家占作状元郎。科场废尽球场在，芳草凄凄几夕阳。”最可诧怪的是，三川节度之职竟然以打球胜负决之，国家政事等同儿戏，的确荒唐得可以。此事发生在广明元年（880）三月，最后陈敬瑄夺得了头筹（司马光 1956：253/8221~2）。宦者气焰于晚唐尤炽，以声色球猎蛊惑君王，把持朝政，太阿之柄倒持，唐之社稷因此化为丘墟。昭宗车驾东迁之日，从行者“唯诸王、小黄门十数，打球供奉内园小儿共二百余人”（刘昫等：20 上/779），真是莫大的讽刺。

“击鞠王孙如锦地，斗鸡公子似花衣。”（皮日休《洛中寒食二首》一，附录 1/179）长安之达官贵人、公子王孙也都以打球相尚，他们的府

图 29　唐无款游骑图(宋摹本)
故宫博物院藏
贵族子弟持弹弓,挟球杖,联骑出游,是京师长安的一道风景。

第中往往辟有球场。景龙中,平康坊长宁公主府中有球场,后废弃;景云中,废永寿公主庙,赐姜皎为鞠场(徐松 1985:3/56,2/37)。姜皎日后受玄宗宠遇,数召入内,"间以击球斗鸡"(刘昫等:59/2334)。德宗时太尉李晟,文宗时翰林承旨王源中俱能打球,李晟宅在永崇坊,有自筑球场(徐松 1985:3/65),王源中暇日与诸兄弟击鞠于太平里府第(王定保:15/161)。一些朝中势要,如驸马杨慎交和武崇训,"至油洒地以筑球场"(刘悚:下/42)。杨慎交曾与玄宗并肩作战,纵马驰骋,力克吐蕃使者。他的宅子位于靖恭坊,其所筑球场在坊西隙地(欧阳修等:83/3653)。打球之处平滑为贵,故杨、武洒油以筑,非徒为夸耀豪侈也。

长安宫城内凝云阁北有球场亭子;大明宫东内苑龙首池畔亦有之,大和九年(835),填龙首池为鞠场;宫城北面禁苑内梨园附近有球场亭子(徐松 1985:1/6,29,30),中宗赐观吐蕃使打球即在于此;华清宫内宜春亭北门外也有球场(程大昌 2002:4/83)。此外,三殿十六王宅俱可打球。徐松《唐两京城坊考》谓"皇城各街皆广百步",横街"南北广三百步"(1/10),长安城内各坊"四面街各广百步"(2/34,35),故群胡能于升仙楼前街里打球。又打球本为军中之戏,是以左右龙武军、神策军驻地亦为会鞠之所。敬宗遇害后,文宗下诏将球场却还龙武军(刘昫等:17 上/524);僖宗广明元年,陈敬瑄等四人打球赌三川时,即隶左神策军。唐朝在左右神策军中设置打球军将、球子供奉。王建《宫词》十四:"新调白马怕鞭声,供奉骑来绕殿行。为报诸王侵早起,隔门催进打球名。"(10/468)镇海军节度使周宝和剑南西川节度使高骈,都出身打球军将,"击拂之妙,天下知名",周宝曾于润州万花楼下,"不换公服,驰骤于彩场中";他在军中不得志,后以击球惬武宗意而飞黄腾达(《金华子杂编》上,夏婧:274~5)。京师以外各州府、藩镇都开辟球场,以为暇日戏乐,兼且讲武练兵。球场还附带有宴饮和集会屯兵的功能,有时候又作为杀人的法场。

宋季以打球讲武。《宋史·兵志》称:"时试之弓弩,课之武艺,暇则驰马击球以为乐,秋冬使之校猎"(脱脱等 1977:194/4840);南宋时,州府诸军春秋教阅,例当"试弩射弓,打球走马"(吴自牧:2/13)。陆游《冬夜闻雁有感》:"洮州骏马金络头,梁州球场日打球"(10/827~8);刘克庄《闻笛》其一曰:"少年球马逐秋风,笛起连营响裂空"(4/241)。而唐代也以打球训练士卒,每次会鞠,都悬设赏格,"都教练使放球于场中,诸将皆骤马趋之,以先得球而击过球门者为胜。先胜者得第一筹,其余诸将再入场击球, 其胜者得第二筹焉"(司马光 1956:253/8222 胡三省注)。这种方式的确培养了不少军事人才。建中初,河北军将夏某能弯弓数百斤,"尝于球场中,累钱十余,走马以击鞠杖击之,一击一钱飞起,高六七丈"(段成式:前集 5/495)。官员对打球练兵稍有荒疏懈怠,就会招致军政不修的罪名。宪宗曾以之责问赵宗儒:"人言卿在荆州,球场草生,何也?"赵宗儒这个人要么是老奸巨猾,善于避重就轻,要么是懵懂无知,听不出皇上的弦外之音,他回答说:"死罪!有之。虽然草生,不妨球子往来。"宪宗见他如此,只好一笑作罢(李肇:中/42)。

图 30　唐嗣虢王李邕墓壁画马球图
《中国墓室壁画全集》隋唐五代卷

其实很多方镇大僚都不把打球视为军中政务，而是将之当作玩赏的对象。魏博节度使田承嗣孙田季安，无才而自恣，"击鞠、从禽色之娱"（刘昫等：141/3847）。杨行密长子宣州观察使杨渥，素无令誉，好击球饮酒，居丧期间，"昼夜酣饮作乐，然十围之烛以击球，一烛费钱数万"（开平元年，司马光 1956：266/8667）。打球纵马奔驰，经常会有伤亡。刘悟在淄青节度幕中，击球时将上司李师古撞翻马下，李欲杀之而后快，刘急中生智，"猛以气语押触师古，师古奇而免之"（刘昫等：161/4230）。刘悟因祸得福，结果要算不错，而许多时候藩镇间竟因打球交恶，打球细事翻成政治斗争的口实与手段。李宝臣的兄弟李宝正娶田承嗣女为妻，一次宝正同承嗣子田维击鞠，"马驰骇，触杀维"，田承嗣痛失爱子，一怒之下鞭杀了女婿，从此亲家变做了不共戴天的仇雠（刘昫等：142/3866）。天复三年（903）十月，朱全忠子朱友伦宿卫京师，因击鞠坠马而卒——朱全忠的球技比他儿子要高明得多——全忠不堪丧子之痛，“杀会鞠者十余人”，又怀疑是崔胤的阴谋，由是归罪于他。崔胤虽促成了朱全忠移国问鼎的野心，并为其擘画图王篡代之策，最终却逃脱不了杀身的厄运（刘昫等：177/4587）。

节度使之打球，以张建封为有名，韩愈曾上书谏止。《上张仆射第二书》说：“今之言球之害者必曰：有危堕之忧，有激射之虞，小者伤面目，大者残形躯。”（2010：7/810）打球一则损人，二则损马，因此遭到一些儒生的反对，但打球系军州常戏，故不但不能予以废除，反而有日渐风行之势，更成为市井小民和豪侠少年的时尚功课。魏人冯燕意气任侠，“专为击球斗鸡戏”，后因抱打不平，杀了人，逃亡到滑州，又同当地军中少年“鸡球相得”（沈亚之《冯燕传》，4/73）。大唐帝国治下，有许多冯燕这样的侠客横行不法。河南的恶少们更是气焰嚣张，“危帽散衣，击大球，户官道，车马不敢前”（欧阳修等：181/5349）。唐代诗人用慷慨激昂的诗句热情讴歌他们纵横的侠气。李廓《长安少年行》其二：“长拢出猎马，数换打球衣”（彭定求等：24/328），李白《少年行》：“君不见，淮南少年游侠客，白日球猎夜拥掷”（6/949），雍陶《少年行》：“不倚军功有侠名，可怜球猎少年情”（18），都对他们的行为做了文学化和浪漫化的升华。

唐代女子巾帼不让须眉，能打球的不在少数。王建《送裴相公上太原》：“千群白刃兵迎节，十对红妆妓打球”（3/124），花蕊夫人《宫词》二十二：“自教宫娥学打球，玉鞍初跨柳腰柔”（彭定求等：798/8972）。鱼玄机《打球作》以球喻人，以游戏状爱情，堪称咏物佳构：“坚圆净滑一星流，月杖争敲未拟休。无滞碍时从拨弄，有遮栏处任钩留。不辞宛转长随手，却恐相将不到头。毕竟入门应始了，愿君争取最前筹。”（陈文华：106）由于马打风险较大，因之女子打球多徒步，王建所谓“寒食宫人步打球”也。唐代的文人也不像后世那些一心只读圣贤书的弱不禁风的书生，他们精神昂扬，雄心万丈，并且有着良好的体魄，“击鞠饮酒，兼能之”（张读：3/40）。——文士打球与女子打球一样，都表现了唐代阳刚和青春的一面。

唐代新进士宴集，聚会打球也是例行的节目。北宋钱易《南部新书》指出，每岁寒食、清明前后，新进士于月灯阁置打球之宴（乙/21）。南宋陈元靓《岁时广记》引《辇下岁时记》说：“清明新进士开宴，集于曲江亭。既撤馔，则移乐泛舟，又有月灯阁打球之会。东坡诗云：‘饮食嬉游事群聚，曲江舡舫月灯球。’”（1985：17/424b）则月灯阁当在长安城东南的曲江周边。登上附近的西（栖）禅寺最高处，可见此阁之峥嵘：“莫说城南月灯阁，自诸楼看总难胜”（王建《早登西禅寺阁》，6/260）。月灯阁为文士平日游宴常到之地，元稹和白居易等友人曾多次来这里闲游，《酬翰林白学士代书一百韵》诗有句曰：“僧餐月灯阁，醵宴劫灰池。”（元稹：10/302）

图 31　明无款马球图

维多利亚·阿尔贝蒂博物馆藏

《唐摭言》记载了唐末两次月灯阁打球的盛会。一是咸通十三年(872)三月,“击拂既罢,痛饮于佛阁之上”(王定保:3/41)。一是乾符四年,时同年悉集,正在兴酣之际,忽然来了一批粗野的士兵,强行抢占了球场,新进士对这些蛮横的武人无可奈何。曾独力置办樱桃宴的刘覃对同年说:“我去杀杀这帮无礼家伙的威风,让他们知难而退!”说罢,他跨马执杖,冲到那些人面前:“新进士刘覃想一块儿玩玩,可以吗?”骄傲的大兵初时并未把一介穷酸放在眼里,谁知刘覃“驰骤击拂,风驱雷逝”,让他们愕然失色。不久后,刘覃得到了球,朝空中奋力一击,球便飞得不见了踪影。锐气受挫的兵士们既惭愧又沮丧,只得灰溜溜地离开。其时月灯阁下有数千人旁观,“因之大呼笑,久而方止”(王定保:3/41)。

据《吴越备史》所说,唐代武举,打球似乎是考试科目之一,“比唐制,武选以马上击球较其能否”;为争区区一个功名,有些居心不良的考生竟在球杖上安装铁钩,周宝的一只眼睛就葬送在这种阴损的招数之下(范坰等:1/6b)。

净几焚香顶佛牙:看佛牙

佛既谢世,香木焚尸。灵骨分碎,大小如粒,击之不坏,焚亦不燋,或有光明神验,胡言谓之“舍利”。弟子收奉,置之宝瓶,竭香花,致敬慕,建宫宇,谓为“塔”。

——魏收《魏书·释老志》(114/3028)

手软阿师持磬钹,面甜童子执幡花。

——杨德辉《嘲僧门祝辟支佛牙》(陈尚君:第三编 13/501)

在记述唐代科举制度和风俗的专书《唐摭言》中,科举制度的热情歌颂者王定保指出,看佛牙是唐代新进士宴集的一个重要节目。这一习俗的形成与唐季佛牙信仰和崇拜的大背景有密切联系。

佛牙是舍利的一种。佛教传说,释迦牟尼涅槃,遗舍利八斛四斗,一分奉诸天,一分与龙神,一分分八国,皆置七宝瓶中,起塔供养。至公元前三世纪,古印度孔雀王朝阿育王取出,分送各地,建塔八万四千。佛陀火度后究竟留下多少枚佛牙舍利,其实是一笔说不清道不明的糊涂账。通常认为,佛"碎金刚体成末舍利,惟留四牙不可沮坏"(若那跋陀罗:下/910c)。四颗佛牙,据说一在忉利天,一在龙王宫,其余流落人间,分别传至师子国和乌苌国(智昇:6/536a)。但在佛"碎金刚体"前,帝释已如约取走一牙,尾随而来的捷疾罗刹使隐身法盗走两枚(若那跋陀罗:下/910a)。不管事实如何,如来怜悯一切众生,分舍利的目的是为了佛法的增广流布,"周流十方,开悟群生"(佛驮跋陀罗:48/253b)。而佛教的追随者也坚信,"若见如来舍利,即是见佛";若供养舍利,能"得大功德","脱三界苦,入正解脱"(若那跋陀罗:上/902a,903a)。这或者可以视为佛教舍利信仰的思想根据和源头。

作为佛教信仰的表现形式和具体实践,舍利信仰与经典、观音、净土和寺塔等信仰在本质上并无二致。自佛教东传,佛牙之类的宗教器物和圣物大量涌入中土,历代信徒对此均表现出相当惊人的兴趣或热情,此种近乎狂热的宗教情绪几乎是持久不衰的(可与西方基督教徒寻求圣杯相比拟),至唐代乃至唐以后犹且有增无减。许多记载虽迹近神话传说,却适足以说明中国人的信仰领域发生的变化和正在进行着

图 32 敦煌北周壁画涅槃相
《中国敦煌壁画全集》北周卷

的精神事件。

同其他圣物的来源一样,佛牙也主要通过两种途径获得。一是西域和南海各国的贡品。帝王和贵族的敬信无疑对这种频繁的朝贡起了推波助澜的作用,以至于佛牙舍利如雨后春笋般不断涌现。有唐一代,无论皇室还是民间,对佛陀的遗骨仍维持空前高涨的,有时甚至是近乎变态的热情。代宗朝大兴善寺沙门惠果的一道表章表明,长安一百一十二座寺庙,有殿塔、佛牙、经藏、灵迹、舍利处九百五十七所(《恩命拂拭京城诸寺塔像讫进表》,圆照 b:6/857c)。凤翔法门寺佛骨在朝野上下引起的强烈反响或许更能说明问题。元和十四年(819)春正月,宪宗迎法门寺佛骨至京师,“王公士庶奔走舍施如不及”(刘昫等:15/466)。咸通十四年(873)四月,佛骨再次至京,“自开远门达安福门,彩棚夹道,念佛之音震地”(刘昫等:19 上/683)。迎佛骨一度成为李唐皇室的一种例行的法事,唐朝诸帝中,不止宪、懿二宗惑于浮图,高宗、肃宗、德宗等也都有迎佛骨入内礼敬的举动(志磐:51/451c~2a,53/461b)。这主要是出于政治上的考量,与一向重视仪轨的密教在唐代兴盛一时大概也有一定关系。密咒法术中有一项即所谓的佛牙印。据《陀罗尼集经》所言,以此印治病有立竿见影之效,以此印印水饮之,还能治疗牙痛(阿地瞿多:2/797c)。

上之风行,下则草偃。所以,当贞观十九年(645)伟大的玄奘从西域归来的时候,受到如此隆重的欢迎,自是毫不足怪的了。玄奘从国外带回来的经律论凡五百二十夹,六百五十七部,舍利一百五十粒,此外,尚有数量可观的佛像等圣物(慧立等:6/127~8)。有趣的是,《大慈恩寺三藏法师传》在列举上述物品时,将宗教圣物有意无意置于经书之前,可见当日道俗之普遍崇尚。

西行求法的运动不仅输入了佛教的真义,而且搜集到了众多的圣物。那些意志卓绝的行人怀抱虔诚和永无止境的热狂,前往印度或西域其他佛教国家——在这些圣地,人们相信佛牙等舍利具有神异的灵应——朝拜圣迹并寻求佛陀的遗物, 这形成了佛牙的另一个重要来源。东晋高僧法显遍历佛国,曾三次瞻礼佛牙,这三个异域国家是竭叉国、那竭国和师子国(857c,858c,865a)。大约同时稍晚,智猛在迦维罗卫国也曾获睹佛牙(慧皎:3/125)。北魏时期,惠生和宋云瞻仰了那竭城的佛牙(杨衒之:5/341)。到七世纪初,玄奘西行,"所闻所履,百有二十八国"(慧立等:6/134),《大唐西域记》多处提到佛牙:缚喝国、梵衍那国、迦毕试国、那揭罗曷国(即那竭国,此国佛齿当玄奘西游时,已然不存,其地唯剩舍利塔故基)、迦湿弥罗国、羯若鞠阇国、僧伽罗国(玄奘等:1/118~9,132,154,2/223,3/340~1,5/444,11/880)。这些佛牙长短不一,"色黄白,质光净","至诚所感,或放光明"(玄奘等:1/118~9)。其中僧伽罗国(师子国)佛牙精舍举世闻名,法显曾亲莅观礼;而玄奘未能践履兹土,其所记述,不少出于耳食。据说佛牙塔上宝珠光明如炬,静夜之中,可于二万里之外见之(玄奘等:10/815)。在《大唐西域求法高僧传》一书中,七世纪后期的义净为我们开列了一份名单:在义净时代以前的唐朝,至少还有五位求法僧远赴师子洲,顶礼佛牙(1988:上/68,73,88,下/182,213)。在这些僧人当中,有一位明远法师比他的同侪更加狂热:他试图盗取关防严密之极的佛牙,结果被发现,"事不遂所怀,颇见陵辱"(1988:上/68)。义净之后,仍有求法僧西行,但数量和规模都远不如前代;后来西夏势力扩张,西行道阻,兼之佛教在天竺本土衰落,至十二世纪,伊斯兰教侵入印度,求法运动遂告终止。时光荏苒,沧海桑田,又过了几百年,明代航海家郑和下西洋,泊船于师子国(当时称为锡兰),这枚名闻遐迩的佛牙再次见诸汉文典籍(张廷玉等:326/8445;有学者称,郑和此行的主要使命是迎取佛牙)。时至今日,此牙仍受到斯里兰卡佛教徒的尊崇。

上述明远法师的例子虽然特殊，却可由此洞见隐藏在一些信徒心中的信仰秘密。晚唐的博物学者段成式讲过这样一个故事：菩提寺某僧为李林甫做佛事，斋毕，李赠之佛骨，“如朽钉，长数寸”；僧人不知是宝物，但料想朝廷重臣绝对不会骗人，于是“携至西市，示于商胡”，没想到竟然卖到千万钱的高价（续集 5/1845）。佛骨居然成为交易的商品，可见一般僧俗只是将之视为一种获利的手段。孙光宪《北梦琐言》记载了泽州僧人洪密以舍利蛊惑世俗，骗取钱物的故事（19/346）。无独有偶，在李绰《尚书故实》中也有同类故事，只不过更为狡狯和残忍：李抱真镇潞州时，因军资匮乏，乃同一老僧合谋，让其伪装焚身，待火起时，从预先挖好的地道脱走，但实际上李已暗中填塞了地道。在这一计划中，老僧成了牺牲品，李抱真“别求所谓舍利者数十粒，造塔贮焉”（罗宁：137~8），即使在身后，那个僧人也还要被一直利用下去。《尚书故实》下面一则故事则是滑稽和幽默的：某个士子迫于贫寒，将洛阳一个僧人视为珍宝的舍利吞入肚中；僧惶骇如狂，与其二百缗，士子方才服药泻出舍利（罗宁：138）。在下文将要谈及佛牙的供养，从中我们还可以看到，僧人是如何利用佛教圣器来聚敛财富的，在那种仪式中，佛牙或者其他的圣物转变为寺院经济的一个很重要的组成部分。

佛牙作伪易于取材，在当时可能甚为普遍。有一种说法认为，白豹（貘）的齿骨非常坚硬，刀斧难断，火不能伤，土人往往“诈为佛牙佛骨，以诳狸俗”（唐慎微：17/30b）。这在明代李时珍的《本草纲目》中也有记载（51/1851）。“如来遗形，欲以广益”（佛陀耶舍等：4/29c），因此有法身舍利之说（法云：5/1138b），有造作舍利之举（不空：332c），然世人往往与真理背道而驰，堕入我相。至于那些倾家荡产，伤残肢体，以求福德者，实已近于顽痴。事物必有其反面。唐代许多智识之士认识于此，纷

图 33　敦煌盛唐壁画均分舍利
《中国敦煌壁画全集》盛唐卷
舍利谓佛之遗骨，有全身者，有碎身者，有生身舍利与法身舍利之别，有三种色：白色骨舍利，黑色发舍利，赤色肉舍利（法云：5/1138b）。

纷谴责佛教信徒对舍利的迷信。傅奕和韩愈是其中比较有名的两位。傅奕曾以羚羊角击碎婆罗门僧伪造的佛齿（刘𫗧：中/21）——据称真正的舍利是晶莹圆明、坚固不坏的。韩愈极力排佛，他将佛骨贬斥为“枯朽之骨，凶秽之余”（《论佛骨表》，2010：29/2905），虽然不无恶毒，但确实代表了相当一部分知识阶层的看法。等到这种看法发展到顶点时，再加上寺院经济对国家经济的日益侵吞，以及皇帝个人的气质和信仰，就终于演化成大规模的毁佛活动。

长安很多大寺都供奉来自异域的佛牙。王定保在《唐摭言》中提到新进士看佛牙的三处场所：宝寿寺、定水寺（在太平坊）和庄严寺（3/28）。虽然有资料显示宝寿寺（又作保寿寺，跨来庭、翊善二坊）为新进士看佛牙的首选之地（朱胜非：4/345b），但声名最大的还是大庄严寺

(在永阳坊)佛牙。武宗灭法之际,该寺与慈恩、荐福、西明等皆得豁免(刘昫等:18 上/605)。本隋时禅定寺,武德元年(618)更名,宣宗初改称圣寿寺;号称天下伽蓝之最,寺中佛牙长三寸(徐松 1985:4/127)——即使按一唐尺折合三十厘米计,这个长度也颇令人惊讶;不过佛教徒相信,佛牙之类的舍利能自动增减,随缘示现不同的大小、形状和色彩。庄严寺佛牙历史悠久,授受源流清晰,如同家谱般历历可考。刘宋元徽(473~477)年间,高僧法献西行至于阗,获原属乌缠国(即乌苌国)所有之佛牙,既归建业,秘不示人,直到齐竟陵王萧子良感梦,方才被道俗所知(慧皎:13/488~9)。萧子良笃信释氏,实为一虔诚的佛教徒,当时名僧多出入其门,其弘法文字多达一一六卷,中有一卷题曰《佛牙记》(僧祐:12/452)。法献佛牙最初收藏在钟山上定林寺,后遭骗劫下落不明(慧皎:13/488~9)。天监(502~519)末,此牙为摄山庆云寺沙门慧兴所得,慧兴临终,将之托付给慧志;承圣(552~553)末,慧志密送于陈武帝,永定元年(557),乃出牙,集四部设无遮大会(姚思廉:2/34)。自从武人陈霸先拜了几拜后,这颗曾一度失踪的佛牙就开始获得帝王的青睐:从江南入长安后,隋文帝将其置于禅定寺(智昇:6/536a~b),也就是后来的庄严寺;大中七年(853),宣宗皇帝驾临该寺(时已更名圣寿)赞礼佛牙(赞宁:16/392)。贞元十年(794),大庄严寺新修佛牙宝塔,西明寺僧圆照撰记三卷(圆照 a:中/765c)。会昌元年,大庄严寺曾开佛牙供养(圆仁:3/373)。庄严寺佛牙日后的遭际也颇富传奇色彩:黄巢乱唐,它跟随僖宗入蜀;五代纷扰,它先是由四川到了洛阳,接着又来到汴梁;后来辗转入燕,至辽道宗咸雍七年(1071),被埋藏在燕京西山灵光寺招仙塔下;越八百余载,八国联军隆隆的炮火使之复现于世;1955 年,佛牙移置广济寺舍利阁;1964 年,在原址重建的佛牙舍利塔落成,这颗历经风雨的佛牙终于觅得归宿;二十世纪五六十年代,佛牙曾两度出国，巡历缅甸、斯里兰卡等国（参陈垣《佛牙故事》《法献佛牙隐现记》，388~98，399~40）。

另一处有名的佛牙在崇圣寺。寺在崇德坊。本隋济度尼寺和道德尼寺，贞观二十三年（649），改济度寺为灵宝寺，“尽度太宗嫔御为尼以处之”，改道德寺为崇圣宫，“以为太宗别庙”，仪凤二年（677），并为崇圣僧寺（徐松 1985：4/100）。武宗废佛，寺被毁。宣宗初，复以太平坊之温国寺为崇圣寺（刘昫等：18 下/615）。崇圣佛牙据传由天神（毗沙门天王之子那吒）授予西明寺高僧道宣（或曰即罗刹盗去者）；道宣圆寂后，佛牙安于崇圣寺东塔；大历二年（767），代宗敕令寺僧进佛牙，亲自观礼（赞宁：14/329~30）。大中间，于寺内立佛牙碑，孙朴撰文，王平君书丹（赵明诚：10/186）。唐代新进士看重的樱桃宴，有时会选择在此寺的佛牙阁上举行（宋敏求 1985：9/516a）。据《佛祖统纪》，崇圣佛牙宋初取入东京，受到赵宋诸帝的礼敬，留下若干偈赞与发愿文（志磐：53/460c）。

开化坊荐福寺和修德坊兴福寺的佛牙也很有名气，只是没有足够明确的传承谱系。自古相传，它们可能来源于吐蕃和于阗，于阗佛牙为高僧法界（悟空）西行所获（圆仁：3/374），不过，据《宋高僧传》，贞元五年（789）悟空携归京师并呈皇帝御览的佛牙实际得自北天竺，系其授业恩师的赠别之礼（赞宁：3/50~1）。——新进士看佛牙当然不限于少数几座寺院。长安有佛牙的伽蓝，见于文献的还有晋昌坊大慈恩寺（宋敏求 1985：8/513a）、靖善坊大兴善寺（道宣 b：15/203b）和地理位置不详的总章寺（钱易：乙/18）。在这些寺院，供养和瞻礼佛牙都遵循一定的仪轨制度。

传说阿育王以宝函分纳佛舍利，置函于瓶中，埋于地下，地表起塔标志。《四分律》规定，舍利应当安放于金塔、银塔、宝塔或杂宝塔中（佛

图 34　敦煌初唐壁画阿育王拜塔
《中国敦煌壁画全集》初唐卷

陀耶舍等 b:52/957a)。据《高僧法显传》和《大唐西域记》等书的记载,在印度和西域等佛国,佛牙之类的舍利和其他圣物须盛以宝函,安置于以七种珍宝装饰的小窣堵波(佛塔)中——《唐摭言》说佛牙用水精函子盛,银菩萨捧之(王定保:3/28),水精即是七宝之一——并责成专人看守,防守异常牢固(法显:858c;玄奘等:2/228~9)。其供养规矩和瞻礼仪式也至为讲究:平日朝夕供养,一国之主在听政之前,要亲诣佛牙精舍,"以佛牙日三灌洗,香水香末,或濯或焚,务极珍奇"(玄奘等:11/880);一般信徒更是"先供养乃修家事"(法显:858c)。每年三月中旬,于精舍请出佛牙,巡城游行,任人瞻仰礼拜,道俗云集,烧香燃灯,并有种种法事。这活动通常历时三月之久。在活动开始前十日,击鼓唱言,周知四方僧俗(法显:865a)。每月的六个斋日——佛教徒以每月的八日、十四日、十五日、二十三日、二十九日和三十日为斋日(参丁福保1999:660a)——亦开佛牙,供养如其法。

在供养仪式当中,鲜花和香料担当着非常重要的角色。佛教十种供养——一华，二香，三璎珞，四抹香，五涂香，六烧香，七缯盖幢幡，八衣服，九妓乐，十合掌（参丁福保 1999：1359a）——特别突出鲜花和香料的地位。迦摄波尊者供养世尊佛牙，就是用曼陀罗花、莲花和牛头香末散布在牙上（义净：40/409a）。印度佛教使用香料的传统十分悠久，香料在佛教仪式中占据着十分显赫的位置，在唐代的佛教生活中也起着不容低估的作用（参薛爱华：10/394）。这种特殊的需求刺激了鲜花和香料贸易的繁荣，精明的商人从来都是无孔不入的："精舍门前，朝朝恒有卖华香人，凡欲供养者，种种买焉"（法显：858c）。

供养之时，佛教信徒们要布施大量的金钱或其他的财物。羯若鞠阇国曲女城佛牙因为"殊光异色，朝变夕改"，受到远近士庶的疯狂追捧，监守者"繁其喧杂，权立重税，宣告远近，欲见佛牙，输大金钱"——虽然需要缴纳大量钱物，但是虔诚的信徒仍旧趋之若鹜（玄奘等：5/444）。那揭罗曷国醯罗城亦向观礼佛陀圣物的信众征税金钱（玄奘等：2/229）。玄奘在此礼拜时就曾供养金钱五十，银钱一千，绮幡、锦、法服等其他物品若干（慧立等：2/37）。

中土寺院供养佛牙基本延续印度的规制，而有所发展变化。从出土文物考察，唐代的舍利容器继承南北朝时期的多函形式，金银成为最常见的材质；同时中国传统丧葬习俗开始融入佛教制度，出现了金棺银椁和琉璃（属七宝之列）瓶并存的局面。唐代的几位笔记作家，都在他们的书中描写了懿宗迎法门寺佛指骨的盛事，从中能看出中印供养仪式的相似和不同之处：诏令下达之后，京畿士庶奔走云集，倾城迎请，"以金银为宝刹，以珠玉为宝帐香舁"，又用珊瑚、玛瑙、珍珠等"缀为幡幢"（苏鹗：下/59）；城内通衢张灯结彩，歌舞管弦，百戏竞作，法会杂陈，"缁徒梵诵之声，沸聒天地"（康骈：下/59）。佛骨入长安，皇帝本人亲自顶礼膜拜，乃至"泣下沾臆"，百姓"莫不蔬素以待恩福"；接着迎入内道场，则“焚玉髓之香，荐琼膏之乳”（苏鹗：下/59，60）。当时的情状真可谓众生颠倒，意乱情迷，“民庶间有嬉笑踊跃者，有悲怆涕泣者”（康骈：下/59），“至于肘行膝步，啮指截发”（苏鹗：下/59），“竭家产，断肌骨，以表诚志者，不可胜纪”（高彦休：下/226b）。传说法门寺佛骨“三十年一开，开则岁丰人泰”，是以京城百姓“废业破产、烧顶灼臂而求供养”（刘昫等：160/4198）；民间甚至组织迎真身社，无论长幼，每人每旬出一钱，自开成以迄咸通，积资无限（康骈：下/58）。——在七世纪后期，这种过度的行为就受到义净的非难（1995：4/186），但他的苦心却无法也不可能改变举世的颓风。

日本求法僧圆仁在会昌法难前夜深入大唐的佛国世界，他的日记留下了中土佛牙供养较为完备的和细节生动的记录。开成五年（840）七月二日，他在五台山金阁寺目睹辟支佛牙（3/299）。会昌初，他在长

图 35　敦煌五代壁画男供养人像
《中国敦煌壁画全集》五代宋卷

安先后观礼了四座寺院的佛牙会：元年二月十日，登庄严寺佛牙楼，“亲见佛牙，顶戴礼拜”；二（或为“三”）月廿五日，诣崇圣寺礼佛牙；次年三月八日，荐福寺佛牙会，“随喜供养”；三月十一日，瞻仰兴福寺佛牙（3/374，383，397，398）。会昌元年二月八日的日记这样写道：

> ……大庄严寺开尺（同“释”）迦牟尼佛牙供养。从二月八日至十五日，荐福寺开佛牙供养。蓝田县从八日至十五日设无碍茶饭，十方僧俗尽来吃。左街僧录体虚法师为会主，诸寺赴集，各设珍供：百种药食，珍妙果花，众香严备，供养佛牙及供养楼廊下敷设不可胜计。佛牙在楼中庭，城中大德尽在楼上，随喜赞叹。举城赴来，礼拜供养。……如是各各发愿布施。庄严佛牙会，向佛牙楼散钱如雨。……街西兴福寺，亦二月八日至十五日开佛牙供养。崇圣寺，亦开佛牙供养。（3/373~4；重新标点）

会昌四年（844）三月，朝廷敕令，不许供养佛牙（圆仁：4/439）；但武宗之后，佛教恢复，禁令松弛，供养佛牙之风当延续不替。

长安各大寺院开佛牙会的日期并非固定不变——据圆仁所言，主要在二三月；而据钱易《南部新书》，总章寺在二月八日至十五日，崇圣寺则在四月八日至十五日（乙/18），要之，多集中于春间，其时正逢礼部放榜和吏部关试，及第进士举行各种宴集之时，新进士乘便赴会随喜，是自然而然的选择，也是一桩难得的风雅韵事。春光明媚，举国胜游。佛牙会既有佛教的庄严，又充满了世俗的趣味。这是佛教徒的节日。不管是出家的僧侣还是在家的居士，不管是普通百姓还是高官显宦，在这个慷慨布施的日子里都沉浸在欢乐祥和的气氛之中，被佛陀慈悲的光芒笼罩。佛法无边，回头是岸，此岸到彼岸的距离原来可以如此之近。这也是新科进士的节日。经历残酷的文战，走过危机四伏的科场，不论是否年少多金，蟾宫折桂的新进士们犹如沙场凯旋的士兵，渴望休养，渴望放纵，渴望醇酒和美人，渴望“与民同乐”，渴望青灯黄卷的枯寂生涯之后的热闹繁华，佛牙会像日常的庙会一样，无疑是这样一个令人舒缓情绪的好去处。据王定保所言，看佛牙之时，僧人须跪捧佛牙，新进士每人要交纳二千钱以上作为供养。

中国佛教在唐代趋于鼎盛，当时“十族之乡，百家之间，必有浮图”（舒元舆《唐鄂州永兴县重岩寺碑铭》，董诰等：727/7498b），京师长安更是寺院众多，具备一定规模的大寺数量颇为可观。寺院在唐代宗教和世俗生活方面的地位相当重要，它们既是佛教的学术中心，也是国家举行各种祷祝祭祀活动的场所，同时又是城市文化生活的载体（参孙昌武）。降至唐代，宗教的神权差不多已完全屈服于世俗的王权之下。虽有佞佛的帝王，但朝廷对佛教的尊崇主要不是出于信仰的目的，而是将之当作一种经营和管理的手段。长安大寺几乎都由官方敕建，或者为豪族阶层营造，贵族特色鲜明。僧团的各类法事和斋会，往往沦为政治生活的附庸，有很浓重的礼仪、祷祀性质。而另一方面，宏大的译经事业，繁荣的宗派佛学，以及琐细艰深的义理，基本与民众无关，只有少数具有高度文化修养的士大夫留意于此。在民间流行的是解决个人安身立命问题的禅和净土，一般士人和普通百姓在这种修行中实践自己的信仰，并希求现世的解脱和来生的福报。

俗世的好尚和自身利益的驱动，使寺院的宗教活动偏离其初衷，淡化了宗教意义，而多少带上游艺和娱乐的色彩，寺院随之发展出它的社会文化功能——寺院聚敛的巨大财富为之提供了经济上的支持和保障。唐代佛寺多设置戏场，长安各大寺院尤其如此：“长安戏场多集于慈恩，小者在青龙，其次荐福、永寿。尼讲盛于保唐。”（钱易：戊/

图 36　敦煌初唐壁画天女散花
《中国敦煌壁画全集》初唐卷

67）在某种程度上，寺院部分分担了曲江这样的公共娱乐场所的作用。此外，寺院殿宇宏广，风景清幽，多名花异卉，也是文人骚客登临游赏的好去处。天宝以降，长安士庶盛赏牡丹，“三月十五日，两街看牡丹甚盛。慈恩寺元果院花最先开，太平院开最后”（计有功：52/1752）。很多寺院都以牡丹出名，新进士的牡丹宴在寺院举办，是极有可能的。另一个重要宴集杏园宴，地点在慈恩寺旁，宴后同年即赴慈恩寺雁塔下题名。那些在科举中落第的举子，一般并不出京，而是寻一所幽静寺院过夏，修习功课。

佛教在唐代固然已经逐步中国化，然而人们对伴随佛教传入的诸般外来事物依然保持着惊人的热情和好奇心。唐代文人与佛教的关系虽不能说完全建立在这种热情和好奇心的基础上，但得到后者的推动却也是不争的事实。文人与僧侣订交，相互之间频繁唱和，是终唐之世常见的现象。士人中好禅悦的居多，对于其他宗派的义理似乎少一些兴趣和热衷。因此对大多数士人而言，他们同寺院和僧侣的关系很少佛教学术上的，而主要是一种文学和交际上的，或者是基于纯粹信仰修行层面的，但更多的大概是为了庆祝和娱乐，以及在佛寺的宗教氛围当中寻求安慰或讨取吉祥。新进士集会长安佛寺，瞻仰佛牙盛会，庶几出于此种心理。

及第新春选胜游：曲江关宴

此中境既无佳境，他处春应不是春。金榜真仙开乐席，银鞍公子醉花尘。

——秦韬玉《曲江》(19)

逐队随行二十春，曲江池畔避车尘。如今赢得将衰老，闲看人间得意人。

——罗隐《偶兴》(甲乙集/97)

曲江位于长安东南，周回七里，占地三十顷。本汉乐游苑，隋时营造京城，凿之为池。其南有紫云楼、芙蓉苑，其西即杏园、慈恩寺(程大昌 2002:6/132~3)。自中宗神龙以来，为京都著名的游赏胜地(王定保:3/29)。唐人歌咏曲江的篇什甚多，四时景色都被诗人撷入诗中：有闲适的夏日时光，也有萧索的冬日景色，曲江的秋天在文人笔下更是摇曳多姿，不过，曲江最美好最繁华的时候是在春天。"紫蒲生湿岸，青鸭戏新波"(张籍《酬白二十二舍人早春曲江见招》,2/292)，这是阳和初动的早春；“漠漠轻阴晚自开，青天白日映楼台”（韩愈《同水部张员外曲江春游寄白二十二舍人》，2012：12/648），这是生意盎然的暮春。

长安春时盛于游赏，每逢春和景明之际，都人士女或乘车跨马或徒行野步，倾城而出，以至于出现“游盖飘青云”的奇观（王仁裕：下/44）。这些有闲阶层在园圃或郊野中赏花饮酒，及时行乐，尽情享受浮生半日的乐趣。而曲江正是禊饮踏青的绝佳去处。司马扎《上巳日曲江有感》：“万花明曲水，车马动秦川”；林宽《曲江》：“倾国妖姬云鬓重，薄徒公子雪衫轻”（彭定求等：596/6903，606/7003）。曲江游宴，开元天宝年间最盛，杜工部诗“三月三日天气新，长安水边多丽人”（杜甫《丽人行》，2014：2/342）是也。当时曲江风景，盛传天下。安史兵乱，曲江四岸宫殿尽皆废圮（王定保：3/32）。文宗每诵杜甫《哀江头》一诗，思复升平故事，因于大和九年发左右神策军疏浚曲江，重立亭馆（刘昫等：17下/557，561）。贞元五年，欧阳詹作《曲江池记》（5/44b），几十年后，王棨作《曲江池赋》（董诰等：770/8027a），其间大唐帝国国势日促，然而从文中所叙看来，曲江胜游却未曾稍歇。我们今天看唐人写曲江宴游的诗，很多篇章充满了欢快的情绪，简直像是在梦中飞翔：“酒后人倒狂，花时天似醉。三春车马客，一代繁华地”（刘禹锡《曲江春望》，外集1/1084）；“闲身行止属年华，马上怀中尽落花。狂遍曲江还醉卧，觉来人静日西斜”（薛能《曲江醉题》，彭定求等：561/6513）。

每年十月，各地贡士集于京师，到来年正二月参加礼部的考试，其间要履行必须的手续，如报到、集阅、缴纳家状文解、结款通保等，还要参加诸如朝见、谒先师等活动；同时请谒献书，希望得到有力者的吹嘘剪拂，用功一些的，则温习功课，准备考试。忙里偷闲，他们也游览长安的名胜。白居易《府酒五绝·自劝》说：“忆昔羁贫应举年，脱衣典酒曲江边。”（2006：28/2238）有些进士在出试后也会到曲江一游，然而此时春

图 37　杜甫像

《晚笑堂竹庄画传》

《哀江头》作于长安，时工部陷贼中。“少陵野老吞声哭，春日潜行曲江曲。江头宫殿锁千门，细柳新蒲为谁绿”(2014:3/760)，见乱后曲江一派萧条，而生故宫禾黍之悲。

意尚浅，对考试结果又没有把握，心情不免郁郁。赵嘏《出试日独游曲江》说：“双鹤绕空来又去，不知临水有愁人。”(118)而从落第者的眼中看出去，曲江则满目凄凉，别人的欢乐场所翻成他们的失意之地。这一边是“千队国娥轻似雪，一群公子醉如泥”，那一边却是“独向江边最惆怅，满衣尘土避王侯”(李山甫《曲江二首》，彭定求等：643/7368)，两相对照，真是情何以堪！当然，曲江游赏最盛的时候还是在礼部放榜到吏部关试前后，主角当然是那些“人间得意人”了。

> 清明新进士开宴，集于曲江亭。既撤馔，则移乐泛舟，又有月灯阁打球之会。(陈元靓 1985:17/424b)

新进士曲江游赏和关宴，多在曲江四岸的亭馆，有时也在租借来的大宅第或有名的苑囿比如杏园。宴罢则泛舟于曲江。这一余兴节目有时不幸转变为悲剧。开元五年春的那次关宴，发生了沉船事故，新进士三十人并声妓、篙工等，无一生还（张鷟1979：1/13~4）。贞元五年，一个叫罗玠的新进士在曲江池意外溺水，据说，此后凡是进士在关宴前亡故的，都称之为“报罗”（王定保：3/39）。但大多数时候，曲江泛舟充满了欢声笑语，甚至不乏追逐豪贵游艇，调戏艳妇冶姬的邪趣，上演一出具有强烈讽刺效果的风俗喜剧：乾符四年，新郎君们在曲江的碧波间追逐“姝丽”画舫，兴致正酣之际，忽然看到两只毛茸茸的大脚，这群狂蜂浪蝶方始醒悟，这原来是久困场屋行止偏激的温定布下的骗局（王定保：3/42）。

“及第新春选胜游，杏园初宴曲江头。紫毫粉壁题仙籍，柳色箫声拂玉楼。霁景露光明远岸，晚空山翠坠芳洲。归时不省花间醉，绮陌香车似水流。”（刘沧《及第后宴曲江》，彭定求等：586/6791）这种欢畅的景象是如此深刻于心，即使在多年之后，仍旧难以忘怀。白居易《酬哥舒大见赠》说：“去岁欢游何处去，曲江西岸杏园东。花下忘归因美景，樽前劝酒是春风。”他特意在诗题下加了一条说明：“去年与哥舒等八人同共登科第，今叙会散之愁意。”（2006：13/1006）齐己《寄梁先辈》也说：“慈恩塔下曲江边，别后多应梦到仙。时去与谁论此事，乱来何处觅同年。”（9/1a）

曲江游赏最后的节目是关宴。《唐摭言·述进士下篇》说：“大燕于曲江亭子谓之‘曲江会’。”自注说：“曲江大会在关试后，亦谓之‘关宴’。宴后同年各有所之，亦谓之为‘离会’。”（王定保：1/4）新进士的长安之春到此即将结束，雁塔题名之后，相处多日的同年临岐分手，各奔前程。因此在离筵上，新进士们的情绪是比较复杂的：圆满之中包含着一些欠缺，欢闹之中蕴藏了一丝感伤——“看花兴未休，已散曲江游”

图 38　宋赵佶摹张萱虢国夫人游春图
辽宁省博物馆藏

（张乔《送郑谷先辈赴汝州辟命》，彭定求等：638/7308）；"日午离筵到夕阳，明朝秦地与吴乡"（杜荀鹤《关试后筵上别同人》，唐风集下/91）。

关宴在关试之后，具体的时间视关试的时间而定。如本书绪言所述，一般情况下，正月礼部进士考试，二月放榜，放榜后大约十天半月，吏部关试。故关宴多在二三月，正值曲江游赏的盛时。《东轩笔录》指出："进士及第后，例期集二（或作"一"）月。"（魏泰：6/68）从曲江开宴到最后关宴压轴，曲江大会往往长达一两个月，有时甚至延长到仲夏时节。《南部新书》说："进士春关，宴曲江亭，在五六月间。"（钱易：乙/19）《雍录》则谓："神龙后杏园六月十五日进士关宴，悉于塔下，选同年中能书者题名其上。"（程大昌 2002：10/224）晚唐由于关试推迟，关宴也相应地移后。这当与晚唐社会奢侈浮华的风气有关，曲江宴集在一定程度上起了推波助澜的作用。有鉴于此，僖宗乾符二年正月曾下诏加以禁制，并规定关试和关宴皆须在四月内结束（宋敏求 1959：106/550）。

曲江会（包括关宴）由进士团承办。所谓"进士团"，是长安民间的商业性营利机构，以服务于新进士而得名——唐代似乎存在一种专门包办礼席的组织（李肇：中/35），进士团或者就是此类行帮之一。进士团的职业大概是世袭的。钱易《南部新书》：

> 一春宴会，有何士参者，都主其事，多有欠其宴罚钱者，须待纳足，始肯置宴。盖未过此宴，不得出京，人戏谓“何士参索债宴”。士参卒，其子汉儒继其父业。（乙/20）

由于有暴利可图，进士团纠集了大量游手好闲之徒。礼部放榜后，新进士过堂、谢恩、期集，以及随后的曲江大会等活动，都有进士团参与其间，代为置办筵席，租赁集会和宴饮的场所；此外，进士团还有其他一些职能，如送榜帖给新及第进士，为新进士喝道开路，在曲江会上监视并举报新进士的“不法”行为等（王定保：3/24~27，34，40，31）。此辈大多为射利之徒，气焰又甚为嚣张，故不免对新进士多方刁难和欺骗。刘覃少年登第，有辎重数十车，名马数十驷，受同年煽惑怂恿，欲结识南曲名妓天水仙哥。进士团竟然暗地里与妓家勾结，让天水仙哥托辞不见，借机大敲刘覃的竹杠。刘覃猫儿吃不到荤腥，越发猴急，不断增加缠头之资，前后所费约有百余金（孙棨：26~7）。好在刘覃为人豁达，囊底又丰厚，如果换了他人，恐怕难以支撑——“何士参索债宴”岂止是戏称。

宴会开始前，新进士要分派职司，一般由新科状元出任录事，其他同年则分担主宴、主酒、主乐（一人主饮妓）、探花（以年最少者二人为之）、主茶等事务。录事主持宴会，并查检同年宴集装备如被袋、酒器等是否齐全，以及行为是否合乎礼仪法度，若稍有缺失，则重加罚金——醵钱（出钱为醵，合钱饮酒曰醵）以支付进士团的费用，这是录事的另一个重要职责（王定保：3/24~25，31）。

筵席上新进士依照一定的位次就座——按年齿大小、岁数单双，

图 39　西安韦曲唐墓壁画宴饮图
《中国墓室壁画全集》隋唐五代卷

"只东双西"(王定保:3/26),"长少分双只相向而坐"(洪迈:续笔 13/377)。如需音乐歌舞,则要事先知会教坊——"京中饮妓,籍属教坊"(孙棨:22)——由教坊选派饮妓助兴。无名氏《明月湖醉后蔷薇花歌》说:"笙歌日日征教坊,倾国名倡尽佳丽。"(彭定求等:785/8857)这些妓女居于平康里,她们谈吐文雅,知书识礼,新进士自然毫不吝惜,挥金如土,而事实是,曲江大会上招妓佐酒的花费要比平日高出不少倍(孙棨:22)。有时新进士的宴集也会邀请著名的歌手。玄宗开元、天宝年间,李八郎歌名擅天下,有一年新进士欢宴于曲江,榜中的一个名士偕他前往赴宴。新科进士见他衣衫敝旧,精神萎靡,没有人愿意答理他。酒过三巡,乐声响起,教坊艺人曹元谦和念奴放声而歌,众人称赏叹息不已。这时,名士请求让李八郎也露上一手,遭到同年的哂笑。李八郎不以为忤,转喉发声,一曲唱罢,与会者涕泗交流,忙不迭地下拜道:"这必定是李八郎啊。"(李清照《词论》,4/53)曲江会上,车马阗塞,公卿百官也参与其间。据《唐摭言》所说,乾宁(894~897)朝的太子太师卢知猷先后赴过三十次关宴(王定保:3/42)。——"花浮酒影彤霞烂,日照衫光瑞色鲜。十二街前楼阁上,卷帘谁不看神仙。"(徐夤《放榜日》,

8/10a)乐人演奏,妓女侑觞,百官列席,公卿之家多在这个日子里拣选东床,连帝王都要驾临紫云楼垂帘观看(王定保:3/25),曲江大会的奢侈隆重,新进士的荣耀辉光真是无以复加。

唐世重科举,尤重进士科。凡名登科第者,可免除徭役,享有特权,种种荣誉亦接踵而至;政府之清要官职多从进士科中选拔,名望既高,前途更未可限量。因之进士一旦得第,便如鲤鱼化龙,得道升仙,飘飘然忘乎所以。曲江大会正好为他们提供了挥霍和发泄的途径,“得之者互相夸诧,车服侈靡,不以为僭”,“寻芳逐胜,结友定交,竞车服之鲜华,骋杯盘之意气”(王定保:2/13,3/44)。万众瞩目新进士的社会氛围在一定程度上鼓励和助长了新进士的奢侈,他们的言行举止反过来又推毂了浮华的风气,引导着社会的风尚,起强烈的示范作用。

降至晚唐,新进士多出自豪门,故浮华侈靡的风气日甚一日。“近年以来,浇风大扇。一春所费,万余贯钱。况在麻衣,从何而出?”(《厘革新及第进士宴会敕》,宋敏求 1959:106/550)对于腰缠万贯的新进士来说,宴集资费易于措办,且是他们显示豪阔夸耀财富的机会,然而对于众多出身贫寒者而言,醵罚却是沉重之极的负担。皮日休在《登第后寒食,杏园有宴,因寄录事宋垂文同年》一诗中写道:“当醉不知开火日,正贫那似看花年。纵来恐被青娥笑,未纳春风一宴钱。”(附录 1/180)曲江会上,纨绔子弟的欢笑和麻衣寒士的愁苦对比鲜明。大中朝宰相卢钧元和四年(809)登进士第,逼近关宴,尚是囊中羞涩,急得抓耳挠腮,后来还是亏了一个来历奇特颇有神秘色彩的仆役,才得以摆脱窘促的处境(王定保:3/37~8)。乾符五年(878),孙偓状元及第,惑溺于北里名妓郑举举,与相好的同年数人时常流连曲中。其他同年或者财力不逮,或者与他们交往不深,故不能尽数出入狭斜,但银子却一分不少地缴纳,是以卢嗣业写诗致状元诉苦说:“未识都知面,频输复分钱。苦心亲笔砚,得志助花钿。”都知,为妓中之头角,分管诸妓,这里指郑举举。青楼惯例,过夜是常价的一倍,而新科进士照规矩更要在此基础上加倍,这叫作“复分钱”(孙棨:28~9)。

针对时风之浸薄,朝廷的一些儒生做出了适时的反应。文宗时,郑覃以经术位至宰相,奏请罢进士科,未被朝廷采纳(欧阳修等:44/1168)。武宗朝,宰相李德裕不出身科第,特别厌恶进士之浮薄,一度禁止新进士宴集(王定保:3/28~9),但后来宣宗嗣位,德裕失意,一切悉复旧态,且更为变本加厉:

自大中皇帝好儒术,特重科第……故进士自此尤盛,旷古无

图 40　李德裕像

《三才图会》

李德裕非科第出身。据其自述,他的祖父李栖筠在天宝末年因别无仕进之路,勉强由科举入仕,厌恶进士“祖尚浮华,不根艺实”,此后家不置《文选》;朝堂奏对之时,他指出,公卿子弟熟悉朝廷事务,“台阁仪范,班行准则,不教而自成”,而贫寒之士,“纵有出人之才,登第之后,始得一班一级,固不能熟习也”(刘昫等:18 上/603)。似乎是反进士科举的鼓吹者。其实,李德裕喜欢扶持文士,奖拔孤寒——当他在宣宗朝贬官岭南时,有人作诗说:“八百孤寒齐下泪,一时南望李崖州”(王定保:7/74)——他的改革措施多着眼于实际政治的需要,而不是从根本上否定和反对进士科。

俦。然率多膏粱子弟，平进岁不及三数人，由是仆马豪华，宴游崇侈，以同年俊少者为两街探花使，鼓扇轻浮，仍岁滋甚。（孙棨：22）

到了咸通末年，执政者病举人仆马太盛，下令进士只许乘驴。郑光业身材魁伟，所以有促狭之辈作打油诗相嘲，“今年敕下尽骑驴，短辔长鞦满九衢。清瘦儿郎犹自可，就中愁杀郑昌图”（王定保：12/141）。僖宗乾符二年正月再次下诏，以官方文件的形式规定了每年春关的费用额度（宋敏求 1959：106/550）。但颓势难挽，五代战乱频仍，新进士更无力支持庞大的宴会开销，于是在后唐天成二年，关宴也改由官办了。

唐室隳坏前后，曲江即已出现缺水的迹象。五代乱离，中原迭经兵马，诸朝不再在长安建都，曲江逐渐干涸。宋哲宗元祐改元（1086）季春，张礼游长安城南，登慈恩寺塔，观唐人留题，下瞰曲江宫殿，昔日的“乐游燕喜之地”，已悉数化为野草荆棘（324b）。到了明代，人们虽然还能指出曲江的位置和形状，但那里已是遍种禾稼，无复旧时遗迹了（赵崡：7/633b；于慎行：14/161）。清人洪亮吉来此游览时，曲江仅阔不数步，犹如杯水（洪亮吉：卷施阁诗 3/514）。——世易时迁，物换星移，曲江的风流繁华只能留存在后人的想象之中。

春风得意马蹄疾：杏园探花

期集谢恩了……便于亭子小宴。召小科头同，至暮而散。次即杏园初宴，谓之探花宴，便差定先辈二人少俊者，为两街探花使；若他人折得花卉，先开牡丹、芍药来者，即各有罚。

——赵彦卫《云麓漫钞》引《秦中岁时记》（7/128）

京国花卉之晨，尤以牡丹为上。至于佛宇道观，游览者罕不经历。

——康骈《剧谈录·慈恩寺牡丹》（下/35）

杏园在通善坊，位于曲江池西侧，与慈恩寺南北相望（徐松 1985：3/69）。新进士曲江游赏之后移宴于杏园，并行探花之事，是自然而然的举动。《类说》引李绰《秦中岁时记》："宴进士杏花园，初会谓之探花宴。以少俊二人为探花使，遍游名园。若他人先折得名花，则二使皆被罚。"（曾慥：6/106b）《北里志·序》也有"以同年俊少者为两街探花使"的说法（孙棨：22）。探花使也称为探花郎，其任务是骑马巡游，采摘名花，这一职司通常委任给榜中年纪较轻的进士，且往往指派给最年少者。有趣的是，探花宴上允许其他同年和探花使竞争，如果他们抢先折取名花回来，探花使就要受到处罚，缴纳若干银钱。

唐人做过探花使的，今日所知的有韩偓和翁承赞。韩偓于昭宗龙纪元年(889)登第，他的集子里有一首七律，题目是《余作探使以缭绫手帛子寄贺因而有诗》(3/654)，以诗帕寄贺的应该是与他相熟的一位歌伎。另一位翁承赞，乾宁三年(896)第四人高中，他作有《擢探花使三首》。第二首诗自述“今日始知春气味，长安虚过四年花”，可知他只考了四年，可谓少年得志，所以诗中流露出掩饰不住的得意之情：“深紫浓香三百朵，明朝为我一时开”——锦簇花团，美景良辰，尘世万物都以这一个“我”为中心。而组诗的最后一首，更把这种情绪渲染得淋漓尽致，在令人眩晕和战栗的快感的峰巅，看不到幸福的边际，连时间都仿佛停滞不前了；在沉醉之中物我两忘，已经分不清是花的香气烘托了人的笑脸，还是人的荣耀熏染了花的子房：

> 探花时节日偏长，恬淡春风称意忙。每到黄昏醉归去，纻衣惹得牡丹香。(彭定求等：703/8091)

杏园探花赏春不仅限于新进士。唐代长安风俗，每年正月十五之后，京城百姓倾城出动，乘车跨马，在园圃或郊野中设宴探春(王仁裕：下/56)，故姚合《杏园》诗有句说：“江头数顷杏花开，车马争先尽此来”(外编/610)。阳和初动，春风送暖，蛰伏了一冬的各种欲望如枝头的芽苞般蠢动，满城都是“寻花问柳”的男女，不分老幼妍媸，都在头上插满了新折的杏花。韦庄《长安春》一诗生动地摹状出当时的情景：“长安二月多香尘，六街车马声辚辚。家家楼上如花人，千枝万枝红艳新。帘间笑语自相问，何人占得长安春。长安春色本无主，古来尽属红楼女。如今无奈杏园人，骏马轻车载将去。”（补遗/351~2）千娇百媚的“红楼女”让位给气焰万丈的“杏园人”，长安的春色被新科进士们“偷”了去，从此算是找到了“真正的”主人，增添了几分旖旎和放荡。唐人写杏园探花的诗篇大多充满了天真未凿的欢乐。比如赵嘏《喜张渍及第》：“春风贺喜无言语，排比花枝满杏园。”（113）最有名的仍当首推孟郊的《登科后》：

昔日龌龊不足夸，今朝放荡思无涯。春风得意马蹄疾，一日看尽长安花。

筵席间，知贡举官员、前科的先达或新进士的亲友也会赶来凑热闹。当座主莅临门生的杏园欢宴，科举新贵们要借着浓酒香花的愉悦氛围，再次答谢老师的简拔之恩，进一步巩固业已建立的利益互惠关系。姚合《杏园宴上谢座主》诗曰：“今日无言春雨后，似含冷涕谢东风”

图 41　孟郊像
《历代帝王圣贤名臣大儒遗像》
东野家境贫寒，应进士举屡战屡败，漫游江西、两湖一带，又一无所遇，直到贞元十二年（796）四十多岁时才得偿夙愿。但他生性孤直，不阿世媚俗，故一生穷困潦倒。

(9/503)，座主的知遇犹如春风化雨，门生当然要在方方正正的文字排列中整饬自己感恩的悃诚，乃至披肝沥胆，洞开心扉。至于同年之间，更是多所唱酬。曹邺大中四年进士及第，他有《杏园即席上同年》，回思过去累举不第之艰难，长期成名无望形成的心理定势，使他喜极生疑，以为仍然身处虚幻不实的梦寐："对酒时忽惊，犹疑梦中事。"(7)昔日的龌龊与今朝的放荡，前后心理的起伏波折是许多人共同的体验和经历。而在下第者那里，杏园的意象则包含着难以言说的辛酸和凄楚，不能释怀的企羡和向往。温庭筠《春日将欲东归寄新及第苗绅先辈》："三春月照千山道，十日花开一夜风。知有杏园无路入，马前惆怅满枝红"(4/419)；杜荀鹤《遣怀》："驱驰歧路共营营，只为人间利与名。红杏园中终拟醉，白云山下懒归耕"(唐风集中/74)。而在诗人李群玉笔下，满腔的积怨则浸沤、发酵成不平则鸣的怒火："莫放焰光高二丈，来年烧杀杏园花"(《赠魏三十七》，中/9a)。

杏园探花在放榜谢恩之后不久，正是二三月春光摇荡的烂漫时节。皮日休《登第后寒食，杏园有宴，因寄录事宋垂文同年》一诗说："雨洗清明万象鲜，满城车马簇红筵"(附录1/180)，可见咸通八年(867)的杏园宴恰值寒食禁火。等到莺飞草长的暮春，白色的杏花凋谢殆尽，树下如织的游人也都散去了，欢聚一春的新进士们"杏园沈饮散，荣别就佳招"(张蠙《送友人赴泾州幕》，彭定求等:702/8070)，骑着肥马，坐着高车，告别旧雨新知，先后离开了长安这座人间天堂。

探花的风尚一直留存到北宋初年(只是随着国都的迁移，地点改在汴梁的琼林苑，格局也相对变小了)，至神宗朝才被最后废弃。事在熙宁(1068~1077)中。那一年的状元名叫余中，他带头倡议停罢新进士期集，废止探花之宴，以醇厚风俗，得到了朝廷的首肯(魏泰:6/68)。

选年少者为探花郎，本来并无贵重之意，可是后来竟然将之用为

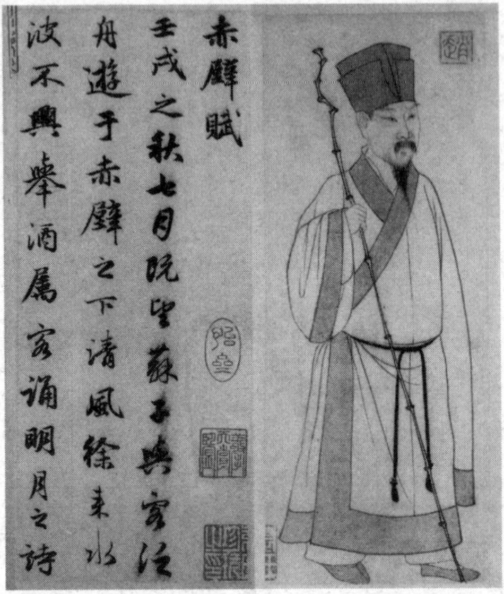

图 42　元赵孟頫东坡小像
故宫博物院藏
东坡居士政治上是保守派，而在文学艺术方面却能自由创新。

进士第三名的专称。宋末戴埴《鼠璞》曰："今以称鼎魁，不知何义。《东轩笔录》谓期集选年少三人（今本作'二人'）为探花，使赋诗……恐因此讹为第三人。"(411a)清儒赵翼《陔余丛考·状元榜眼探花》考证，"状元之名，唐已有之"，"榜眼之名，起于北宋无疑"，至于称第三人为探花，他征引《鼠璞》，认为当在宋室南渡之后(28/584~5)。赵翼还讲了个出自刘斧《翰苑名谈》的故事：西方琥少年登第，想担任探花郎，便去请求状元郑毅夫，郑告知已选定了两人，西方琥说："这类事情又不需要固定的人数，增加一个也无所谓吧。"第三个探花郎这件逸事，或许直接促成了探花一词的专名化。而根据北宋后期的传说，杏园更成为文人死后精魂会聚之所，苏东坡、秦少游、陈后山等当代大文人的游魂都在那里飘荡(何薳：6/84)。

杏园宴最主要的节目是探花，探花使访遍长安园林佛寺，采撷名花异卉，其时正逢花季，杏花盛开，故唐人把杏花视为"及第花"。郑谷

《曲江红杏》诗曰:"女郎折得殷勤看,道是春风及第花。"(4/447)据归有光《杏花书屋记》所说,明代的士人在殿试前,多以梦见杏花为吉兆(15/390)。不过,在唐人尤其是中晚唐人的心目中,真正的名花还是非牡丹莫属的:"唯有牡丹真国色,花开时节动京城。"(刘禹锡《赏牡丹》,25/789)因此,新进士探花宴最盛的还是以采摘、观赏牡丹为主的牡丹宴。

花中之王牡丹"若教解语应倾国,任是无情亦动人"(罗隐《牡丹花》,甲乙集/20),唐人对它的非常爱好可以追溯到武后则天(欧阳修《洛阳牡丹记》,2009:外集 22/1898)。她和其他皇室成员的提倡,推进并加速了长安士庶的迷恋。玩赏牡丹花在开元天宝年间初兴(《松窗杂录》,罗宁:92),到德宗贞元中,牡丹花的价格已大幅上涨,"一丛深色花,十户中人赋"(白居易《秦中吟十首·买花》,2006:2/181),大约数十千钱才能买到一棵(段成式:续集 9/2098),如是特异罕见的品种,价值甚至达到数万(李肇:中/45)。"能狂绮陌千金子,也惑朱门万户侯"(徐夤《牡丹花》,7/8a),牡丹成为名副其实的富贵花。作于长庆(821~824)朝的《唐国史补》称:"京城贵游,尚牡丹三十余年矣。每春暮车马若狂,以不耽玩为耻。"(李肇:中/45)于是朝野上下出现了"牡丹妖艳乱人心,一国如狂不惜金"(王叡《牡丹》,彭定求等:505/5743)的风魔局面。这种弥漫全国的嘉年华式的癫狂遭到了白居易的批评,在讽喻乐府《牡丹芳》中,这位文体上的道德家经过诊断,发现病根在于"重华不重实"的人心(2006:4/379)。

话虽如此,但白居易本人对牡丹付出的爱情与世俗相比还是没有太大的不同,除了借题发挥的讽喻诗之外,他也写了不少以牡丹为题的或闲适或感伤的诗歌。在中晚唐人的日常生活中,牡丹所占据的位置是十分崇高的:李孺安赞誉宋昱言辞华美,喻为座间生无数牡丹花(冯贽:101);裴度认为未及看牡丹花而死是很可悲哀的事(李冗:上/

21)；文宗在内殿赏花，问谁是歌咏牡丹的第一人，侍臣对以李正封诗“天香夜染衣，国色朝酣酒”(《松窗杂录》，罗宁：96)——李正封并非首位吟哦牡丹的唐代诗人，不过他的诗那样有名，说明牡丹已侵入了唐人的精神领域，在某个角落找到了安身之地。

长安寺院名园多植牡丹，名声最著的是慈恩寺牡丹。《南部新书》说：

> 长安三月十五日，两街看牡丹，奔走车马。慈恩寺元果院牡丹，先于诸牡丹半月开；太真院牡丹，后诸牡丹半月开。(钱易：丁/49)

图43　元稹像
《晚笑堂竹庄画传》
微之是鲜卑族后裔，世居京兆万年。贞元九年，年方十五，以明经擢第。他与白居易交契，并称元白。二人并辔同游的身影不时闪现在他们文集的字里行间。

慈恩寺牡丹繁艳芬馥,少有伦比。传说寺中老僧培育了一株稀有的殷红牡丹,秘不示人,但有一次由于虚荣心作祟,忍不住在人前显耀,消息传到京中权要的耳朵里,结果可想而知:老僧无力护花,只能眼睁睁地看着这一尤物被他人霸占(康骈:下/35~6)。慈恩之外,荐福、西明(在延康坊)、崇敬(在靖安坊)、永寿(有二,一在永安坊,一在永乐坊)、兴唐(在大宁坊)、兴善、万寿(在永乐坊,本名永寿)等寺院的牡丹也都很有名气。元稹的宅子在崇敬寺附近(徐松 1985:2/46),他经常与挚友白居易相约,到唐昌观看玉蕊,赴崇敬寺赏牡丹(白居易《代书诗一百韵寄微之》,2006:13/977)。唐末战乱,诸寺牡丹不复往日风光。王贞白《看天王院牡丹》诗曰:"前年帝里探春时,寺寺名花我尽知。今日长安已灰烬,忍随南国对芳枝。"(彭定求等:885/10007)

长安修政坊有宗正寺亭子,新进士的牡丹宴有时会在这里举行(徐松 1985:3/81)。"始知年少求名处,满眼空中别有花"(李益《咏牡丹赠从兄正封》,109),牡丹宴虽被时人艳羡,但对落第者和不遇者而言,新进士的欢宴强烈刺激着他们备受折磨的心灵。他们辜负了牡丹的花期,黯然踏上归程,夕阳把他们的身影拉得瘦长而孤单,"鸟畏闻鶗鴂,花惭背牡丹"(许棠《留别故人》,彭定求等:603/6967),此时此刻,他们最怕听到的是杜鹃的啼叫,因为杜鹃泣血,让他们脆弱的心脏承受不住,而这些带有凄凉隐喻的鸟一声接一声的呼唤,似乎也在催促他们不如趁早归去。

满城春色属群仙:雁塔题名

题名登塔喜,醼宴为花忙。

——郑谷《贺进士骆用锡登第》(1/89)

慈恩雁塔参差榜,杏苑莺花次第游。

——徐夤《依韵答黄校书》(6/9a)

慈恩寺为长安名刹,在晋昌坊东。贞观二十二年(648)十二月,太子李治替母亲文德皇后追福,就杨隋无漏废寺原址立寺(故名慈恩)。永徽三年,应高僧玄奘所请,于寺西建浮图;初唯五级,长安中改作为六级(今大雁塔七层),高三百尺。殿宇之恢弘,林泉之形胜,允为京都之最(徐松 1985:3/68~9)。寺内收藏辟支佛牙,多名人书画(张彦远:3/49),又有名贵的牡丹和热闹的戏场,不仅是帝王宗室临幸之所,也是都人士女游赏的胜地。暮年的姚合把慈恩牡丹当作樽中的美酒,和着春光一饮而尽,“赏春无酒饮,多看寺中花”(《春日游慈恩寺》,8/408);在白居易笔下,惜春伤春的情感是和这座长安名寺紧密相连的,“惆怅春归留不得，紫藤花下渐黄昏”(《三月三十日题慈恩寺》,2006:13/1015)。

慈恩寺连接曲江,新进士宴集必到此处,于是顺便在雁塔壁上题名。这正是文人的风流,墨客的韵事。北宋袭用唐代的典章制度,士大夫对雁塔题名的先朝旧事津津乐道:“唐人登科,燕集曲江,题名雁塔,一代之荣。观当时士风,以不得与为深恨。”(陈思:7/511a)徐夤《寄两浙罗书记》一诗就包含了这种饮恨不平的意思:“怜君道在名长在,不到慈恩最上层。”(9/6a)不过,唐人诗文写及雁塔题名,溢于言表的多是欢喜赞叹之情,“题名登塔喜，醵宴为花忙”(郑谷《贺进士骆用锡登第》);即使多年以后仍是寤寐思服,无时或忘,“杏园北寺题名日,数到如今四十年”(朱庆馀《赠凤翔柳司录》,彭定求等:515/5893)。

图 44　刘禹锡像
《晚笑堂竹庄画传》
《嘉话录》系刘禹锡长庆中的谈话记录,由从学其左右的韦绚整理编纂。梦得与柳宗元为同科挚友，政治生活中也是共同进退。永贞革新失败后,二人皆被贬边州司马,在任内诗书往还,以探讨学术解忧。

雁塔题名之起源，唐宋时期比较流行的是下面两种说法：韦绚《刘宾客嘉话录》说是始自张莒（佚文/88），钱易《南部新书》则将源头追溯到韦肇（乙/22）。他们都认为，题名只是新进士闲游慈恩寺时偶然的兴之所至，后进慕效，遂相因成为科场故事。张莒是大历九年（774）进士（徐松 1984：10/383），大中朝做到吏部员外郎的职位（计有功：31/1108）。韦肇是韦贯之的父亲，大历中任中书舍人，后历官京兆少尹、秘书少监、吏部侍郎（欧阳修等：169/5152），“有重名于时”（刘昫等：158/4173）；他登科的年份不详，然而以常理推测，应当是在大历初或稍前。总之，张莒和韦肇为同代人，其及第之年也先后不远，不论是哪种说法，都以为雁塔题名滥觞于代宗大历年间，所以明人郎瑛说：“人虽不同，其义其时则一也。”（20/213）

王定保《唐摭言·慈恩寺题名游赏赋咏杂纪》则把题名肇始的时间前移到中宗神龙朝：

> 神龙已来，杏园宴后，皆于慈恩寺塔下题名。同年中推一善书者纪之。他时有将相，则朱书之。及第后知闻或遇未及第时题名处，则为添“前”字。（3/42；重新标点）

宋人董逌根据留存的金石，进一步肯定了《唐摭言》的记述。《广川书跋》举开元九年（721，距神龙不过十余年）陈昭题名为例，断定新进士雁塔题名“自唐神龙初有之”（1985b：7/698b），与《摭言》之说大致相合，结论是可靠的。

至于所谓的“添前字”，则是关试后及第进士的旧习。姚合《及第后夜中书事》：“夜睡常惊起，春光属野夫。新衔添一字，旧友逊前途”（6/291）；翁承赞《擢进士》：“霓旌引上大罗天，别领新衔意自怜。蝴蝶流莺莫先去,满城春色属群仙”(彭定求等:703/8091),二诗所说的“新衔”,指的是前进士的名衔,这个新的称谓表明以前的进士已经及第。大和九年四月一日,进士蔡京、令狐纬(后改名缄)、李商隐与侍御史令狐绪、右拾遗令狐绹偕游慈恩,题名雁塔;开成四年(839),蔡、李诸人已进士及第,遂在原先的题名上添加“前”字(《雁塔题名帖》,启功等:151~2;参翁方纲:50/130a,徐松 1984:28/1154)。大中间,天才儿童苗台符和张读同年进士,曾列题于西明寺,及登第,有人暗中在他们的题名下加了两句诗,道是:“一双前进士,两个阿孩儿。”(王定保:3/43)乾宁四年(897)正月,郑珏为升仙庙撰写碑文,末署“进士郑珏书”;光化三年登科后,便把碑石上的“进士”改成了“前进士”(徐松 1984:28/1153)。

贞元九年,柳宗元与刘禹锡等三十二人同登科第,题名于慈恩寺塔,柳宗元起草,谈元茂秉笔。题名规矩,须在名字前加缀族望,榜中有个名叫幸南容的,大家都不大清楚他的底细,他又临时离开了现场,正在踌躇之际,柳宗元开口说道:“幸君是东海人。”谈元茂很诧异,问道:“先辈怎么会知道的?”柳宗元答道:“东海之大,无所不容。”过了不久,幸南容赶回来,众人问他的郡望,果然是渤海(韦绚:佚文/87~8)。这则趣闻约略透露了唐代新进士雁塔题名的格式与讲究。

新进士题名并不止局限在慈恩寺一地。天复四年(904),朱全忠挟天子以令诸侯,唐昭宗车驾被迫东迁,驻跸于陕州。是年行在放榜,新进士遂在陕州开元寺题名(尹洙《王氏题名记》,4/361b)。这是国家局势动荡下的特殊情况,但也有在正常时候题名于他处的例子。鱼玄机《游崇真观南楼睹新及第题名处》诗云:“自恨罗衣掩诗句,举头空羡榜中名。”(陈文华:111)崇真观在新昌坊(徐松 1985:3/87),与晋昌坊之慈恩寺相隔甚远,鱼玄机目睹的肯定不是雁塔而是崇真观内的新进士

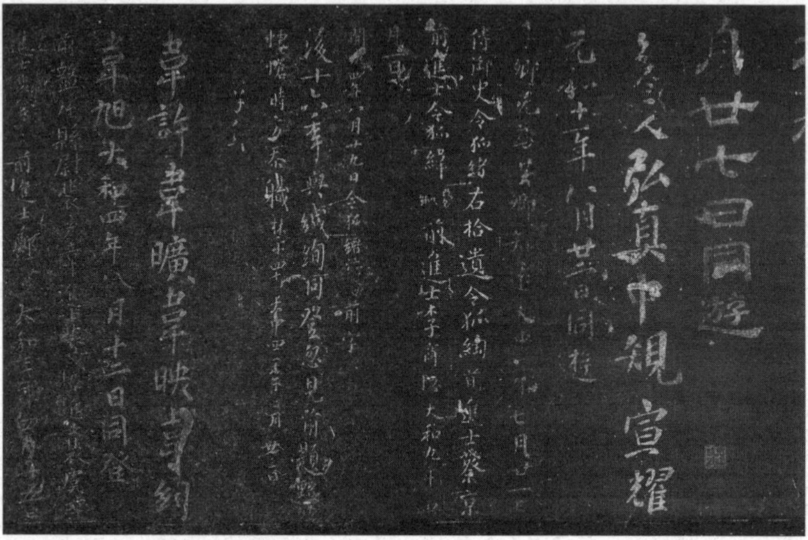

图 45　李商隐等雁塔题名
《雁塔题名帖》

题名。

但为世所艳称的仍是雁塔题名，故后世群起而效法之——甚至有在外省州府学附近建塔，题本地登科者姓名于其上，而名之为雁塔的，如眉州雁塔（穆彰阿等：410/20538）——并用为文学故典。唯一不同的是，唐代新进士题名一般墨书于塔壁，未必镌刻上石。《广川书跋》曰："河南石氏得唐陈昭题名，制度大备，知今日进士刻石甚陋。"（董逌1985b：7/698a~b）两宋以降，各朝进士题名则均刻石立碑。高似孙《纬略·雁塔》说："本朝进士题名，皆刻名于相国、兴国两寺，盖效慈恩也。"（5/209b）这是北宋的情况，南渡后则改在礼部贡院或临安城的寺观（佚名 a：348b；陆容：14/173；周密：5/67），元明清三代则多在国学之内立进士题名碑（宋濂等：81/2026；张廷玉等：69/1677；赵慎畛：下/203）。

会昌三年，宰相李德裕奏罢曲江大会，此前的雁塔题名被尽数削除，未几德裕失势，题名之风卷土重来（王定保：3/28~9）。五代鼎革，天灾人祸的劫难使得慈恩寺日渐废弃，雁塔亦屡遭火焚。在历次的修缮工程中，新进士的题名为涂料所遮盖，直到北宋中后期，方始显露出来，残存的唐人墨迹得以纤毫毕现。宣和二年（1120），留心掌故的地方官柳瑊命人将其抄录成卷，并摹刻上碑，立于雁塔的西南角（张礼：324b；陈思：7/510b-1a）——到了明代，这些石碑已无一幸存（赵崡：7/633b），仅留下残拓本（徐松 1984：28/1154）。由于李德裕的厘革，保存下来的新进士题名实际上寥寥无几，反而是诗人、处士与公卿贵游子弟的题名较多（陈思：7/510b~1a）。

这次“考古发现”说明题名雁塔并非新进士独享的特权。王观国《学林》指出，“塔以石为壁，唐人游观留题甚多，不特进士题名而已”（4/146）；戴埴《鼠璞》也说，雁塔的石壁上，“凡留题姓名，僧道士庶，前后不一，非止新进士也”（413a）。在唐代中叶，凡是京兆府解送并列入等第的进士，要会集在塔下题名（董逌 1985b：8/701b）；其他乡贡进士同样会到这里散心消遣，“长安慈恩寺浮图，起开元，至大和之岁，举子前来登游题纪者众矣”（何光远：7/300a），前述李商隐事，亦可证乡贡进士之题名慈恩；即便不是同科进士，比如韩愈、李翱、孟郊、柳宗元、石洪等人，闲游慈恩，共登雁塔，也不妨留题姓名（韩愈《长安慈恩塔题名》，2010：36/3251）。“题名尽是台衡迹，满壁堪为宰辅图”（徐夤《塔院小屋四壁皆是卿相题名因成四韵》，8/6b），作为园林佳地和娱乐场所，慈恩寺对公众开放，游人成分复杂，可以说集中了各色人等，公卿百官的题名只是其中的一小部分而已。

如果能得到大诗人的一两篇锦绣诗章，自然为寺院增色添彩，吸引更多的香客惠顾，所以赋有经济头脑的僧侣们常求恳诗人留下墨宝，而诗人们也乐于让自己的作品在人间口耳相传。据说，李白有一次游慈恩寺，寺僧就拿出刷了吴胶粉的水松牌，请他在上面作一首新诗（冯贽:45）。在这种背景下，题诗雁塔更是蔚然成风。“十层突兀在虚空，四十门开面面风。却怪鸟飞平地上，自惊人语半天中。回梯暗踏如穿洞，绝顶初攀似出笼。落日凤城佳气合，满城春树雨蒙蒙。”这是大历进士章八元的《题慈恩寺塔》（彭定求等:281/3193）。小说家言，元稹和白居易在雁塔下看到这首诗后，吟咏良久，惊为天人，遂命撤除诸家诗板；心悦诚服的两位诗人感到惭愧，竟然放下再现和诠释眼前景物、建构文学领域的宏大庙宇的机会，就此搁笔，而此后抱着同一念头到慈恩寺来的文士，也无人敢在章八元的大作面前献丑了（何光远:7/300b）。

新进士雁塔题名的习尚与唐代盛行的题名题诗风气密切相关。唐朝碑记题名完整流传下来的，最著名的大概是御史台精舍碑和尚书省郎官石柱记，然而唐人经常留题的地方还是名山胜迹。开元二十三年（735）讫后唐清泰二年，两百年间，华山“题名者五百一人，再题者又三十一人”，这些人很多都是当时的知名之士（欧阳修《唐华岳题名》，2001:139/2216）。韩愈文集中保存了几篇他在嵩山、华山等地的题名（2010:36/3252~9），由此我们可以了解，题名的内容可繁可简，时间、地点、人物、官爵、事由、经过诸项，不一定样样皆备，但至少名字是必须书写的。唐人还喜欢在经行之处题诗，李蠙“赴举之秋，偶自题名于屋壁”（《南楚新闻》，李昉等 1961:138/993）；因此许多庙宇寺观、逆旅馆舍之中都备有诗板。四川一个叫飞泉亭的驿站，这类诗板多达一百多块（王定保:13/149）。元稹《使东川·骆口驿二首》其一曰：“邮亭壁上数行字，崔李题名王白诗。”（17/528）以管窥豹，不难侦知唐人风雨行役、穷高望远之余，题名题诗以遣兴抒怀的风习——“或兄弟同游，或子侄并侍，或寮属将佐之咸在，或山人处士之相携。或奉使奔命，有行

图 46　欧阳修像

《历代君臣图鉴》

欧阳修跋唐人《华岳题名》，发感慨曰：不分穷达寿夭，人必有一死；镂于金石之姓名，亦难长存如五千仞之山石。其实人也好，山也罢，终归都敌不过岁月的风霜，时间的剥蚀。

役之劳；或穷高望远，极登临之适。其富贵贫贱，欢乐忧悲，非惟人事百端，而亦世变多故”（欧阳修《唐华岳题名》，2001：139/2216）。

清儒孙星衍在《诂经精舍题名碑记》中说：“题名仿自汉碑阴，至唐而名山公府登科集晏之地，皆有记述之碣，所以考贤否而厉顾名之士也。”（平津馆文稿下/331）不过“考贤否”这话说得太堂皇了些，不如宋人真诚老实。《金石录》云：“自东汉以后，一时名卿贤大夫，死而立碑，则门生故吏往往寓名其阴，盖欲附托以传不朽尔。”（赵明诚：15/253）《集古录跋尾》则曰：

> 甚矣，人之好名也！其功德之盛，固已书竹帛、刻金石，以垂不朽矣。至于登高远望，行旅往来，慨然寓兴于一时，亦必勒其姓名，留于山石，非徒徘徊俯仰，以自悲其身世，亦欲来者想见其风流。（欧阳修《唐甘棠馆题名》，2001：141/2263）

用文字形式占有长存天地间的山川美景，在上面打上私人的戳记,从而确认对它的所有权,并借此希冀声名不朽的欲望,是题名题诗风气盛极一时的最主要的一个原因。这恐怕同现代人在名胜古迹上刻写“某某到此一游”的涂鸦心理不分轩轾。

唐人题名纪诗的风尚既广且深,影响波及于朝野,可以设想,新进士之中有人偶然题名于雁塔(一如题名于他处),后进之士向慕追随,流风所至,因此形成了雁塔题名的故事。

夜来新惹桂枝香：新进士的幸福生活

诸妓皆居平康里，举子、新及第进士、三司幕府但未通朝籍未直馆殿者，咸可就诣。如不吝所费，则下车水陆备矣。其中诸妓，多能谈吐，颇有知书言语者，自公卿以降，皆以表德呼之。其分别品流，衡尺人物，应对非次，良不可及。

——孙棨《北里志·序》(22)

长安有平康坊，妓女所居之地。京都侠少萃集于此，兼每年新进士以红笺名纸游谒其中。时人谓此坊为"风流薮泽"。

——王仁裕《开元天宝遗事·风流薮泽》(上/25)

咸通十二年(871)，中书舍人高湜权知礼部贡举，聂夷中、公乘亿等四十人进士及第，年过半百的宣州人许棠也在这一年的榜中(徐松1984:23/860~2)。他以苦吟得到诗名和"许洞庭"的雅号(孙光宪:2/37)。在此之前，他一直不走运，先后考了二十多次，可以说大半生的时间都被科举制度给绑架和吞噬了。当知命之年终于如愿以偿的时候，他对人说了一席话，很耐人寻味：

> 往者年渐衰暮，行卷达官门下，身疲且重，上马极难。自喜~第以来，筋骨轻健，揽辔升降，犹愈于少年时。则知一名能疗身心之疾，真人世孤进之还丹也。（《金华子杂编》下，夏婧：294）

区区一个科名，居然有疗治旧疾，让人返老还童的功效，抵得上仙家的灵丹妙药，真是不可思议。

犹如神通广大的魔鬼，科举把许多直接的和现世的利益堆放在读书人面前，诱引他们用一生做交换，只要签下一纸契约，他们便再也无法脱身，最终沦落为国家机器的奴隶，翅膀被剪掉的大鹏做了笼中歌喉婉转的画眉，在天地间自由奔跑的老虎变成驯养的家猫。科举允诺的奖赏魅惑和俘虏了相当一批士人，使他们心醉神迷，甘之如饴，中了心魔而不自知。未第前企盼着幸福，登科后挥霍着幸福，却不知道这幸福的代价，看不到这幸福的泡沫化和虚幻本质。对那些久经沙场的"老兵"来说，及第带来的是烈性的刺激和骤然的震撼，那根高度紧张的神经突然松弛，各类欲望纷至沓来，在头晕目眩的状态下，他们将昔日的痛苦抛到九霄云外，迷失在无边的长安春色之中。韩偓《初赴期集》诗曰："轻寒著背雨凄凄，九陌无尘未有泥。还是平时旧滋味，漫垂鞭袖过街西"(2/465)，这还是稍稍压抑着的禁欲的幸福感；而多数人恐怕根本遏止不住泛滥的情感，一任它像决堤的洪水一样倾泻而出。"喜过还疑梦，狂来不似儒"(姚合《及第后夜中书事》，6/291~2)，表面上担心是南柯大梦，实际上连骨头都变轻了，从里到外透露出轻盈和狂喜。功利主义思想先是驱使他们拼命追求幸福，这会儿又引导他们与光阴赛跑，及时行乐。而尊崇进士的社会氛围更把这些新贵捧上天堂，加剧了他们的浮华做派，让他们飘飘欲仙忘乎所以。于是，选艳征歌，寄情声色遂成为新科进士们攀比夸尚的行为方式。

狎妓冶游是唐朝士人生活的重要组成部分。早在高宗永隆(680~681)中，“青钱学士”张鷟就在骈体传奇文《游仙窟》中夸饰了自己宿娼的经历(李剑国 2017:1/42~3)。陈寅恪先生《读莺莺传》一文指出，在唐代，“阴性”的“仙”字“多用作妖艳妇人，或风流放诞之女道士之代称，亦竟有以之目倡伎者”(2001b:4/111)。他举施肩吾的诗为例，《及第后夜访月仙子》曰：“自喜寻幽夜，新当及第年。还将天上桂，来访月中仙。”(彭定求等:494/5590)施肩吾是中唐时人，而在开元、天宝年间，这种流连狭斜的风气已很普遍，渐成进士群体的日常娱乐。每年春季，他

图 47　富平唐墓壁画乐舞图(局部)
《中国墓室壁画全集》隋唐五代卷

们呼朋引伴，不巾不帽，乘坐载满妖妓的小犊车，在长安的园林中纵酒喧哗，而美其名曰“颠饮”（王仁裕：上/27）。在时人称为“风流薮泽”的烟花丛萃的平康里，各家妓馆的门前更是车水马龙，所谓的京都侠少和新及第进士，怀揣着红笺名纸，腰间泉货丰足，脸上春意盎然，等候着一亲红粉佳人的芳泽。

长安妓女多聚居在平康里东面三曲（曲指幽僻之所），靠近坊墙的一曲是卑屑妓的居处，铮铮有声、艳帜高张的名妓住在南曲和中曲（孙棨：25）。这些名妓的容貌不一定倾城绝代，但都是举止风流，谈吐娴雅，能歌善舞的娼门翘楚，情调才艺俱臻上乘。在精致雅洁和浪漫旖旎的环境中，涉世未深的年轻士子被她们目挑心招的万种风情惹逗得心猿意马，色授魂与，实在难以抗拒其性感魅力。科举中人乐于到此享受难得的心理欣悦（青楼解决的主要不是性欲问题），而曲中诸妓对前程远大的进士举人也青眼有加，愿意敞开大门接纳。除了审美的需要，士人与妓女的往还交际还有现实方面的考虑：一方要借助妓女的艳声扬名，让自己的诗歌被之管弦，传唱天下；另一方则要凭靠士人的月旦来提高自身的声价——名士的品题对妓女名气的升降，地位的隆替，妓院营业额的多寡影响极大，甚至达到“誉之则车马继来，毁之则杯盘失措”（范摅：中/93~4）的地步——或者良禽择木，脱离卖笑苦海而从良。

大诗人李白喜欢拿妓女的酒杯浇自家的块垒，他的一些诗篇，表面写拥妓佐酒的放荡不羁，实则另有缅怀追慕的对象，“携妓东土山，怅然悲谢安”（《东山吟》，7/1117）。元稹和白居易这一对金兰好友同有声妓之好，自他们青年登科开始，即与妓女过从甚密，时常偕访北里。多年后乐天回忆当年的绮丽风光说：“见君新赠吕君诗，忆得同年行乐时。争入杏园齐马首，潜过柳曲斗蛾眉。八人云散俱游宦，七度花开尽别离。闻道秋娘犹且在，至今时复问微之。”（《和元九与吕二同宿话旧

图 48　明文徵明琵琶行图(局部)
台北故宫博物院藏
这首长篇歌行，交织着红颜薄命的叹息，以及诗人自身的迁客逐臣之感，同具的孤独弥合了人际和阶级的鸿沟。

感赠》，2006：14/1112）他一生辗转风月场所，优游脂粉堆中，结识了许多风尘知己，用情较元微之真挚得多。长篇歌行《琵琶引》不仅将妓女生涯的荣枯浓缩在十几个对句当中，而且提炼升华出"同是天涯沦落人，相逢何必曾相识"（2006：12/962）的悲悯和同情。进士与妓女间也有深笃情爱，死生不渝的好例子，比如欧阳詹与太原妓（《闽川名士传》，李昉等 1961：274/2161~2），他们都是《牡丹亭记·题词》所说的"情不知所起，一往而深"的"情之至"者（汤显祖：33/1093）。

如果说盛唐的诗人抱有迫切的入世精神和强烈的事功愿望，他们与青楼女子的交往只是偶一为之，多属社交场合的燕笑酬酢或精神上的放浪形骸；中唐的士人关注现实，感时伤世，在风尘女的身上倾注了较多的情感，那么，晚唐的士风则显得颓靡衰败。国运式微，回天无力，身处末世的文人只有徒唤奈何，在声色犬马中自我麻醉和放逐。杜牧"十年一觉扬州梦，占得青楼薄幸名"(《遣怀》，樊川外集/1214)的诗句即是这一心态的典型代表。至于那些既无操守又无德行的卑琐读书人，只剩下虚名和酒色可以标榜，选择的不过是一种左拥右抱、纸醉金迷的糜烂生活。当时的进士多为轻浮膏粱子弟，猎艳渔色之徒，视娼女为床笫尤物或者性玩具。他们仆马豪华，宴游崇侈，出入秦楼楚馆的目的无非是为了满足最简单也最粗野的生理本能：视听之娱，口腹之欲，还有性的快感。

裴思谦依托中官仇士良，高中状元后，拿着十几张红笺名纸，夜宿平康里妓院，赋诗一首，充满了小人得志的佻薄无赖之气："银缸斜背解鸣珰，小语偷声贺玉郎。从此不知兰麝贵，夜来新惹桂枝香。"(王定保：3/40)而博陵崔彻的所作所为更加不堪入目——他竟然把题记写到了妓女小润的大腿上，而其同道还煞有介事地赠诗予以赞美，活脱脱一副老于欢场的嫖客口吻："慈恩塔下亲泥壁，滑腻光华玉不如。何事博陵崔四十，金陵腿上逞欧书？"(孙棨：32)晚唐这类咏妓的艳情诗实为齐梁宫体诗的沉渣泛起，不足为法。

眠花宿柳终归短暂如同过眼云烟，新进士长期的幸福还须另有所寄，这就是与豪门权贵联姻。曲江大会的日子，行市罗列，万人空巷，长安百姓争相目睹新科进士的风采，而贵胄公卿也要在这一天为待字闺中的女儿物色东床。若侥幸获得青睐，被招为乘龙快婿，便等于领取了进入上流社会的凭证，仕路畅通无阻，飞黄腾达指日可待。因此很多新进士都期待着在题名金榜之后再中头彩。

陆畅元和元年(806)登进士第，娶丞相董溪长女，"一来取高第，官佐东宫军。迎妇丞相府，夸映秀士群"(韩愈《送陆畅归江南》，2012：7/416)。虽然有诸般让人垂涎的好处，但他的真实处境恐怕只有身在局中才能体会。有人问陆畅："君为贵门女婿，几多乐事？"陆畅说："贵门礼法，甚有苦者，日俾予食辣麨，殆不可过。"实情是，陆畅没怎么见过世面，将婢女奉上供洗沐的澡豆当成食物，"沃水服之"，自然深以为苦（段成式：续集 4/1665）。此苦非彼苦，不过，陆畅的戏语却也透露出一个消息：贵族之家崇尚门第，拘泥礼法，出身庶族的士子以文学仕进而受人荫庇，其滋味想必不大好受。那些结婚于皇室的新进士对此有更深刻的体会。宣宗皇帝要为爱女万寿公主择选佳婿，宰相白敏中就推荐了首科及第的相门之子郑颢。郑颢迫不得已，放弃了同卢氏的婚约，而"入赘"皇家，从此对白敏中恨之入骨（裴庭裕：上/88）。郑颢怯于尚主，不愿为国戚，在于公主以帝女之尊，大抵骄纵放肆，铺张排场，荒淫无度，夫妇难以和平相处。《幽闲鼓吹》记载了这样一段逸事：

驸马郑尚书（颢）之弟颉，尝危疾，上使讯之。使回，上问："公主视疾否？"曰："无。""何在？"曰："在慈恩寺看戏场。"上大怒，且叹曰："我怪士大夫不欲与我为亲，良有以也。"（罗宁：63）

然而，与权门结亲毕竟利大于弊，所以新进士们打破了头也要攀上一门好婚姻。邓敞孤寒，后来因为与"有气力，且富于财"的牛蔚昆仲订交而登第。牛氏兄弟的父亲是牛僧孺，可谓富贵泼天，兄弟俩同邓敞达成协议，他们在仕路上助他一臂之力，条件是他必须娶他们的妹子——牛小姐之勇于下嫁，可能有不足为外人道的原因。其时邓敞已婚，并和妻子李氏育有二女，这两个女儿擅长书法，父亲大人的行卷均出自她们之手。邓敞被利禄迷住了心窍，昧着良心答应了，这次许婚埋下了日后家庭悲剧的种子（《新辑玉泉子》，夏婧：134~5）。这类糟糠下堂、停妻再娶的交易故事，到宋元杂剧、南戏和明清传奇中演变为几个基本母题：一是读书人通过个人努力和奋斗进入上层社会的冒险，说穿了就是想同太太和小姐睡觉；一是负心郎的始乱终弃，与之相应的则是薄命红颜在生存意义上的疲惫感和绝望感。

读书人沉沦名利场中而不能自拔绝不是个别的现象，这曾遭到一些人的鄙弃和挖苦。郑云逵诊断萧俛患了“心家热风”，暗讽他肉体上的寒热其实是躁进引致的心病（温庭筠《干膜子》，12/1255），对活在幸福幻觉中的新进士而言，无疑是一帖可以祛魅的清凉药剂。

下篇

英雄白头：落第举子的希望与梦想

太宗皇帝真长策，赚得英雄尽白头。

——赵嘏《残句》(165)

当新进士青云得路紫陌寻春之际,那些不幸的落第者处于一种什么样的境况?在前者走马章台流连北里之时，后者的内心掩藏着怎样的酸楚和悲辛?此时此刻,他们在做些什么,他们有什么希望与梦想?

唐代进士科取人颇少,每年集于京师的数千贡士中,有幸能跃登龙门者只占很小的一部分,这其中进士的比例则更小。等待大多数应举者的命运只能是被无情地黜落，他们与登第者形成鲜明的对比:举国胜游,他们与曲江宴集的盛事无缘;春光骀荡,他们怅望旖旎的长安春色,独自品尝着人世间的悲欢炎凉。这些局外人唯一能做的是将幸福寄托于来年的考试。因此,岁岁年年,得意和失意,狂喜和沮丧,心理与面貌截然不同的两个群落构成了长安之春的独特景观。

失意者有的沉湎于醉乡，在醇酒中忘却和消沉;有的另谋出路,或退居田园,为归隐之计;或出家修道,以求得他世界的福报;或经商行贾,以经济上的发达来弥补政治上的失败和欠缺；或出入藩镇，在幕下谋取一官半职，以为日后的晋身之阶——在中晚唐,这不失为仕途的一条捷径;更有对考试结果不服,认为取士不够公平,因而匿名造谤,或者上诉和闹事的。

“一士登甲科，九族光彩新”(王建《送薛蔓应举》,4/154)。进士及第既能享受一定特权,又有优越于其他科目的升迁机会，因此绝大多数举人即使累举不捷，仍对春闱一鸣抱有天真的希望和美好的幻想，孜孜矻矻，白首不休。于是，在下第之初，他们或者漂泊各地，游州历县，“乞假衣食于道路”（刘蜕《上礼部裴侍郎书》，5/2b），祈求地方大员或王公贵人的资助和荐引；或者不出长安，在京中过夏，寻一僻静所在读书肄业，至秋季再四处奔走行卷，以备孟冬之月的举送和来年春季的考试。若出身贫寒，上既无援，下又无交，“名声未大耀于京师”（李翱《送冯定序》，5/5a），家中复乏厚积，则只能旅食京华，困居长安，“朝扣富儿门，暮随肥马尘。残杯与冷炙，到处潜悲辛”（杜甫《奉赠韦左丞丈二十二韵》，2014：2/276），甚至都无力回乡觐省；或者至于偃蹇道路，流落江湖。他们“知己日懈，朋徒分离”（孙樵《寓居对》，7/4a），不唯要饱受世人的白眼，还要隐忍亲友们的讽刺和侮辱；他们生计日益迫促，有的到了囊空如洗，食不果腹的地步，有的坎坷一生，贫病交加，郁郁以终。

不平便激风波险:唐代的科场案

或嫉其先达,或恣以厚诬,多集怨于通衢,皆取骇于群听。

——王钦若等《册府元龟·贡举部·条制三》(641/7408~9)

贡举猥滥,势门子弟,交相酬酢,寒门俊造,十弃六七。

——刘昫等《旧唐书·王起传》(164/4278)

唐代处在科举制度的确立和发展时期,禁令不像后代那样严格,如试卷不糊名,默许官员公荐和通榜,主司与夺之权很大,甚至可以预先决定名次去留,举人的活动相对也较为自由,请托行卷更是公开进行。虽然科场环境如此宽松,但名利场上是非多,营私舞弊,取舍不公的现象不绝如缕,“不平便激风波险”(司空图《狂题十八首》十六,3/85),在考试的关口还是时有风波的。只是由于唐代情况特殊,揭发出来的科场案总的来说并不是很多。

高宗龙朔三年(663),右史董思恭与考功员外郎权原崇同试贡举。思恭受贿,泄露进士策问题目(此时进士试还只考时务策),事发,经三

图 49 武则天像

《中国历代名人画像谱》

武后素多智谋，颇涉文史，好雕虫之艺。君临天下二十余年，在网罗文士方面不遗余力，因循日久，文章选士浸成风气。

司推问，发现他“赃污狼藉”，乃判处死刑。后来思恭临刑告变——告发他人阴谋作乱——才得以免死除名，流配梧州（封演：3/15~6）。武后朝告密之风大盛，为了保命全躯，董思恭的告变很可能是诬陷，却无疑有相当分量，这且不去管它，倒是朝廷对这次泄密事件采取的态度很值得注意。

在唐代，因科场案而被处以极刑的，董思恭是唯一的一个。考官漏泄试题或陷入其他科场丑闻，一般罪止贬官。如天宝二年（743）铨选，苗晋卿和宋遥为讨好御史中丞张倚，将他不读书的儿子张奭置于高科，为安禄山检举，玄宗亲自重试，张奭“手持试纸，竟日不下一字，时谓之‘曳白’”。这一案件情节严重，然而当事人仅被贬黜外郡（刘昫等：113/3350）。建中二年（781）进士试，于邵泄题于杨炎眷顾的崔元翰，考试那天被崔敖当场揭穿，也只是换过考题，不仅主司未受处分，而且“是岁二崔俱捷”（王定保：9/97），此事就这样不了了之。大中九年吏部宏词试，再次漏题，以诸试官降职、罚俸结案，但同年的礼部明经试中，伪造堂印、堂帖的几名举人却遭严惩，“准法处死”（刘昫等：18 下/633）。量刑轻重的差异说明唐代对科举舞弊的处理，严于举人而疏于考官。董思恭案的从重发落，一来是因为此案影响确实恶劣，二来可能是他起自寒微，深荷恩荣，却不思报效，反而贪赃枉法，从情理上说不可饶恕。更重要的是，唐代统治者重视科举，如何更好地选拔经世致用的人才，巩固其政权并使国祚绵延不衰，这至少是唐代前期制度设计者曾经深思熟虑过的课题。所以立法者必须不断适应时势的变化，根据现实的需要，调整思路和政策，做出相应的改革。

开元二十四年，考功员外郎李昂知贡举。他的外舅与进士李权比邻而居，两人交情不错，于是代为说项。这在唐代本来是很平常的，但李昂为人刚急不能容物，对举人“饰名求称，摇荡主司，谈毁失实”的风气素有反感，有意革除，便借机发难，在贡士集会时“召权庭数之”，当众披露了李权请托的事，并指摘他文章的瑕疵。而这个李权也非善类，自知此科及第无望，不堪受辱，遂生报复之心，攻讦李昂“耳临清渭洗，心向白云闲”的诗句自比许由，是别有居心。二李的纠纷惊动了玄宗，庭议以为省郎位轻，不能服众，乃下诏移贡举于礼部，由侍郎专掌（王定保：1/11）。

唐代举子并非后世那种文质彬彬、温良恭俭的读书人，他们在下第后，若认为取士不公，往往致书主司加以指斥，甚而谩骂诽谤，科场闹事更是不断发生。初唐时，太学生刘仁范等省试落榜，就以考卷发放过晚为由击鼓诉冤（张鷟1985：2/305a）。即使是在开天的全盛时代，那些不第的举子也是“率多喧讼，考功不能御”（封演：3/16），李昂事件不过是一个显例而已。它就像是引燃炸药包的导火索，硝烟散尽，暴露出的是制度中存在的长期被忽视的漏洞：科举地位日渐上升，士人群趋于这一入仕的正途，让从六品上的考功员外郎来当此重任，就身份而言，也显然很不相称；一直以来，吏部兼理贡举和铨选，事务繁重，且权力集中，易滋生流弊。因而制度变革势在必行。吏礼二部分掌选举，礼部由闲曹跃升为同吏部平起平坐、旗鼓相当的机关，两权分立，相互制约，可以说，立法者所做的调整是合理的。

唐代科举取士在两个问题上始终有争议：一是考试内容，尚质还是尚文，重文学还是重实才；二是选人方针，科举的大门应该向世胄子弟还是寒族之士开放。长庆元年的钱徽案关涉的就是后者。此案大概是唐代最大的科场案，牵连其中的官员大都被贬官。话说这一年礼部侍郎钱徽掌贡举，他是大历十才子之一的著名诗人钱起的公子。先是，宰相段文昌和翰林学士李绅曾向钱徽荐托亲知，想不到却都榜上无名，而权贵子弟如郑覃弟郑朗、李宗闵婿苏巢、杨汝士弟杨殷士等，尽皆中选。段、李大怒，文昌出镇蜀川之前，上殿面君，劾奏钱徽去取不公，及第进士中十四人都是“子弟艺薄”。穆宗遂命中书舍人王起、主客郎中知制诰白居易覆试，结果郑朗等十人落下，寻贬钱徽江州刺史，李宗闵剑州刺史，杨汝士开江令（刘昫等：168/4382~4）。

这起风波表面是请托不成而导致的打击报复，实际也是不同派系的朝官间的私人摩擦，更反映出寒族与世家争夺选举权的激烈程度。科举取士打破了魏晋南北朝以来九品中正制唯重门资，“上品无寒门，下品无势族”（刘毅语，房玄龄等：45/1274）的局面，使人才选拔的范围扩展到社会各个阶层：山东旧家，江左著姓，关陇名门，寒门庶族，以及不预士流的工商胥吏、行伍将校、方外僧道，甚至还有外国人（如日本晁衡、大食李彦昇、新罗崔致远）和“往来剽盗，善用白弩”的绿林豪客（辛文房：1/3/675）。品类之杂，可见其社会基础的广泛。这些阶层的升降和重新组合必然引起门第和门第观念的变化，衡尺门第的标准从单纯的血缘或族望变成现在的官爵。旧世族虽然仍旧根底深固，但随着科举制的发展壮大，特别是进士科成为做官的主要途径，仕进几无他歧之后，他们逐渐失去了“平流进取，坐至公卿”（使臣曰，萧子显：23/438）的优势，寒门庶族已能与之分庭抗礼。故家旧族或近世新门要克绍箕裘，寒族之士想白手起家，参与到财富和权力的分配与角逐的游戏之中，无论如何，科举都是一条不错的出路。

在钱徽案中，重试落下的十人，可考知的郑朗、苏巢和杨殷士确是所谓子弟，录取的四人，基本出身于科举或军功起家的家族；揭露案情的段文昌、李绅等，祖上显赫一时，却是从他们父辈重新崛起的新贵；而主试的钱徽，家庭背景接近第二类。因此这次争端实质上是新旧世家间的一次公开的较量，鹬蚌相争，渔翁得利，那些即将跻身官僚集团的寒素幸而没有全部沦落为政治倾轧的牺牲品。长庆元年科场案后一段时期内，抑制子弟的呼声渐高，夸张点说，已到了“为子弟者鱼潜鼠遁，无入仕路”（杜牧《上宣州高大夫书》，樊川文集 12/848）的境地。会昌年间两知贡举的王起秉公取士，大放孤寒，但榜中也不乏有才能的子弟，这就引发了朝廷内部的一场争论：多数子弟浮华无艺，取士应当以身份地位为标的，还是无论子弟寒士，“但取实艺”（刘昫等：18 上/602~3）。两股潮流相持不下，子弟和寒士的争斗也一直若断若续，从未完全停歇——钱徽事件拉开了这出漫长的戏剧的大幕——不过从总的趋势来看，中唐以后寒素在及第者中占的比重越来越大。

唐代科举允许荐贤，不准徇私，但两者间并无明确界限，请托介乎合法与不合法的灰色地带，时常会引致纷争，钱徽一案正是这一风气种下的恶果。覆试后的诏书谴责关节公卿、干挠主司为败俗，却没有明令禁止，也未能提出厘革的可行措施（刘昫等：168/4384）。整个唐代，科场之中屡有涉嫌请托的丑闻，通常是请托者无罪，而知贡举官员却要

图 50　唐玄宗像
《中国历代名人画像谱》
在多才多艺的玄宗皇帝治下，大唐帝国声威远扬，但同时也种下了盛极而衰的因子。

代做替罪羊。这里面有些人的确是交通权贵，徇情枉法，说他们自触刑网并不为过，但也有因不听毁誉不受嘱托而遭毁谤和窜逐的，如德宗时的令狐峘，穆宗时的李建，懿宗朝的萧倣和王凝。

安史乱后，唐帝国由盛转衰，一批有良心愿担当的正直的知识分子，深以国运民瘼为忧，欲图自振，开始留心世务，关注政治得失。他们“有匡国致君之术，无位而不得行；有犯颜敢谏之心，无路而不得进”（刘蕡语，刘昫等：190 下/5065），而唐代进士试为文学之科，重诗赋而轻策问，只有以时务策为主的制举诸科，还能提供一块英雄用武之地，尤其是列为定科的贤良方正能直言极谏科，其设科本意即要求举人直陈无隐，故有意进取的书生们就利用对策的时机，慷慨陈词，月旦人物，臧否朝政，针砭时弊。中晚唐的几次科场风波就发生在制科举人对策的时候，而且都集于贤良方正能直言极谏一科。

德宗贞元元年，鲍防、独孤愐试制举人，问求贤之道和阴阳休咎，穆质在对策中抨击当时的选举“禁御约束，临诸盗贼，防贤之意，甚于防奸”，殊乖求贤之意；又把天灾的原因归结到人祸，指责辅政宰臣失德（《对贤良方正能直言极谏策》，董诰等：524/5324b~9a）。穆质措辞直率，两位考官看法相左，对是否录取犹豫不决，最后鲍防的意见占了上风，“卒置质高第，帝见策嘉揖”（欧阳修等：159/4949~50）。此事没有扩大化，酿成进一步的政治纠纷，但已开启制科举人对策的议论时政之风。

宪宗元和三年（808），皇甫湜、牛僧孺和李宗闵等人应制举，“条对甚直，无所畏避”，其对策苦诋时政，大胆放言，矛头直指专横跋扈、干预朝政的宦官（皇甫湜《对贤良方正直言极谏策》，董诰等：685/7013b~9a），因此得罪了当道。这些权幸向宪宗皇帝“泣诉”，皇帝遂降罪于考官和覆阅官，罢裴垍翰林学士，杨於陵、韦贯之、王涯均被贬出（刘昫等：148/3990；王溥：76/1393）。这次对策事件涉及面广（日后牛李党争的牛党领袖亦牵涉其中），后果也较为严重，白居易不久后上《论制科人状》为受处分官员抱打不平（2011：21/1191~4），更掀起轩然大波。其时宦官擅权已浸成气候，皇甫湜等人承永贞革新余绪，斗胆去摸老虎的屁股，确乎体现了士人应有的气节和操守。

及至大和二年刘蕡对策，将知识分子反对阉党的声浪推向了高潮。这时的政局更为糟糕，“宦官益横，建置天子在其掌握，威权出人主之右，人莫敢言”（司马光 1956：243/7856）。“好谈王霸大略”，“慨然有澄清之志”的刘蕡对此痛心疾首，他的对策长达一万多字（两《唐书》本传全文收录），深究治乱之本，令考官叹服，士林感动，却因指斥贵幸切中要害，言辞激切不顾忌讳，为宦官所痛恨，主司迫于仇士良的淫威，不敢放刘蕡登科。由是物论喧然，登科人李郃诣阙上疏，请求把授予自己的官职让给刘蕡，奏疏留中不发。刘蕡虽未中选，但他的对策反响之大，是前所未有的。同场应试的那些敷衍苟且的举人感到深深的惭愧，朝野上下的舆论都站在他这一边，“守道正人，传读其文，至有相对垂泣者。谏官御史，扼腕愤发”，很快，他的声名就传遍了天下（刘昫等：190下/5064~77）。刘蕡在对策中直言不讳，指出大唐帝国已经到了全面崩溃的前夕：“宫闱将变，社稷将危，天下将倾，海内将乱”（刘昫等：190下/5067），但统治者并未憬然醒悟，发愤图强，反而因循守旧，连待非常之才的制科都给取消了，事实上堵塞了忠愤鲠直之士建言报国的最后一条路径。

鹦鹉才高却累身：科举制度的牺牲者

吟诗三十载，成此一名难。

——项斯《送顾非熊及第归茅山》（彭定求等：554/6420）

自大中、咸通之后，每岁试春官者千余人。其间章句有闻，亹亹不绝。……皆苦心文华，厄于一第。

——康骈《剧谈录·元相国谒李贺》（下/61）

科举入仕并非一条阳关大道，年复一年，各色举人如骡马般杂沓拥挤在这座独木桥上。其中许多人家境贫寒，既没有行贿的资财，也没有攀援的门路，不免要久困场屋，负屈于一时；很多才华出众、抱负远大者也是累举不第，就像怀抱美玉良璞穿行在喧嚣的闹市之中，却无一个识货的商贾肯出善价。他们辛苦劳碌，到头来一事无成，才发现年华虚度，白白地浪费了满腔热忱，消磨了雄心壮志。猛然间他们意识到，自己像昆虫一样经营筹划，换来的只是齿危发秃的衰暮残年。科举误人如斯，当时的一些清醒之士不由得发出了"赚得英雄尽白头"的浩叹。

唐代很多名士如岑参、韩愈、李翱、沈亚之、李商隐、韩偓、吴融、郑谷等都有过科场受挫的经历。韩愈“四举于礼部乃一得”(《上宰相书》,2010:6/646),李商隐“凡为进士者五年”(《上崔华州书》,2002:编年文/108),郑谷出入举场十六年(计有功:70/2325),韩偓和吴融大概困顿了二纪也就是二十四年(韩偓《与吴子华侍郎同年玉堂同直怀恩叙恳因成长句四韵兼呈诸同年》,1/14)。这还不算长的。著名诗人顾况的儿子顾非熊,“滑稽好辩,喜陵轹气焰子弟”,备受众人排挤,以故蹭蹬举场垂三十载,“屈声聒人耳”。会昌五年应试,他再次落榜。武宗皇帝没看到顾非熊的大名,觉得很纳闷,在他的直接过问下,非熊才被当作遗才给“回收”了(王定保:8/89)。晚唐诗人孟棨也是考了三十多年,放榜后拜谢座主(就是被讥为座主门生沆瀣一气的那个崔沆),不禁悲从中来,潸然泪下(王定保:4/47)。承蒙“圣主”垂怜的好运可遇不可求,七十多岁的诗人曹松家门有幸,也碰到了一回。与他同时受到恩宠的是

图 51　顾况像

《吴郡名贤图传赞》

顾况字逋翁,号华阳山人。至德二载(757)进士及第。性诙谐放任,好佛老之言,贞元九年去官隐茅山,度为道士。

四位年逾耳顺或古稀的老人(王定保:8/90~1)——昭宗鼓捣出这么个“五老榜”来,不知是否意在倡导敬老的风气。举场中多的是这类考了一辈子的老进士, 真是如韩愈所说,“班白之老半焉”(《赠张童子序》,2010:10/1066)。

在门荫衰落和科举倾向于寒门孤进的社会背景和思潮下,子弟们的际遇也不见得好到哪里去。北朝世族后裔宇文翃酷爱进士科,干进不止,苦于家道中落,没有晋身的阶梯,又缺乏必需的文才,无法借文章猎获声名, 魔由心生, 竟然把歪主意动到了年方及笄的女儿头上——以女儿的青春和国色为筹码,同朝中“亘有气焰,能为人致登第”的大僚交易,用女儿的幸福换取自身的“幸福”(孙光宪:4/88)。这个故事暴露人心的阴暗、龌龊和卑鄙的同时,也传达出一个信息:落魄世族的处境越来越不妙,偌大的门第只剩下一个空架子,内里早就被掏空了,其地位几乎等同于寒门庶族。浮薄无行的子弟不必说,就是德艺双馨的世家后代,要取科第也是难于上青天。卢汪门族甲于天下,二十多年与进士科无缘;刘得仁是公主之子,李洞贵为诸王孙,两人的名声都很响,诗也写得不差,同样只能望洋兴叹,未及成名便含恨而死(王定保:10/107,108,109)。历史就是这样残酷无情。如果他们的祖先地下有知,恐怕会恸哭失声吧。

至于那些终身不第而又寂寂无名的更是多如恒河沙数,他们景况凄凉,穷困潦倒,在沉默、喑哑和屈辱中度过一生,最后肉体连同精神一起消逝在历史的风烟尘土之中,成为真正的失踪者和牺牲品。元和中,有个叫陈存的进士,擅长古体诗,却凶星当头,“主司每欲与第,临时皆有故,不果”。后来可能是老天爷开眼,让他遇上了旧相知许孟容,孟容这一年知举,大力加以提携。这一次高科有望,甚至唾手可得,陈存兴奋得过了头,入试前夕,在寄宿的远房亲戚家吃了些早点,躺在床上休息，等候着进考场。到了五更天，亲戚见他还不起身，叫他也不答应，“前视之，已中风不能言也”（赵璘：6/117）。大和初，进士李敏求在进士科上业已蹉跎十载，前途依旧一片渺茫，“海内无家，终鲜兄弟姻属，栖栖丐食，殆无生意”。一天夜里，愁坐长安旅舍，“忽觉形魂相离，其身飘飘，如云气而游”，魂魄来到阴间，遇见故友柳澥秀才（既是秀才，当然也是没有科名的冤鬼）。柳澥现任泰山府君判官，李敏求想改变命运，但柳秀才不答应：假如你在阳世为官，难道就能够假公济私？不过他表示可以让李看一看未来的禄命。阴司的生死账簿上写着“李敏求至大和二年罢举”云云。看罢，柳澥以买扬州毡帽一事相托，然后派人送李还阳。梦醒之后，李敏求心灰意冷，从此断绝了科举进取的念头，从一场婚姻中得了些钱财，买了个小官聊慰平生（《河东记》，李昉等 1961：157/1126~8）。

在明经元稹谒进士李贺的故事之后，康骈指出，晚唐时参加科举考试的每年有一千多人，其间章句有闻者亹亹不绝，“皆苦心文华，厄于一第”。他列举的近三十位文士中，有些人是“丽藻英词，播于海内”的（下/61），但更多的则默默无闻，即使最详细的文学史也不会提到他们的名字。关于他们的零星的只言片语的记录能够流传下来，为后人所知，纯属偶然——历史是一系列或然事件的聚合，像一团线或一个梦，杂乱，无序，充满了不确定性和未知因素。

比如钱塘章碣——“坑灰未冷山东乱，刘项元来不读书”（彭定求等：669/7654），其《焚书坑》一诗流传颇广——《唐才子传》说他有异才，曾自创七律变体（宋代诗论家严羽的《沧浪诗话》将其列为一体），效尤者众，却数举无成，流落江浙间，竟不知其所终（辛文房：4/9/35~41）。另外一个很好的例子是严恽。我们知道他，是因为他是杜牧的朋友，牧之集中有一首诗（《和严恽秀才落花》，樊川外集/1142）是其《落花》的和

图 52　贾岛像

《历代帝王圣贤名臣大儒遗像》阆仙作诗以苦吟著名，野史说他因锤炼诗句，推敲未定，竟致冲撞了韩愈。这段文坛佳话透露，他精神领域的大部分疆土已被诗歌占据。

作——《落花》是严恽传世的唯一诗作："春光冉冉归何处，更向花前把一杯。尽日问花花不语，为谁零落为谁开？"（彭定求等：546/6308）相较而言，小杜的和诗要逊色得多。我们知道他，还因为他同大名鼎鼎的皮陆有过为时甚短的交游。皮日休《伤进士严子重诗序》差不多囊括了严恽生平的所有信息：他的姓字，他的籍贯，他的卒年，他的遭际（附录 1/198）——短短一两百字，但若非皮日休伤而悼之，连这些都会湮灭不传。

江湖间的美质良材就这样被无情地淹没和遗忘了。科举点燃了他们内心埋藏的火种，催促和鞭策他们去建功立业或者追名逐利，同时也为他们挖掘了坟墓。在他们倒下的地方，什么也不留下，也许只有刮过的风卷起落叶，听到了他们在黄土下的低诉。旁边的官道上，更年轻的一群骑着马或驴子，意气风发地奔向帝国的首都，奔向心目中的圣殿，像热恋中的小伙子奔向情人温柔的臂弯……

士人白首穷经却没齿而不登科，其间原因甚多，有一个是所谓的

"鹦鹉才高却累身"(纪唐夫《送温庭筠尉方城》,彭定求等:542/6257)。如终身未遇的苦吟诗人贾岛,他的诗在晚唐五代影响甚大,李洞对他仰慕至极,曾铸造他的铜像,顶礼膜拜,事之如神(王定保:10/109);南宋四灵、江湖诗派也将他奉为诗学圭臬,学习效法他的语言和风格(严羽:27)。传说贾阆仙之所以不达,是因为轻慢了微服私访的某位皇帝:如此猖狂的家伙绝对不能让他进入上流社会的客厅,那会惊吓到养尊处优的衮衮诸公的,不过皇帝毕竟是皇帝,肚量比宰相要大得多,容得下世间万物,好啊,你不就是想弄个官来做做嘛——好好的和尚不当,蓄起头发来学人家考什么进士——科名你是没分啦,就给你个小官过过瘾吧。于是,先前的禅堂佛子,如今的乡野村夫,就得到了长江主簿的任命以及贾长江的雅号(王定保:11/121;何光远:8/301b~2a)。不符合科举条例而"责授"官职的还有温庭筠。

太原人温庭筠据说相貌奇丑,因有钟馗之称(孙光宪:10/211),但此人才思敏捷,下笔万言,时人誉为"温八吟""温八叉"(辛文房:3/8/435),不仅工诗善赋,且精于音律,"能逐弦吹之音,为侧艳之词"(刘昫等:190下/5079)。温飞卿是词史上承前启后的关键人物,但当时朝中的名公巨卿鼠目寸光,只看到他的倨傲,他的放荡不羁,只看到他在考场中做人枪手的有碍士行的轻薄行为。这已经足够使他们恼火的,何况这个其貌不扬的怪物还经常冷嘲热讽,写些不三不四的东西,"文多刺时,复傲毁朝士"(计有功:70/2330),是可忍孰不可忍——我们承认你才高八斗,但我们就是不给你进士及第的荣誉,你的儿子也不行。这就是游戏的规则。

规则在贾长江身上也适用。愤世嫉俗的他作诗讥刺权贵,犯了众怒,那些人便散布谣言,诬蔑他与平曾等人轻慢疯狂,"挠扰贡院",给他们安了顶举场"十恶"的大帽子(何光远:8/302a)。开成二年,贾岛

“坐飞谤”(欧阳修等:176/5268)而含冤外放长江县——谣言和闲话又一次被用作了修辞手段——是同一种规则在起作用。只会写诗的无害的才子为什么总是遭到忌恨和攻击?晚唐大家,自比祢衡、锋芒毕露的罗隐对此有深刻的认识,他也是个胸中有不平块垒的人,鲁迅说他的《馋书》,“几乎全部是抗争和愤激之谈”(《小品文的危机》,591):

> 某动不知机,进惟招败……群居不出一言,彼则谓某矜才傲物;痛饮不逾三爵,彼则谓某恃酒凌人。(罗隐《谢大理薛卿启》,杂著/291~2)

只要参与了科举的游戏,就得遵守主人制定的规则:规则既然是我定的,我就有最终的解释权和随时更改的权利,不想玩的,就滚到一边去,想反抗,想搞破坏,等着接受惩罚吧,理由嘛,早就找好了,就潜伏在你的性格当中——恃才傲物。

姓名未上登科记:科场失意的进士

莫道还家便容易,人间多少事堪愁。

——罗邺《落第东归》(102)

身贱自惭贫骨相,朗啸东归学钓鱼。

——殷尧藩《下第东归作》(彭定求等:492/5569)

韦绚的《刘宾客嘉话录》中有这样一个故事:有一年给事中苗粲的儿子苗缵应举,正赶上父亲中风卧病在床。是入闱考试还是侍亲问疾,是以科名为重还是孝道居先,苗缵思前想后,终是委决不下,不得已,只好去请老父示下。老人在官场混迹多年,老于世故,深知科举是人生头等重要的大事,虽然已不能开口讲话,但还能把笔,马上叫儿子拿来纸笔,哆哆嗦嗦用淡墨连写两个"入"字——快去,快去!机不可失,时不我待啊!(佚文/71)

"一第知何日,全家待此身"(李频《长安感怀》,41a)。唐朝法令规定,科举及第尤其是进士登科,本人和全家即可免除徭役,不同于一般的农工商贾。对寒门庶族来说，自土地和贫穷中解脱出来，从此改换门庭，光宗耀祖；对世家豪门的子弟而言，为了绍继徽烈，重振家声，也要通过科举之路谋求家族的复兴和个人的发展。进士科遂成为普天下读书人艳羡和追猎的目标，成为世间所有想改变命运的家庭的希望所寄。受这种社会思潮的浸染，许多家庭都十分重视孩子的教育问题，出现了父教其子，兄教其弟，五尺童子耻不言文墨的局面，甚至有僧道还俗应举和武夫盗贼折节读书的现象，家境贫寒或者来自社会低下层的人士更是立志发愤，以期他日有成，能够资身奉家。

唐代虽然屡有明令，禁止工商胥吏等不预士流者参加科考，但也并非总是因贱而废人。草莽间卧虎藏龙，多的是汪遵那样"善为歌诗，而深晦密"（王定保：8/89）的人物。四川成都人陈会出身市井，家里以当垆为业，像他的同乡司马相如一样穿着犊鼻裤卖酒。一次，他忘了打扫店铺前的街道，被主管官吏殴打，他母亲不愿看到儿子窝窝囊囊过一辈子，勉励他出门求学，"不许归乡，以成名为期"，进修期间所需生活用品派人给他送去。陈大和元年（827）及第，捷报传来，剑南节度使李固言令陈家摘下酒招（表示陈氏一门已脱离工商，身份地位已今非昔比），其家人仍不敢相信。陈会后娶大臣白敏中的女儿为妻，官至刺史（孙光宪：3/62~3）。岭南人邵谒同样出身低微，他年轻时做县里的厅吏，长官呼来喝去，百般凌侮。某日，"客至仓卒，令怒其不搘床迎侍，逐去"——迎接伺候得不够及时，便遭驱逐。邵谒不堪其辱，遂悬梁刺股，苦读诗书，终于在咸通七年（866）得到温庭筠的荐扬而登科（辛文房：3/8/453~4）。

这里不妨再谈一下温庭筠。据传，温庭筠少年时好为狭斜游，将一个叫姚勖的官员资助他考进士的钱财花费殆尽。姚是个老古板，知道后很生气，打了他一顿板子，事后也没放在心上。过了些日子，姚勖去

图 53　温庭筠像
《晚笑堂竹庄画传》
飞卿得到的别号很多，“温钟馗”一名讥其貌丑，近似人身攻击，但“有才无行”的恶谥最是杀人不见血。

温家做客，忽然温庭筠的姐姐跑出来，扯住他的袖子大哭，弄得他既尴尬又莫名其妙。哭了良久，温氏方才说出一番话来：“我弟年少宴游，人之常情，奈何笞之？迄今无有成遂，得不由汝致之？”经过这般折腾，姚勖受惊过度，竟然生病死掉了（《新辑玉泉子》，夏婧：132）。姚勖鞭打温庭筠，可能有恨铁不成钢的意思，却使温背负上轻薄的恶名，此举妨碍他人功名又招人怨恨，真是始料未及。从这则逸事和其他一些笔记小说作家的记述中，我们能了解科举对当时家庭生活影响的深入程度，了解人们伦理价值观念的变化。

唐高宗时中书令杜正伦的五世孙，以孝行闻名于世的杜羔，娶了个女才子做老婆。刘氏喜欢舞文弄墨，写得一手好诗。杜羔考进士多年都功败垂成，无奈之下想回家寻求些许温暖，半路上却收到刘氏的家书，只有二十八个字——连写封信也是七言四句，可见是个真正的才女——道是："良人的的有奇才，何事年年被放回？如今妾面羞君面，君若来时近夜来。"杜羔读后大受刺激，便调转马头，朝着老婆明示的方向一路狂奔而去。不久杜羔南宫折桂，刘氏又寄一诗相招，说："长安此去无多地，郁郁葱葱佳气浮。良人得意正年少，今夜醉眠何处楼？"（钱易：丁/53）这位女才子真可谓脂粉堆中的大丈夫，戴巾帼的雌进士，实在酸腐得可笑。但她所持的价值观念却是那个年代衡量一个人才能和地位的普遍标准，凡夫俗子的心灵受这个价值判断的污染毒害，变成了金钱和权势的奴隶，麻木，冷漠，石头般坚硬。

肩负家庭重任的士子们如果顺利及第，自然是家门之幸，是祖上积了阴德，烧了几辈子的高香修来的，不但自己有面子，就是乡党也与有荣焉；如果落榜，便是辱没祖宗，必然招致亲人的白眼和冷落，以及街坊邻里的嘲笑和轻视。湛贲在姨夫彭伉进士擢第的贺宴上备受冷落，跟下人一起"命饭于后阁"（王定保：8/89）。赵琮久举不第，"妻族益相薄"，势利鬼们生怕沾上他的霉运和穷气，逃避瘟疫般躲得远远的，及至春榜到家，这些人的态度立刻来了个一百八十度的转变，前倨后恭，简直是判若云泥（《新辑玉泉子》，夏婧：120）。世态的炎凉，人情的冷暖，在孟君的故事中体现得更为鲜明。这位孟君罢举后贫无所归，寄食于老丈人殷某家，"为殷氏贱厌，近至不容"。屋漏偏逢连阴雨，孟君不幸染病，丈人给他三百文钱，将他扫地出门。天地虽大，却没有他的容身之地。一个算卦的预言孟君十日后必富贵，他等了九天，没见到富贵的苗头，厚着脸皮又回到殷宅，这次泰山大人的脸色更加难看，二话不说，打发他到马厩去住（《逸史》，李昉等 1961：151/1085~6）。以后的故事不用多说，无非是穷达有命的陈腔滥调和大团圆的俗套。

在科举时代，上慰高堂下安妻子的最好办法也许莫过于一举成

图 54　明刊《竹叶舟》插图
《古本插图元明清戏曲故事集》

名，并在成名后及早归家觐省。但那些落第者却是近乡情怯——“莫道还家便容易，人间多少事堪愁”。奋斗多年，仍是一介白衣，故乡的一草一木，亲人的一句话一个眼神，都增添他的哀伤与自责。他拿什么来报答父母的养育教导之恩，又有什么好消息能让妻子儿女笑逐颜开的？推开歪歪斜斜的柴门，昏暗的屋子里，荆钗布裙的妻子正坐在灯下做针线，面容憔悴，鬓发已斑，看见他无地自容的样子，眼角滴下一滴清泪……科举犹如一扇磨盘，挤压碾磨着读书人的青春、欲望和人性，制造了数不胜数的家庭悲剧。

闽人欧阳澥新婚燕尔，即告别温柔乡赴京应举，“黄菊离家十四年”，这一去就再也没有回去，客死在异地他乡（计有功：67/2248）。魏人公乘亿滞留科场，“夫妻阔别积十余载”，一日送客郊野，看见一个妇人“粗缞跨驴，依稀与妻类”，打听之下，服丧的妇人果然是他老伴，因误信丈夫已死的传言，特来扶柩回乡。这时公乘亿长期压抑的情绪终于爆发出来，和妻子抱头痛哭(王定保:8/88)。在唐代，欧阳澥和公乘亿的悲剧并不罕见，很多士人都与心中的魔鬼做交易，以几十年光阴为赌注来博彩，把一生的命运全部压在科举的赌桌上。江南陈季卿千里迢迢来到长安，“志不能无成归，羁栖辇下，鬻书判给衣食”，举业的诱惑剥夺了人起码的尊严，即使沦落风尘，卖文为生也无怨无悔。后来，他在青龙寺中偶遇一老翁，这老翁是终南山的仙人，折竹叶为舟，略施法术，把陈季卿送回了家乡。“妻子兄弟拜迎于门”，但试期临近，陈季卿放心不下功名利禄，只待到一更时候，便不顾亲人的劝阻和挽留，“复登叶舟，泛江而逝”，以至于家人都以为见到了鬼物(李玫:7~8)。

这个故事为元杂剧《陈季卿悟道竹叶舟》所本。陈两年后及第，不久遁入终南山。像陈季卿和前面提到的李敏求，虽然悟了道，却不够彻底，名利心尚未去尽。不过也有不少人在历尽波折和磨难后能大彻大悟，绝意仕进而另谋出路。一种情况是退居田园，做地方上的乡绅。乡贡进士的名分使他们获得民间知识分子的荣誉，区别于成天同泥土打交道的老百姓，而他们的文字能力应付乡村的日常文化生活需要(譬如代写个墓志铭什么的)绰绰有余，这既满足了他们的虚荣心，也给他们带来若干经济收益。有的选择隐居，以布衣终身。虽生计艰难，时罹饥寒，但躬耕自给，萧然山水，放浪诗酒，没有俗务缠身的乐趣亦足以补偿，如人称“方三拜”的方干(王定保:10/118)和自号“江湖散人”“天随子”的陆龟蒙。有的则出家修道。像娄图南那样“少好道士言”(柳宗元《送娄图南秀才游淮南将入道序》,25/1641)，又不满科场腐败而入山求道的较为个别，多数科场中的失败者出于无奈，舍弃了人世的热闹繁华而归向方外的枯寂平淡，希冀以今生的修炼换取来世的回报。

他们皈依道家或佛门，与社会上浓厚的宗教空气不无关系——“选官何如选佛”（道原：14/310b）的说法，表明佛道之路照样宽敞通畅，开满了芳香艳丽的鲜花。但冷淡的山家生活难以忍受，有些人索性转而与商人争利。兰陵萧静之结庐漳水之上，绝粒炼气不成，怒而迁居邺下，“逐市人求什一之利，数年而资用丰足”，后得饵仙药，方再次“舍家云水”，“深隐山林”（《神仙感遇传》，李昉等 1961：24/162~3）。

大梦初醒后，人间原来还是光明灿烂的，世界其实美好如斯。

平生志业欲何如：科场失意的进士（续）

旅涂谁见客青眼，故国几多人白头。

——刘沧《秋日寓怀》（彭定求等：586/6789）

曾随上将过祁连，离家十年恒在边。

——岑参《送费子归武昌》（2/354）

多数落第举子对科举依然恋恋不舍，魂牵梦绕，仿佛恋爱中的男女，爱与恨，信任与猜疑在胸中来回交战，态度不免犹疑暧昧，内心却终有不甘。即使科场腐败到不可收拾，他们也满怀期待，“还应公道在，未忍与山期”（杜荀鹤《长安冬日》，唐风集上/32）；即使在多次落败后磨蚀了锐气，消沉了意志，也不肯轻言放弃，“鬓毛如雪心如死，犹作长安下第人”（温宪《题崇庆寺壁》，彭定求等：667/7643）。在《李娃传》中，白行简借娼女李娃之口一语道破了其中的玄机：“今秀士苟获擢一科第，则自谓可以取中朝之显职，擅天下之美名。”（李剑国 2015：第二编 15/904）虽然科举及第与日后官运的亨通并没有必然的联系，不过舍此而外，士人几乎没有其他途径可以青云直上。

落第的进士坚定地固守梦想的阵地，相信未来定会拨云见日，否极泰来。许多人因此而留居京城，修身治学，待机而动。作为帝国的心脏，长安物价昂贵，生活奢侈，正如顾况告诫白居易所说，“长安百物贵，居大不易”（王定保：7/81），要想在这里立足非得有雄厚的资财，有力的后台，不然就要具备八面玲珑的性格，娴熟的交际手腕或足够强大的忍耐力，否则难保不陷入困境——“进乏梯媒退又难，强随豪贵殢长安”（罗隐《西京崇德里居》，甲乙集/21）。一些家底不厚的读书人为了能留在长安，只好在城南的偏僻坊巷中卜居，一间破屋，几卷诗书，过着饥寒交迫的日子：

> 无何提笔入贡士列，抉文倒魄，读书烂舌，十试泽宫，十黜有司，知己日懈，朋徒分离。矧远来关东，橐装锁空，一入长安，十年屡穷。长日猛赤，饿肠火迫，满眼花黑，晡西方食。暮雪严冽，入夜断骨，穴衾败褐，到晓方活。（孙樵《寓居对》，7/3b~4a）

这么艰苦的环境，仍手不释卷，讽诵诗文，可见科举的吸引力之大，士子对它已经产生了极强的依赖性，就像隐君子对药物的依赖。

“冠盖满京华，斯人独憔悴。”（杜甫《梦李白二首》二，2014：5/1362）由于失意于科场，又落魄到如今的境地，很多人甚至羞于抛头露面。杜荀鹤的《长安道中有作》细腻地描绘出了这种尴尬和耻辱交织的心情：“回头不忍看羸僮，一路行人我最穷。”（唐风集中/74）有时候，他们不得不放下架子，把儒生最珍惜的尊严踩在脚下，四处打秋风甚或寄人篱下。韩愈《与李翱书》回忆当年未第时的清寒岁月说：“仆在京城八九年，无所取资，日求于人，以度时月。”（2010：6/738）托庇于权贵豪富的

图 55　敦煌五代壁画行旅
《中国敦煌壁画全集》五代宋卷
漫游生涯虽有行役之苦，寄客之悲，却能开阔诗人的视野，加深他们对社会人生的认识，客观上也造成人才的流动。

屋檐下，像门客乞丐般谋取一份维生的衣食，个中悲辛况味，一言难尽。他们当然知道"在家贫亦好"（戎昱《长安秋夕》，9）的道理，只是连回乡的旅费都筹措不起，"当春人尽归，我独无归计"（曹邺《送厉图南下第归澧州》，22），何况他们的心思如风筝的线一样，还牵挂着月宫中枝叶婆娑的桂树呢。

大唐的万里疆域上也游荡着落第者的身影，不论归家省亲的或漫游干谒的，都是行色匆匆，愁容满面："莺声历历秦城晓，柳色依依灞水春。明日蓝田关外路，连天风雨一行人。"（黄滔《下第东归留辞刑部郑郎中諴》，3/2a~b）他们承欢膝下稍尽为人子的孝道之后，便抛妻别子，离开贫穷而温馨的家，冲州撞府，乞假衣食，寻求地方官员或王公大人的资助和荐引,饱尝闭门羹和冷言冷语的滋味。他们辗转于驿路,落拓于江湖,风雨寒暑,老病穷愁,“乡程长恨远,旅梦亦愁贫。天地虽云广,殊难寄此身”(许棠《陈情献江西李常侍五首》三,彭定求等:603/6970),渐渐地故乡的田园变荒芜了,家门口的柳树已老得不会飞绵了,昔日的翩翩少年的头上也生出了星星点点的白发。——唐人所谓的壮游生涯,在中晚唐之际,其实既少放荡也不轻狂,少了些不羁,多了些拘谨,很少“脱略小时辈,结交皆老苍。饮酣视八极,俗物多茫茫”(杜甫《壮游》,2014:14/4084)的豪迈气概和自信,而较多怀才不遇、英雄气短的郁愤和萧索。他们摧眉折腰低首下心地取悦权贵,却始终壮志难酬,最后在孤独落寞的行旅漂泊中了此残生。

帝国臃肿的官僚机构需要庞大的官员群体填充,有限的科举及第者与之相比简直是九牛一毛,根本不敷选用。进士科是高级官吏的主要来源,为数众多的中下级官吏主要从流外入流而来,与科举入仕的比例大约是十比一。唐代统治者宁愿通过其他途径来补充官员的空缺,也不肯增加科举取士的员额(当然有其现实的理由,这里且置之不论),可见科举制度说到底还是牢笼天下英才的权术和手段。“落第逢人恸哭初,平生志业欲何如?”(赵嘏《下第后上李中丞》,88)这种情势下,屡战屡败的读书人只得另觅出路,许多人出就方镇,栖身于幕下。

侯权与白居易同时举进士,二十三年后,乐天已几经宦海沉浮,侯权犹是麻衣在身、生业萧条的长安市中一个卑微的旅人。一天,他到白居易府上拜访,二人死生契阔,喝酒谈论间自然吁嗟再三。侯权说明来意,自称“欲谒东诸侯,恐不我知者多,请一言以宠别”,乐天遂写下一纸荐书,为他壮行(白居易《送侯权秀才序》,2011:6/284)。中唐以后,藩镇辟召成为士人入仕的一大捷径,而方镇为增重自身的名望,更是有意识地罗致人才,既吸引了不少侯权这样没有什么名气的读书人,也集结了很多抱屈科场的名士——“大凡才能之士，名位未达，多在方镇”（赵憬语，刘昫等：138/3778）。

姑臧李巨川出身士族，为唐初学士李道玄之后，故相李逢吉的侄曾孙。乾符（874~879）中应进士不成，“属天下大乱，流离奔播，切于禄位，乃以刀笔从诸侯府”，曾先后佐王重荣、杨守亮、韩建等人的幕府（刘昫等：190下/5081）。江东罗隐（本名横）诗名噪海内，尤长于咏史，然多所讥讽，被权贵们加以“恃才傲物”的恶谥，故十上不中第（陶岳：1/70a；范坰等：1/14b）。罗隐天生就一副古拙丑陋的相貌，在以貌取人的社会，这也是他备受压制的原因之一。他的知音、宰相郑畋有个女儿，对罗隐的才华倾慕不已，可一旦窥见罗隐的庐山真面，马上“移情别恋”，好似变了一个人，“自是绝不咏其诗”（薛居正等：24/326）——看来最好只吃鸡蛋，不要总想着去认识下蛋的母鸡。相传，起初罗昭谏因为貌丑，“恐为相术所弃”，不大愿意同江湖术士来往，后累遭黜落，不得已乃问命于长安相者罗尊师。这位半仙手捻长须微笑着说：“吾子之于一第也，贫道观之，虽首冠群英，亦不过簿尉尔。若能罢举，东归霸国以求用，则必富且贵矣。两途吾子宜自择之。”罗隐一时想不通，幸亏邻居卖饭的老媪指点迷津：“秀才何自迷甚焉，且天下皆知罗隐，何须一第然后为得哉！不如急取富贵，则老婆之愿也。”（陶岳：1/70a）真是一言惊醒梦中人，罗隐从此弃绝科举，开始了他遍谒藩镇的生活。他在湖南、淮、润诸镇皆不得意，直到遇到钱镠，才算纾解了长期的抑郁不平（范坰等：1/14b）。

“唐世士人初登科或未仕者，多以从诸藩府辟置为重。”（洪迈：容斋续笔1/221）不仅科场失意的士人争相入幕，及第进士也是络绎而来，藩镇实际网罗了大量的人才，名士猬集，俨然一个个独立的小朝廷。特别是河北三镇，安史之乱后，长期割据，自立制度，同中央政府分

图 56　清刊《残唐五代传》插图
《中国古典文学版画选》

庭抗礼，隐然有不臣之意。所以韩愈在《送董邵南游河北序》中才以反语讥之，并对这种现状表现出深深的忧虑：

> 燕赵古称多感慨悲歌之士。董生举进士，连不得志于有司。怀抱利器，郁郁适兹土。吾知其必有合也，董生勉乎哉！夫以子之不遇时，苟慕义强仁者皆爱惜焉，矧燕赵之士出乎其性者哉？（2010：10/1055）

科举之设本为选才，客观上却造成人才的流失，不能不说是立法者的失算。士人入幕后若受到方镇的倚重，必然乐于为其所用，日久天长，必然与朝廷产生隔阂，离心离德，甚至滋生刻骨的仇恨。宋人的《吴越备史》说罗隐“不遇于唐,必有怨心”(范埛等:1/13b),元人的《唐才子传》也说他“自以当得大用,而一第落落,传食诸侯,因人成事,深怨唐室”(4/9/123)。而李山甫求名不遂,满腔的怨毒竟至发泄在朝中大臣身上。中和三年(883),他入魏博乐彦桢幕为节度判官,次年即撺掇乐子从训,为其出谋划策,劫杀前宰相、义昌节度使王铎及其家属僚吏三百余人,“朝廷微弱,不能治其冤,天下痛之”(欧阳修等:185/5407)。王铎咸通中曾典贡举,李山甫罢举亦在此时,于是迁怒(胡震亨:26/277~8)。

在“时多朋党,小人谗胜,君子道消,贤豪忌愤,退之草泽”(刘昫等:200 下/5392)的局势下,许多人甚至连入幕的机会也没有,这些科举的弃儿只得铤而走险,成为帝国的逆子和叛徒。盐贩黄巢就是从科场的狭径冲杀出来,走向武装反抗的道路的。他驰檄四方,指目朝政之弊,其中一条就是铨贡失才。史臣总结说,“既一朝有变,天下离心。巢之起也,人士从而附之”(刘昫等:200 下/5392)。

世事悠扬春梦里:进士白日梦

承家望一名,几欲问君平。

——崔涂《问卜》(彭定求等:679/7772)

夜睡常惊起,春光属野夫。

——姚合《及第后夜中书事》(6/291)

“士之生世,当建功树名,出将入相,列鼎而食,选声而听,使族益昌而家益肥,然后可以言适乎!”(李剑国 2015:第二编 1/450)唐传奇《枕中记》中卢生的这番夫子自道,可谓说出了唐代读书人的共同期待和理想。沈既济以一场梦境为士人心理传神写照,虽是虚构的小说,却直接抵达了历史真相的私处。正因为志向高远又求名心切,举人们对科举抱有不切实际的幻想,沉醉在五光十色的幻觉之中不能自拔,往往做出一些愚昧可笑的举动,而主流社会意识更助长了迷信的风气,并造作出种种不经之谈。

典型的就是将科举之路的穷达通塞归于天命和定数。据《闻奇录》

所言，进士李昭嘏之登科，全赖家中“三世不养猫”，老鼠知恩图报，为了引起主司的注意，数次将李的省卷搁置在他的面前（李昉等 1961：440/3596）。这类因果报应的故事在唐人的小说中比比皆是。既然死生有命，富贵在天，科举考试又的确充满变数和偶然，才学本身很多时候也不是决定性的因素，因之科举中人大多由衷地相信梦兆和卜筮，就是名人也不能幸免。即使他们明知成事在天谋事还须在人的道理，对干谒请托之事并无一刻放松，也乐于忙里偷闲，花一点时间和金钱，去江湖术士那里圆圆梦，相相面，问一问前途和未来。虽然他们中的有些人不怎么相信骗子们天花乱坠的鬼话，但是听听甜言蜜语不仅无害于己，反而有助于平复试前的紧张，安顿无着无落的心绪，未尝不是件好事。在经历了一连串的失望和颓唐之后，他们更加敬畏老天和上帝，信靠超自然和不可知的神灵，一两句吉祥话不见得必然带来命运的改变，却至少可以讨个好彩头，一来聊以自我安慰，二来暂时体验一下虚假而触摸不到的幸福。崔涂《问卜》诗曰：

> 承家望一名，几欲问君平。自小非无志，何年即有成。岂能长失路，争忍学归耕。不拟逢昭代，悠悠过此生。（彭定求等：679/7772）

孙偓及第前一年，曾梦见一堆木头，自己在上面走来走去，不知道主何休咎，遂请人圆梦。那个人闭目沉思片刻，泄露天机：“贺喜郎君，来年必是状元。为什么这么说呢？已居众材之上也。”第二年，孙偓果然高中了状元（王定保：8/84）。沈彬天才狂逸，好神仙之事，做过一个身穿锦衣，贴月而飞的梦，“识者言虽有虚名，不入月矣”。结果真如圆梦者所说，他连考三次，都是满盘皆输。他心灰气丧，从此浪迹天涯，五代时在南唐做到吏部郎中的官(计有功:71/2360)。孟简入试前请日者算命,得到"近东门坐,即得之矣"的指示,进考场后,他却被安排在西廊下就座。日色黄昏,情急之下竟然害起病来,不能终场。邻座的进士见他可怜,便答应替他做完试卷。孟简偷偷瞟了一眼这个人卷子上的署名,"及时雨"复姓东门,正应了术士先前的预言(计有功:41/1402~3)。唐代名相裴度少年时不得志于科场,内心疑惑兼且不平,于是前去拜访当时洛阳缙绅推崇的一个相士。他生得身材矮小,相士看了他的面相后说:"郎君形神稍异于人,不入相书。若不至贵,即当饿死。"目前天意难测,建议他过些日子再来。裴度依言而退。不久之后,他在佛寺中闲游,捡到几条价值不菲的玉带,并将之交还给失主。相士再次见到他时大惊失色,说他日后前途万里,"非某所知也"。后来裴度位极人臣,原来是他拾金不昧的精神感天动地,积下了莫大的阴德(王定保:4/45)。后世戏曲很喜欢把这个题材搬演上舞台,这就是《裴度还带》的故事。

图 57　裴度像

《中国历代名人画像谱》

裴度字中立,河东闻喜人。贞元五年擢进士第,自元和以降,历事四朝,数度入相,为唐室中兴的关键人物,史家赞誉他"诚社稷之良臣,股肱之贤相"(刘昫等:170/4434)。

在中国社会,实用主义思想一直大行其道。争名求利心重的举人日思夜想,殷切期盼的就是跻身官场,直上青云。他们迷信天命,汲汲于求神问卜,将此世的人事寄托在他世界的虚无缥缈的鬼神身上,将方术之士的胡言乱语当作灵验已极的预言,而世故老成、精明过人的术士们则察言观色,投其所好,满足他们的精神需求,并乘机大肆赚取钱物,于是以举人层为主要客户的卜卦行业便繁荣兴盛起来。《梦溪笔谈》云:

> 京师卖卜者,唯利举场,时举人占得失,取之各有术。有求目下之利者,凡有人问,皆曰必得,士人乐得所欲,竞往问之;有邀以后之利者,凡有人问,悉曰不得,下第者常过十分之七,皆以为术精而言直,后举倍获,有因此著名,终身飨利者。(沈括:22/189;重新标点)

唐代的术士足以和北宋东京的同行媲美。在长安和洛阳,从事算卦相面这一行当的人多如牛毛。他们收取高额的费用,凭借三寸不烂之舌,“言人禄位,中者至多”(牛肃:2/22),沉溺名利场中的读书人自然是趋之若鹜。长安宣平里有一个无名相者,自言从衡山来,人谓之“衡相”,李林甫未达时曾前往求教,衡相所言皆一一应验(《定命录》,李昉等 1961:222/1704)。东市铁行的范生本事也很大,预卜举人成败灵验如神,他每算一卦的卦金是一缣(温庭筠《干𦠆子》,12/1262)。洛阳天津桥畔的钱知微要价更为昂贵,每卦向人索取十匹绢帛,饶是如此,还是有人愿者上钩,心甘情愿地接受了这个天价(段成式:前集 6/535)。

此辈江湖中人多精于算计,像今日的心理分析医师一样,熟稔心理学那一套东西，擅长揣摩、把握和操控人心，虽然未必百发百中，但只要有几次成功的先例，就能产生广告式的轰动效应，车马盈门，财源滚滚，社会上的一干妄人更将他们的技术传说得神乎其神。贞元末，有个相骨山人，瞽双目，凡是有人上门看相，他只要用手摸上一摸，就能知道那个人的贵贱(韦绚：佚文/63)。开成中，另一个盲人龙复本，也善于听声揣骨，推算祸福凶吉，无不必中(康骈：上/12)。这类生意全靠骗术和口才吃饭，诚多虚妄荒唐之说——其间的种种黑暗和内幕，看看连阔如先生的《江湖丛谈》就能了解一二。

唐末的康骈对此是将信将疑的，他在叙述处士丁重看相的“奇验”之前，下了一个按语说，“自咸通、乾符已来，京国察相者殊多，言事适中者甚少”(上/13)。长安东市久负盛名的“神算子”范生就有过马失前蹄、阴沟里翻船的经历，他的命不好，碰到个一窍不通的顾客。来自滨海地区的进士郑群玉，家境殷实，仆马鲜华，在考场中其他人吃着清茶淡饭的时候，他坐享的是山珍海味。这个富家公子不学无术，却“下视同辈，意在必取”，他或许是个阴阳爱好者和方术的忠实拥趸，于是拿了三千缗和江南的土特产去找范生。范生见礼物厚重，便大言不惭地保他万全高第。郑公子得悉天意，“气益高”，根本没意识到自己上当受骗了。考试那天，渐至继烛，同场考生多已交卷，郑群玉还未写一个字，他倒是个直肠子，就跑到中庭扯开嗓门骂道：“吾今下笔，一字不得生，铁行范生，须一打二十。”挨延到天明，交白卷了事(温庭筠《干𦠆子》，12/1262~3)。

除了请相士占卜之外，士人也有通过其他方式来预测前途的，比如所谓“听响卜”——以听到的声音来判断未来的吉凶。苗躭进士及第尚未授官，困居洛中，穷愁潦倒，乃命下人洒扫庭除，设几焚香，他则束带秉笏，端坐在那里听响卜。但因居处僻陋，直到夕阳西下也未听到什么响动。正自百无聊赖，墙外传来枯鱼贩子的叫卖声。苗躭精神一振，侧耳谛听，还是参不透其中蕴藏的玄机。家里一个钱也没有，苗躭让童仆招呼鱼贩子进门，一家人望梅止渴权且疗饥，故意磨磨蹭蹭，抽冷子从枯鱼身上刮一点干肉下来。鱼贩子见状，骂不绝口道："乞索儿，卒饿死耳，何滞我之如是邪！"(《新辑玉泉子》，夏婧：133)霉运如附骨之蛆跟随，不但听响卜一无所获，还要受人奚落。与苗躭相比，毕諴要幸运得多。他三更半夜与同人守候在大街上听响卜，寒风刺骨，饥肠辘辘，也是许久都没有动静。渐渐夜艾人稀，忽然，有户人家扔了块骨头在地上，引来一群饿狗争抢，只听有人说道："后来者必衔得。"意思是那条晚到的狗一定能抢到骨头，只是随随便便的一句家常话，不想却暗含了"毕諴"二字。毕諴喜出望外，连日来的焦虑和不安顿时烟消云散化为乌有，这一年春闱如有神助，顺利地登上了高科(王定保：8/85)。

毕諴是盐商之子，"少孤贫，燃薪读书，刻苦自励"(刘昫等：177/4609)，大和六年进士擢第。据说他的名字是后改的。大概他认为原先的名字难登大雅之堂，就请相熟的一位达官帮他起个响当当的新名，"以期亨达"。那位官员看不起他的出身，别有用心地选了个"諴"字——音同咸味之咸，以此嘲笑他骨子里的盐商气味——"諴"有和协之义，毕欣然接受，"竟以此名登第，致位台辅"(孙光宪：3/42)。毕諴改名并非孤例，《云溪友议》就记载了好几个因改名而使命运改道的故事。宋言本名嶽，淹蹇文场近十年，大中十一年(857)，将从京兆府取解，一日昼寝，迷迷糊糊间听见有人在身边说话："宋二郎秀才，若头上戴'山'，无因成名。但去其'山'，自当通泰。"醒来后他去掉"嶽"的山字头，又觉得"獄"不适合做名字，索性把两个"犬"字也抹去，更名为"言"。这彻底修改了他的运气——那年的府试，他夺得解元，次年以第四人及第(范摅：下/146)。

图58 李贺像

《晚笑堂竹庄画传》

作为没落的宗室后裔，长吉短暂的一生可谓多愁多病：仕途之淹蹇，死生问题之纠结于心，以及诗艺探求之冥搜苦索、呕心沥血，都加速了他的早衰。

类似做法在今天看来是愚蠢可笑的，但在古代中国却十分普遍。在古人的意识里，名字不仅仅是一个能指符号，还指涉丰富的人文内涵，在政治、社会和文化生活中具有毋庸置疑的重要性。这种意识其实是交感巫术思维的残留。原始部落时代，先民为万物命名，并由此认识和掌控世界。他们相信，名字关系着人的健康、生命、心理和精神状态，决定着命运的方向和轨迹；通过接触某个人的名字（肉体和灵魂的一部分或附属物），便能对他施加法术，影响、改变和控制他的一切（接触律或接触巫术）。为了避免不愉快的诅咒和危险的伤害，就形成了对名字的禁忌。中国人特有的避讳风气正可以从这个角度来理解。唐代科场规矩，避国讳、宰相讳、主文讳，个人的家讳当然也是要避的，“凡进士入试，遇题目有家讳”，文字不便，须托病求出贡院休息（钱易：丙/

35），故李贺父名晋肃而应进士举，韩愈作《讳辩》为之辩护，就遭到时人的诋毁（康骈：下/61）。避讳（禁忌）属于巫术体系中的消极规则，目的是远离不希望看到的后果，其他一些科场禁忌也出于同一规则。卢子期的科场指南《初举子》告诫举人，居家“忌用熨斗时把帛，虑有拽白之嫌”（洪迈：容斋续笔 13/377）。将烫衣服和交白卷两件毫不相干的事牵扯到一起，认为其间有某种神秘必然的因果联系，依据的是交感巫术中的相似律（顺势巫术）原理。

虽然有这许多穷讲究，置身名利场中的每个人都在大搞迷信活动，但能沿着科举这架梯子爬到天上去的终归少之又少，多数读书人只是邯郸道上的过客，在旅店内做了一场黄粱美梦。

韶光落魄意偏雄：打毷氉与乞旧衣

进士不第者，亲知供酒肉之费，号“买春钱”。

——冯贽《云仙散录·买春钱》(48)

归去唯将新诰牒，后来争取旧衣裳。

——张籍《送李馀及第后归蜀》(4/439)

据《唐摭言》引李肇《唐国史补》所说，曲江大会原为慰藉落第举人而设，筵席简单粗陋，嗣后才演变成新进士的庆功宴会，且渐趋侈靡(3/24)——这种所有权的转移多少反映了唐人贵重进士科的风气。新进士鸠占雀巢，那些下第者唯有忍气吞声，黯然而退，向他处寻求安慰。

唐末的孙棨讲述了一个颇有意味的故事：长安北里妓莱儿其貌不扬，年纪也已老大，但利口巧言，诙谐多智，着实吸引了些少不更事的少年儿郎。他们禁受不住半老徐娘的诱惑，拜倒在她的石榴裙下。沈光远就是这样一个迷途者，他初见莱儿，便被其万种风情俘虏，“一见溺之，终不能舍”。应进士举那年，光远自负才名，以为必然一战而取，莱儿亦深信之，先大夸于宾客，“指光远为一鸣先辈”。及至南院放榜，光远铩羽，长安无赖子弟快马加鞭赶到莱儿门前，念诗嘲谑说：“尽道莱儿口可凭，一冬夸婿好声名。适来安远门前见，光远何曾解一鸣。”时莱儿正盛装待榜，尚抱有期望，应声答道：“黄口小儿口没凭，逡巡看取第三名。孝廉持水添瓶子，莫向街头乱碗鸣。”俗话说，“鸨儿爱钞，姐儿爱俏”，光远虽名落孙山，莱儿倒也没有翻脸不认人，将其扫地出门，反而好酒好肉的设宴宽慰他。可惜光远内心受伤过深，“是春，莱儿㲧毸久不痊于光远”。这故事暴露落第举子遭遇的同时，也涉及唐代的一种习俗——“京师以宴下第者，谓之打㲧毸”(31)。

㲧毸，也写作“眊矂”，有失意、烦恼之义。所谓“打㲧毸”，即通过宴请或供给酒食钱的方式，以消除那些科场上的失败者郁结于心的愁闷。这自然是人之常情。旧题后唐冯贽《云仙散录》指出：“进士不第者，亲知供酒肉之费，号‘买春钱’。”然而春在何处，春如何可买？来自亲朋好友的这种抚慰，虽然是出于好意，但对落魄举子的自尊而言，这买春钱大约也不是那么容易接受的。三五杯淡酒是麻醉剂，同时也是触媒，极易勾起当事人的伤心往事，借酒浇愁愁更愁，所以才有“不捷而醉饱，谓之打㲧毸”(李肇：下/56)的说法，其中包含的辛酸恐难为外人道。这种情势下，同病相怜的落第举人更愿意招集同类聚饮买醉，彼此舔舐伤口。清代诗人王夫之《薑斋诗集》中有一组咏落花的诗，《落花诨体十首》最后一首用《唐摭言》典故，尾联曰：“㲧毸曲江聊一打，韶光落魄意偏雄。”(夕堂戏墨 1/417)“韶光落魄”基本属实，“意偏雄”难免夸饰之嫌，尤其到了中晚唐，士人的气象和格调低落沉郁，他们写落第的诗作与盛唐之音迥然不同——“弹棋击筑白日晚，纵酒高歌杨柳春”(高適《别韦参军》，诗/4)的明朗开阔悄然偷换为“对酒暂时情豁尔，见华依旧涕潸然”(韦庄《癸丑年下第献新先辈》,8/290)的悲苦萧索,从他们的泪眼看出去,世间万物都蒙上了一层氤氲的水汽。

当时的长安还流行乞旧衣的风俗——未第举子乞取及第进士的衣裳,以为吉利。《唐音癸签》引述《唐摭言》关于题名的资料,然后对乞旧衣做了解说:

> 进士及第后,知闻或遇未及第时题名处,则为添前字。故唐人登第诗有“名曾题处添前字,送出城人乞旧衣”之句。乞衣,亦见张籍诗。当时下第举子丐利市猥习,可悯笑者。(胡震亨:18/198)

胡震亨把乞旧衣看成唐代进士的陋习,觉得既可怜又可笑,他的看法似乎不那么厚道,相比之下,宋人程大昌显得较为通情达理。程氏也注意到了张籍的诗,《演繁露·社日停针线取进士衣裳为吉利》说:“知新进士衣物,人取之以为吉兆,唐俗亦既有之。”(1985:12/603c)玩味他的

图 59　宋朱锐溪山行旅图
上海博物馆藏
大唐盛世,帝国的疆域内店肆林立,商旅往来,“远适数千里,不持寸刃”(杜佑:7/152),但是如果没有钱,仍是寸步难行。

语意，落第者乞旧衣的风习一直传流到了宋代。

程、胡二人提到的张籍诗，题为《送李馀及第后归蜀》，前四句是："十年人好诵诗章，今日成名出举场。归去唯将新诰牒，后来争取旧衣裳。"（4/439）"新诰牒"是吏部发放的春关，"旧衣裳"指及第进士穿过的麻衣。李频《送太学吴康仁及第南归》诗中有这么一句："纵马行青草，临岐脱白衣"（36a），临岐而脱麻衣，应该也是拿来送给落第者的吧。

乞旧衣风俗的形成，其根源恐怕更多的是出于经济方面的考虑：下第举子乞取旧衣，可以节省部分开支。举人随计之日，例当置办仆马之资，以为贡举考试的各项用度。

关山万里奔赴京师，途中衣食、车马、住宿等都是一笔不小的开销，因此被贡的举人要准备足够的盘缠。这在富家豪门当然不是什么难事，那些得到有力者奥援的举人也不必为此发愁，但一般家庭出身的贡士在如何筹措钱粮的问题上却有些犯难。武德五年（622），李义琛兄弟三人同举进士，走到潼关，天降大雪，被势利的逆旅主人拒之门外，幸得一个咸阳商人"见而怜之，延与同寝处"，才好歹躲过冻馁之灾。李氏一门"家素贫乏"，三兄弟为报答商人的恩惠，商量着典驴换酒，还好商人重义轻利，否则卖掉仅有的代步工具，他们唯有羁迟关外，怅望长安的浮云和落日了（王定保：7/73）。家道贫寒的举人占每年贡士的绝大多数，他们要想尽一切办法来谋划川资，卖文可能是最好的出路。段维于中条山读书，半载业成，"下山求书粮"，因代人撰写墓志铭而"厚获濡润"（王定保：10/112）。如若举粮不办，则往往会举事阑珊，一无所成。郭元振在太学，家人寄钱四十万，有人以迁葬祖坟事相求，他慷慨解囊，结果"粮食断绝，竟不成举"；熊执易也是因为资助"马毙囊空，莫能自进"的樊泽而罢举的（王定保：4/53）。——岁岁年年，成百上千的贡士迎着风刀霜剑，迤逦于尘雾弥漫的道路，一副"羸童瘦马老麻衣"(王苏苏《和李标》,彭定求等:802/9028)的模样。

到京师后,居处也成为一个问题。作为大唐帝国的政治文化中心,长安生活奢侈,物价昂贵,对普通读书人是很大的经济负担。景况好一些的,可投靠朝中的亲贵,或者于城中坊市赁屋而居;等而下之的,则只好寄食于寺院道观。倘若屡试不第,困居长安,生计更是每况愈下,"仆乘囊辎","日销月朘"(白居易《送侯权秀才序》,2011:6/284)。

进士用于行卷的卷轴,亦是一项必不可少的消费,进士每年花在整治卷轴上的金钱是个不小的数目。卢延让"贫无卷轴,未遑贽谒",贫穷到无法行卷的地步,后来还是吴融偶然读到了他的诗文,为之延誉于公卿,延让才得以"大获举粮",最终成名(王定保:6/64)。从这个事例,可以看出举粮在科举生活中的重要性。

"天子下帘亲考试,宫人手里过茶汤。"(王建《宫词》七,10/459)参加制举试或科目选的举人所需什物由有司供应,这经常是出于天子的殊恩。大历六年(771)四月戊午的制举科考试,"赐御厨珍馔及茶酒,礼甚优异",考生中有不少人衣衫褴褛,面有菜色,触动了代宗的怜悯之心,皇帝回顾左右侍臣说:"兵革之后,士庶未丰,皆自远来,资粮不足故也。"于是下令给烛,以便那些在天黑前未完成对策者尽其才思(王钦若等:643/7428)。进士科的举人就没有这么好的待遇了。《因话录》写进士陈存命奇不偶的悲惨遭遇,说他"将试前夕,宿宗人家,宗人为俱入试食物,兼备晨食"(赵璘:6/117),可见食物是要自备的。《唐摭言·轻佻》有郑光业为同试者煎茶的记载(王定保:12/140),木炭和茶水,也应当是举人自带的。舒元舆《上论贡士书》写科场情形,很写实地道出了当日举子处境的艰辛:"试之日,见八百人尽手携脂烛水炭,洎朝晡餐器,或荷于肩,或提于席",他认为此举非贡士之道,建议"免自担荷,廊庑之下,特设茵榻,陈炉火脂烛,设朝晡饭馔",希望官办诸般杂

图 60　唐高祖像
《中国历代名人画像谱》
唐代贡士，始自武德四年四月一日，高祖下诏令地方官员选送人才，“委本县考试，州长重覆，取其合格，每年十月随物入贡”(王定保:1/1)。

物,以改善贡院恶劣的环境(董诰等:727/7488b)。

唐代科场规范,除《切韵》之类的韵书,一律不准挟藏书策。唐人作诗赋,科举考试时试诗赋,都要用韵书作为押韵的标准。需求既多,坊间自然有专门从事韵书抄写买卖的。女仙吴彩鸾与进士文箫结为夫妻,文箫穷寒不能自赡,彩鸾乃日写孙愐《唐韵》一部,运笔如飞,每卖掉一部能得钱五缗(裴铏:87~8)。《文箫》这篇传奇小说告诉我们,在中唐时,一部韵书的价格是颇为不菲的。

金榜题名后,春日曲江宴集的花销更大。新科进士初获美名,青春得意,车服自然豪华铺张,“稍不中式,则重加罚金”(王定保:3/31),所以李德裕在武宗朝任宰相时要加以禁止,然而结果却适得其反,变本加厉。对豪富之家而言,这是一种享乐和荣耀,而对贫寒文士来说,一春所费,万余贯钱,却是不折不扣的沉重枷锁。

关试之后,吏部散发春关,这种证明出身的文凭兼有选人证书的作用,以绫纸缥轴装成,其费用同样须由及第举人在领取前缴纳。大中六年七月,考功奏请"礼部春关牒,每人各出钱收赎",金额从五百到一千文不等(王溥:82/1511)。后唐时,春关钱曾一度改由官给,到后周显德五年(958)闰七月,又改回旧制,故《宋史·选举志》干脆说:"登科之人,例纳朱胶绫纸之直,赴吏部南曹试判三道,谓之关试。"(脱脱等1977:155/3608)——准此,或许可以推论,举子向礼部交纳的家状、文解等,甚至考试所用试卷,大概亦同于春关,例须出钱。

科场之中耗费如是之多,不仅滋生许多弊端,而且使得贫窭之士"没齿而不登科者甚众","使兹人有抱屈之恨,国家有遗才之阙",赵匡在《举选议》中批评道:

> 大抵举选人以秋初就路,春末方归,休息未定,聚粮未办,即又及秋,正业不得修习,益令艺能浅薄……羁旅往来,縻费实甚,非惟妨阙正业,盖亦隳其旧产,未及数举,索然以空……四方举选之人,每年攒会,计其人畜,盖将数万,无成而归,十乃七八,徒令关中烦耗……(董诰等:355/3603a)

高祖武德五年十二月曾颁布敕书,"其下第人各赐绢五匹,充归粮,各勤修业"(王定保:15/159),但实际上,困于场屋的举子多到难以计数,政府根本无力承担其归粮。盛世不再,美梦成空,落第者"堕落"到乞取新进士穿过的衣物,他们的境遇真的不难想见了。

十年闭户颍水阳：过夏

进士下第，当年七月，复献新文，求拔解，故语曰："槐花黄，举子忙。"

——李绰《秦中岁时记》（朱胜非：10/482）

肄业寄僧房，暑天湖上凉。竹风过枕簟，梅雨润巾箱。

——林逋《送吴肃秀才》（1/37）

《唐摭言》谈到下第举人，引李肇《国史补》曰："退而肄业谓之'过夏'，执业以出谓之'夏课'（亦谓之'秋卷'）。"（王定保：1/4）《南部新书》曰："长安举子，自六月已后，落第者不出京，谓之'过夏'。多借静坊庙院及闲宅居住，作新文章，谓之'夏课'。亦有十人五人醵率酒馔，请题目于知己朝达，谓之'私试'。七月后，投献新课，并于诸州府拔解。人为语曰：'槐花黄，举子忙。'"（钱易：乙/21~2）《阅微草堂笔记·如是我闻》一则故事的注释则简单地概括说："唐举子下第后，读书待再试，谓之过夏。"（纪昀：7/141）

唐代科场习俗，落第举人往往寻找环境幽静的坊市旅肆、寺院道观或达官贵人闲置不用的宅第，潜心攻书，以备来年春闱再战。夏日苦长，读书作文以度，因名“过夏”——“归路羞人问，春城赁舍居。闭门辞杂客，开箧读生书”（姚合《下第》，10/568），正是这一习俗的写照。过夏期间，吟诗作文，称为“夏课”；有时约集若干同志，饮酒赋诗，以文会友，由知己朝达出题，模拟礼部考试，这叫作“私试”——《唐摭言》引《国史补》曰：“群居而赋，谓之‘私试’”（王定保：1/4）。俟秋季来临，新一轮贡举开始，他们投献夏课诗文于名人显宦，以求荐引奥援，因为在秋时用夏课行卷，所以夏课又被称为“秋卷”。若秋卷得到青睐，甚至不必经过州府的考试，就能轻易取得解状，此所谓“拔解”——《唐摭言》引《国史补》曰：“外府不试而贡者，谓之‘拔解’”（王定保：1/4）。若就初次参加贡举的读书人而言，他们同样也要经历这些阶段——选择肄业之所，斥弃百虑，焚膏继晷，俾夜作昼，刻苦向学，业成，则出而四处行卷，寻求解荐。于是，每年秋后，新旧举子奔走于道路，遍谒州郡，请托关节，此景诚为壮观，故俗语有云“槐花黄，举子忙”。

京师首善之区，物价腾贵，居大不易，但人文荟萃，便于科场营求，因此为举人习业首选之地。贞元、元和间诗人宋济屡试不第，据《卢氏小说》，他曾居西明寺过夏，某日，正在窗下“犊鼻葛巾抄书”，微服出行的德宗皇帝忽然闯进来讨茶喝，宋济肉眼凡胎，不认得九五之尊，大大咧咧地说：“那边有水和茶叶，请你自己煎了吃吧。”德宗问他的姓名和职业，宋济答道：“姓宋第五，应进士举。”两人正闲话间，侍卫赶到寺内护驾，宋济方醒悟眼前之人是今上（李昉等 1961：180/1338~9）。大和中，一张姓秀才借东都洛阳陶化里空宅肄业，夜深未眠，见长行（即双陆）子和骰子变化之精怪做戏（张读：补遗/150），虽是小说家言，但举人京师过夏却是写实之笔。

外省同样可以安放一张小小的书案。项斯的友人远赴边荒，“自可资新课，还期振盛名”(《送友人游边》，彭定求等：554/6418)；张乔的友人则选择回到故乡，“远涉期秋卷，将行不废吟”(《送友人东归》，彭定求等：638/7318)。韦庄曾往绛州过夏，“明日客肠何处断，绿槐风里独扬鞭”(《绛州过夏留献郑尚书》，8/292)；齐己之俗侣王秀才过夏的地方是荆州府松滋县，“江光摇夕照，柳影带残霞”(《送王秀才往松滋夏课》，6/9a~b)。更有丘为这样的累举不第者，“归山读书数年”(辛文房：1/2/375)，不知不觉中度过好几个夏天的时光。

过夏期间，举子勤勉刻苦，用心夏课。李观回忆贞元六年(790)礼闱铩羽的往事，“以初誓心不徒还，乃于京师穷居，读书著文，无阙日时”(《报弟兑书》，董诰等：533/5414a)。白居易自陈早年习进士业之艰难，“十五六始知有进士，苦节读书。二十已来，昼课赋，夜课书，间又课

图61　明王绂山亭文会图(局部)
台北故宫博物院藏

诗，不遑寝息矣”（《与元九书》，2011:8/324）。黄滔困居场屋二十余年，夏课积箱盈箧，《长安书事》所谓“一年年课数千言”（3/6b）是也。从李观《帖经日上侍郎书》来推测，夏课举子会搜觅主考官往年所作诗文，“以侍郎为文犀，以侍郎作灵龟”（董诰等:533/5416a），悬为样板，揣摩学习，也可能纯粹为了投其所好。先达的诗文也是夏课研习的对象，举子借此知晓作文之法，同时熟习应试内容和技巧。仲子陵早年求学于峨嵋山，“采摭前载可以为文章枢要者，细绎区别，凡数十万言”（权德舆《唐故尚书司门员外郎仲君墓志铭》，24/368）；白居易颇为自得地提到，礼吏二部的举选人，“多以仆私试赋判传为准的。其余诗句，亦往往在人口中”（《与元九书》，2011:8/325），则研习名人诗文为当时极普遍之事，此正可与明清社会流行时文选本相比拟。

夏课完成后要请同人或先辈品评赏鉴，征询意见。如羊绍素以夏课《画狗马难为功赋》投表兄吴融，融以为“此赋未嘉”（王定保:5/56）；来鹏蜀中夏课卷内有诗云“一夜绿荷风翦破，赚他秋雨不成珠”，识者认为是不祥之兆（孙光宪:7/151）；郑谷年轻时见知于诗人曹邺，其夏课每每受到后者的“垂奖”（《送吏部曹郎中免官南归》，2/184）。夏课一定程度上关系到能否顺利取解，所以常在文辞上下功夫，以耸动观览者的视听。据《刘宾客嘉话录》记载，牛僧孺的秋卷就喜欢“矜奇特之语”（韦绚:佚文/105）。

过夏同人间偶有宴聚，宴会的欢乐能暂时舒缓他们紧张恶劣的心情。《续夷坚志》记定襄魏仲仪“与同辈结夏课，十日一宴集”，可惜欢乐不常，转眼成悲，“一举子物故，他日旬会，诸人感叹存殁……合坐哭皆失声，竟至罢食”（元好问 2006:1/22）——我们不难援金事以想象唐季风俗。私试则提供了同人交流和检验所学的机会。《麓堂诗话》称元末明初东南诗社之私试，“略如科举之法”（丁福保 1983:1380）；私试文章若警拔清奇，则能得到主司赏识，五代范质即因和凝“爱其私试”而登第（文莹：6/57）——我们同样可以以后例前，重建唐人私试情形。元和十年，白居易忆及昔日与李绅私试旧事，作《靖安北街赠李二十》曰：“榆荚抛钱柳展眉，两人并马语行迟。还似往年安福寺，共君私试却回时。”（2006：15/1180）李绅贞元二十年（804）至长安应进士试，寓居元稹靖安坊宅第，并因微之而与乐天订交；次年，也即永贞元年，乐天准备制科考试（参白居易 1988：15/986~7），所谓“共君私试”当在此年。

经过一个夏天的苦读，夏课收获颇丰，即以之行卷。姚合《寄张傒》曰：“秋卷多唯好，时名屈更肥。明年取前字，杯酒赛春辉。”（3/131）虽然有这样美好的憧憬与期许，但前途不测，多数举子仍难免忧心忡忡，特别是无媒无党的寒士：“别离终日心忉忉，五湖烟波归梦劳。凄凉身事夏课毕，濩洛生涯秋风高。居世无媒多困踬，昔贤因此亦号咷。谁怜愁苦多衰改，未到潘年有二毛。”（韩偓《夏课成感怀》，3/589）幸运些的或许能够穿杨折桂，“几年秋赋唯知病，昨日春闱偶有名”（姚合《成名后留别从兄》，10/571）；如果行卷不果，科试又败北，只好携带沉重的秋卷黯然归去——“春风下第时称屈，秋卷呈亲自束归”（姚合《送崔约下第归杨州》，1/22）。

唐季举子“借静坊庙院及闲宅”过夏，与当时读书人习业山林寺院之风尚互为表里。关于唐人习业山林寺院，严耕望先生曾著专文予以详考（《唐人习业山林寺院之风尚》，232~71）。严文征引大量文献，用充分的例证勾勒出这一风尚的概貌：此风起自汉末，至唐开元年后转盛，中叶以降更是蔚然成风，承袭演进，遂有宋时之书院制度；士子习业大抵以名山为中心，如北方之嵩山、终南、中条、华山、泰山，南方之庐山、衡山、罗浮、九华、惠山、峨嵋、青城等；习业山林寺院者很少世家子弟，而多出身贫寒；山居孤寂，例结伴同处，少则三两人，多亦不过十数人；

读书生活一般皆清苦。严氏并分析了这一风尚的成因，举起大要有三：一、经学衰，文学盛；二、文士钟情山居生活；三、佛教之昌隆鼎盛。

唐初承北朝余绪，崇尚经学，其后儒风凌夷，文学转盛。唐代贡举常选六科之中，明经、进士为重，大略而言，开元以前，二科不分轩轾，且非入仕要途；自武后临朝，广开仕进之路，文学之科渐居优势，明经出身反受世俗讥讽冷遇。文学与经学的这种隆替，改变了传统教育学在官府的局面——汉以来官学以经学教育为核心，今既重文轻儒，官学势必式微。唐初尚重学校，中央政府置国子学、太学、四门学及律学、书学、算学（隶国子监）、弘文馆（隶门下省）、崇文馆（隶东宫）等，地方州县乃至更小一级的乡，亦各自置学（欧阳修等：44/1159~60，1163）。贞观年间，“四方儒士，多抱负典籍，云会京师。……鼓箧而升讲筵者，八千余人，济济洋洋焉，儒学之盛，古昔未之有也”（刘昫等：189上/4941）；开元以前，“进士不由两监（两京之国子监）者，深以为耻”（王定保：1/5）。高宗末年，“薄于儒术，尤重文吏”，情势开始发生变化；迨武后称制，“以权道临下，不吝官爵，取悦当时”，“因是生徒不复以经学为意，唯苟希侥幸。二十年间，学校顿时隳废矣”（刘昫等：189上/4942）。虽然某些儒生剀切陈言，朝廷也采取了些措施，终无法改变官学衰落，生徒离散的事实。至唐中叶，中央太学已鞠为茂草（李观《请修太学书》，舒元舆《问国学记》，董诰等：532/5402a，727/7492b），天下欲从科举入仕的读书人“率以学校为鄙事”（王定保：1/7）。与上述变化相伴，为通经致用之世族没落，科第起家之寒人登进。前者欲重振家声，后者要改换门庭，舍科举之外几无他途。当此之际，士人修业自必另觅出路。朱熹《衡州石鼓书院记》谈及唐代学校敝败云：“予惟前代庠序之教不修，士病无所于学，往往相与择胜地，立精舍，以为群居讲习之所。”（2002：79/3783）此唐人习业山林寺院之直接诱因。

唐代允许私人办学，从开元二十一年（733）五月的一份敕书来看，玄宗时村学之类的私学已经逐步兴起（王溥：35/635）。村学的规模不大，条件简陋，适合平民阶层，故成为寒士受业的一个选择。敬宗朝宰相窦易直幼时家贫，就读于村学，“一日近暮，风雨暴至，学童悉归家不得，而宿于漏屋之下”（赵璘：6/112）。在村学中教书的先生多是潦倒的儒生，他们“求食于牧竖”（牛僧孺：9/86），仰赖村中学童供给日常衣食之费——从《玄怪录》齐推女故事可略窥其日常生活之鳞爪。除了传统的经书之外，村校也讲授诗歌，将一些名人的诗集作为诗歌写作的范本。元稹《白氏长庆集序》说：“予于平水市中，见村校诸童竞习诗，召而问之，皆对曰：‘先生教我乐天、微之诗。’”（51/1281）

更多的寒士以及部分世胄子弟，则将目光转向了山林寺院。李白读书匡山，老杜寄太白诗所谓“匡山读书处，头白好归来”（杜甫《不见》，2014：8/2418）是也；李贺昌谷山居，自述有云“虫响灯光薄，宵寒药气浓”（《昌谷读书示巴童》，1/68）；李商隐则因习业玉阳王屋山而取玉谿生之号（张采田：1/5）。阎防、薛据、卢元裕尝结茅终南（辛文房：1/2/345；计有功：26/856；牛肃：9/158）；刘长卿、岑参、孟郊曾筑室嵩山（辛文房：1/2/312；岑参：附录 1/793；刘昫等：160/4204）；顾云、杜荀鹤、殷文圭则同肄业于九华（计有功：67/2269）。江西的风景名胜庐山，“自陶、谢洎十八贤已还，儒风绵绵，相续不绝”，“今其读书属文，结草庐于岩谷间者，犹一二十人”（白居易《代书》，2011：6/280）。贞元前后，苻载、杨衡等四人曾在五老峰下建山斋，号为“山中四友”（王定保：2/19；辛文房：2/5/598）；元和初，刘轲结庐于庐山之阳，“积书窗下，日与古人磨砻前心”（刘轲《与马植书》，599b）；李渤、李涉兄弟徙居嵩少之前，曾卜隐匡庐，因驯养了一头白鹿，遂名所居为“白鹿洞”，南唐昇元（937~942）间即此建国学，到了宋初，乃扩大为白鹿洞书院（顾祖禹：83/3881；

图 62　元王蒙春山读书图
上海博物馆藏

毛德琦:8/1b)。

当时名山中聚集了一批深孚众望的私人讲学者,欲求功名的士人不远千里,负笈问学。玄宗开元初,屡征不起的隐士卢鸿在嵩山广建学庐,聚徒达五百人之众(欧阳修等:196/5603~4);中唐时,山人阳城隐于中条山,“远近慕其德行, 多从之学”(刘昫等:192/5132)。范阳卢霈师事王屋山道士,学习《孝经》《论语》等儒家经典,身穿布衣,脚上连一双像样的袜子都没有,最艰苦的时候竟然吃不到东西,就这样度过了十年的光阴(杜牧《唐故范阳卢秀才墓志》,樊川文集 9/768)。段维年近四十始立志读书,听说中条山号称“书生渊薮”,于是前往请益,未及半载,便博览群籍,下笔成文(王定保:10/112)。

栖隐山林的读书人往往寄寓寺院道观。如诗人陈子昂入玉京观(祝穆:62/1092~3),邺侯李泌依衡岳寺(袁郊:10),小说家李玫在龙门天竺寺苦读诗书(李玫:40),还俗的僧人张策在华山云台观勤修举业(孙光宪:4/85)。寺观的好处之一是远离市井之喧嚣繁杂,可以专心学业。不过,对寒士而言,山居生活并不总是称心如意,而经常是苦乐参半。李洞《废寺闲居寄怀一二罢举知己》云:“病居废庙冷吟烟,无力争飞类病蝉”(彭定求等:723/8294),王建《秋夜对雨寄石瓮寺二秀才》云:“对坐读书终卷后,自铺衣被扫僧房”(9/393)。很多名人饱尝过这种贫病交加,寄人篱下,以劳动换取衣食和居留权的滋味。《唐摭言》记宰相徐商、王播少年孤贫时节读书佛寺情景,一个是“随僧洗钵”,一个为“诸僧厌怠”(王定保:7/73~4)——王播“饭后钟”故事流传甚广,有些书将其归属在段文昌名下,在戏曲中,其主人公则又换成了宋朝的吕蒙正(参赵守俨《“饭后钟”与“碧纱笼”本事辨疑》,99~100),但它反映的却是贫寒之士寄读僧院的真实景况:生活艰苦,饱尝势利僧人的白眼,还要忍辱负重,以求将来的显达——观此数事,足证山林寺院为寒士寄食聚读之所，当时风尚亦可从而想见。

文人心性钟情于山水，喜山居，乐林泉，常就山林构筑别业；而未能兼济的士人亦多独善于此。彼辈与寒士竞集于天下名山，以致出现“林栖谷隐，栉比鳞差”（王定保：3/43）的盛况。热闹喧嚣当中委实真假难辨。李颀《缓歌行》：“男儿立身须自强，十年闭户颍水阳。业就功成见明主，击钟鼎食坐华堂”（2/277），清楚说明唐人隐居山林、读书论学，目的主要不是避世，而是为入仕做准备；这层意思在王昌龄的《上李侍郎书》中表达得更为直白：“置身青山，俯饮白水，饱于道义，然后谒王公大人以希大遇。”（5/259）所以当日便有终南捷径的说法：“放利之徒，假隐自名，以诡禄仕，肩相摩于道，至号终南、嵩少为仕涂捷径。”（欧阳修等：196/5594）此唐人习业山林寺院之心理基础。

唐世佛教昌盛的现实，更助长了山林寺院习业风尚之流行。有唐一代，“十族之乡，百家之闾，必有浮图”，名山大岳更是佛刹林立，所谓“有寺山皆遍”（张籍《送朱庆馀及第归越》，2/250）也。这些散布各地的佛寺，不仅是诸神在人间的居所，也是俗众身体的安顿处和心灵的隐栖地。张弓先生《汉唐佛寺文化史》指出，汉唐释门除了弘教，也参与民间节庆，传播文化知识，存护传统典籍，辅助公益事业，倡扬文明事功，“中古时代的伽蓝，大都兼具民间画苑、公园、戏场、学庠、书院、会馆、栖舍、救济院等职能”（937）。

天下释子一家，寺院大门向所有僧伽五众敞开，托钵云游的僧侣可到任一佛寺挂单食宿，这一制度在南北朝时期扩及民间，遂衍生出佛寺停客的新功能。入唐，特别是安史乱后，社会动荡，均田制废弛，人口迁移不再受限（科举也带来人才的流动），俗世之人寄客僧寺更为常见。史家观察到，天宝以降，“诗人多为忧苦流寓之思，及寄兴于江湖僧寺”（欧阳修等：35/921）。佛寺停客之风日炽，“天下寺观，多被军士及官吏、诸客居止”(常衮《禁天下寺观停客制》,董诰等:410/4204b),朝廷唯恐滋生事端,曾数次下诏禁断,但风气既成,便非行政手段所能制约。事实上,士庶官民关山行旅,大抵以僧寺为投止依栖的逆旅,谋求科第者亦莫能外。

牛僧孺应进士举,到京师后未暇安置,便首谒韩愈和皇甫湜,两位大名士建议他“于客户坊税一庙院”——到僧寺赁屋居住(王定保:7/75)。客户为长安坊名,位置不明。它也见于《会昌解颐录》牛生的故事:牛生赴举,行至华州,遇一饥饿冥使,酬以一饭,冥使与书三封相报,嘱其急难之际次第开拆;及至京,止客户坊,果然陷入绝境,便按照第一封信的指示前往菩提寺,寺僧得知牛生系举人,遂延入,“为设火具食”,并交付其叔父寄放寺中的三千贯钱(李昉等1961:348/2758~9)。据此,客户坊大概正当长安要冲,故外地举子多在此税居备考。位于城西南永阳坊的大庄严寺,也是他们集中寄寓的一处僧寺——郑谷《题庄严寺休公院》诗曰:“未省求名侣,频于此地逢。”(3/412)同寓一寺的士子诗酒相酬,既交流了情感,增进了友谊,也提升了学业。根据《唐会要》保存的元和三年的一道诏令,我们得知,举人参加礼部试,“有逼夜纳策,计不得归者”,允许他们到距考场(皇城内尚书省南的礼部贡院)不远的光宅寺(在光宅坊)住宿(王溥:76/1393)。考前与试中既可寓居僧寺,则考后落第亦不妨仍在此处过夏,也即是说,寄客僧寺习业实为唐季科场中人入闱前后之普遍行径。

中土寺院向来注重文化的保存与传播。很多寺院藏书宏富,内典之外,亦庋藏经史子集四部书(寺院有收藏教外图书之传统)。名士李骘自述无锡惠山寺三载肄业,“其所讽念”,包括《诗经》《周易》《左传》等经书,司马迁和班固等史学大家的史传,庄周和韩非等先秦诸子的著作,以及屈原的楚辞(《题惠山寺诗序》,董诰等:724/7453a)。近代发

图 63　敦煌五代壁画学堂
《中国敦煌壁画全集》五代宋卷

现之敦煌千佛洞藏书，外典占了相当的数量。另据日本学者那波利贞考证，敦煌地区一些较大的寺院通常都设立寺学，兼授僧俗生徒；俗家子弟所习学者多非佛经，而系儒家经典、史传、诗文等普通典籍。这种情形并非西陲边州的特例，而应该是大唐天下各州共同之现象（转引自严耕望：238）。佛寺既多置寺学，则无处求学的寒士自必群趋之而若鹜。而且，富于思辨色彩和开放胸怀的佛教，门下网罗了一批大思想家或文学修养极高的才俊，士人多愿意与之交游，或从学，或唱酬。颜真卿自谓不佞佛法，却“喜与学佛者语”，读书讲学，授徒待客，恒在佛寺（《泛爱寺重修记》，董诰等：337/3419a）；李端弱冠寄家庐山，依皎然读书学禅，自称门生（辛文房：2/4/72，198）；昭宗乾宁中，高僧如义住庐山永安院，“参学之流，远迩辐凑”，如义“以诗礼而接儒俗”，“羁旅书生，咸成事业，告行之日，复遗资粮”（陆元浩《仙居洞永安禅院记》，董诰等:869/9100b~1a)。

释家慈悲为怀,自利利他,提倡救助贫弱病苦。此种悲田济贫行为,对一般寒士自然极具吸引力,因此他们乐于寄读佛寺——庞大的寺院经济足堪供养若干读书人的衣食。宰相李绅出身低寒,曾居会稽剡川天宫寺读书,数年后赴举,临行,老僧"赠以衣钵之资"。此前他寄居无锡惠山寺,际遇却大不一样,"累以佛经为文稿,致主藏僧殴打,终身所憾焉"(范摅:上/24)。李绅受人厌弃,复遭殴辱,仍初衷不改,辗转于各地佛寺;前述王播"惭愧阇黎饭后钟",仍忍辱负重,殆因寺院条件优裕,宜于修习举业,故始终割舍不下。

山林寺院既可解决衣食之虞,又能提供专业的教育和丰富的藏书,兼之远离世俗红尘,环境清雅幽静,罕有萦怀之俗务,颇利于潜心志学,且合乎士人山居林隐之心理,因此成为贫寒举子过夏习业的绝佳去处。

举子过夏习俗与佛教安居制度亦存在一定渊源关系。印度佛教将一年分为热、雨、寒三时,每年雨时(五月十六日至九月十五日)有三个月,僧团成员须隐居寺院,禅定静坐,修习教义。这就是所谓安居制度。因为正值雨季,所以称雨安居;方当盛夏,故亦名夏安居、夏坐或坐夏。安居开始称为结夏,结束称为解夏。安居结束,犹如世俗之腊尽岁除,遂又有坐腊之称(参丁福保 1999:977,1714c~5b)——"僧不序齿而序腊"(德辉:1150a)的习惯(由安居之数以算法龄,定长幼之序,所谓夏腊多少、法腊若干)即根源于此。而在佛典和禅籍中,结夏安居经常也被称为过夏:某僧参谒资福贞邃,称"新入丛林,在此间过夏,未曾蒙和尚指教"(静筠二禅师:19/873);天平从漪回顾早年开悟因缘,"我行脚时被恶风吹到汝州,有西院(思明)长老,勘我连下三个错,更待留我过夏商量"(道原:12/298c);守廓行脚至襄州,"与风穴(延沼)同过夏,各话南北家风。"(李遵勖:14/487c);赵州从谂与弟子论义,赵州云"我是一头驴",弟子云"某甲是驴胃",赵州说"我是驴粪",弟子说"某甲是粪中虫",于是赵州问"在彼作甚么",弟子答曰"在彼过夏"(悟明:6/63c)。

佛教之所以创设安居的仪轨制度,按照《敕修百丈清规》的说法,目的是"使内外均养,身心俱安也,克期进修,不舍寸阴,护惜生命,行兼慈忍"(德辉:7/1150a)。问题是,热寒二时同样不免损伤物命,安居修道也不必非选择雨季施行。实则安居传统的形成,更可能跟南亚雨季湿热,道路泥泞,出行不便有关。初时苦行僧退居村庄附近,后来僧团因在家信徒慷慨布施而日渐富足,乃得以营建永久性精舍,供僧众雨安居期居住(美国不列颠百科全书公司:17/478b)。印度疆土广阔,各地气候差异甚大,安居的具体日期往往因地制宜,随时而变,因此佛教书籍有两安居和三安居之说:旧译家分前中后三期,始于四月十六日者为前安居,始于五月十六日者为后安居,始于其中间者,为中安居;新译家分为二期(比如玄奘等:2/169;义净 1995:2/111),前安居始于五月十六日,后安居始于六月十六日,但总的天数均为九旬。汉传佛教安居期亦根据本地物候而略有调整。中国和日本的佛教徒,通常于四月十六日入安居,七月十五日解安居(参丁福保 1999:977)。

中土佛教以结夏、解夏、冬至、年朝(元日)为四大节日,极其重视(中国佛教协会:349)。冬至和年朝是汉地传统风俗;结夏和解夏则依循印度制度而本土化,其礼俗,具载《四分律》《十诵律》等律典,以及《禅苑清规》《敕修百丈清规》等丛林清规。过夏安居中国化的过程,也是它逐渐向世俗生活渗透的过程。

早在南北朝时代,《荆楚岁时记》就记载了结夏这一岁时节令:"四月十五日……天下僧尼以此日就禅刹挂搭,谓之结夏,又谓之结制。"隋杜公瞻注曰:"夏乃众僧长养之节,在外行则恐伤草木虫类,故九十日安居……至七月十五日，应禅寺挂搭僧尼尽皆散去，谓之解夏，又谓之解制。”（宗懔：41；重新标点）到宋代，陈元靓将此段文字编入类书《事林广记》（1990：甲集 3/189a）和《岁时广记》（1985：29/462b）。为临安日常生活留影的《梦粱录》比较详细地谈到了结夏安居的习俗：自四月十五日至七月十五日，天下寺庵设斋供僧，“僧人安居禅教律寺院，不敢起单云游”，其间“斋戒严肃”，“每日晨夕合寺僧行持诵经咒，燃点巨烛，焚爇大香”（吴自牧：3/21，4/25）。结夏和解夏都会吸引大批在家信徒布施随喜，丛林成规某种程度上已成僧俗两界共有的节日。值得注意的是，解制之日，恰逢佛教的盂兰盆节和道教的中元节。

过夏安居也常见诸诗人的吟咏。建中元年，韦苏州在鄠县善福寺“安居同僧夏，清夜讽道言”（韦应物《起度律师同居东斋院》，4/197）；大历十才子之一的司空曙想象一位北游传法的老僧“拥褐安居南岳头，白云高寺见衡州”（《赠衡岳隐禅师》，110）；王建笔下的溪翁沉迷于道家炼养、服食、符箓之术，他与过夏僧同宿，却“中酒卧经旬”（《赠溪翁》，5/218）；杜牧写大梦上人匡庐夏坐归来，回到自己的驻锡之地，“开门满院空秋色”（《大梦上人自庐峰回》，樊川别集/1306）；韦蟾《岳麓道林寺》：“他方居士来施斋，彼岸上人投结夏”（彭定求等：566/6557），长沙岳麓道林二寺因杜工部诗而名闻天下，后来的几位诗人继武老杜，续有所作，明人杨慎以为“佳句层出”（10/321~3），蟾诗即是其中之一；方干《题龟山穆上人院》：“床上水云随坐夏，林西山月伴行禅”（彭定求等：651/7478），干布衣终身，为诗尚苦吟，此诗气格清迥，意度闲远，但微露斧凿之痕；徐夤亦喜欢句雕字琢，刻意锻炼，如《开窗》的一联警句：“长闲便是忘机者，不出真如过夏僧”（7/3b）；曹松的榜样也是前辈贾长江，却能别有一种风味，其佳作颇受明人胡震亨称道，谓“点缀末运，赖此名场一叟”（8/81），不过，《送僧入蜀过夏》似乎失之平易:“师言结夏入巴峰,云水回头几万重”(彭定求等:717/8238)。

如上所述,汉传佛教安居期在四月中至七月半,此时正是科举的“间歇期”。唐代科举的一般情况是,每年十月乡贡举人到京,次年正月礼部考试,二月放榜,随后是二三月间新科进士的曲江宴集(晚唐士风奢靡,延长至仲夏时节,朝廷特诏不得过四月)。曲江宴集之后,那些落第者就该考虑如何过夏的问题了。根据钱易等人的记述,举子选择在六七月间过夏,七月后外出行卷。也就是说,举子过夏与僧徒安居在时间上大致重叠。

安居过夏期间,僧众坐禅修学,期于有成,正如虚堂智愚在某次解夏小参(非时说法)时所说,“与四海禅流,同此安居,于九十日内,四威

图 64　敦煌西魏壁画禅修图
《中国敦煌壁画全集》西魏卷

仪中，无顷刻杂用身心，证此阿罗汉果无漏法身，出生入死，得大受用”（妙源：9/1048c）。为了督促安居众僧专心佛法，每日由维那打槌通告时光之流逝，第一天云：“白大众，安居已过一日，余有八十九日在，当勤精进，谨慎莫放逸。”（元照：上 4/239c）很多禅师谆谆告诫弟子，要充分利用夏安居的时间，务使“日日无空缺”（大慧普觉语，蕴闻：4/825a），“夏不虚过”（沩山灵祐语，语风圆信等：583b）；切莫“收拾些子涕唾，便当平生事了”（雪峰义存语，悟明：21/185c）。当然，证悟的过程漫长而艰辛，根机稍钝者，一两次安居恐怕难以办到，所以明僧楚山绍琦解制之日开示云：“莫论长期短期，百日千日，结制解制，但以举起话头为始。若一年不悟，参一年；十年不悟，参十年；二十年不悟，参二十年。尽平生不悟，决定不移此志，直须要见个真实究竟处，方是放参之日也。”（袾宏：1104b）为博春闱一鸣、南宫折桂，科场中人过夏期间，“读书著文，无阙日时”，其表现同佛教徒安居修行之坚忍精勤，有不少近似之处，唯其目的迥异——一个是凡俗和入世的，一个则是宗教和出世的。

俗世书生过夏期间吟诗作文称为夏课，而佛家安居也须做功课（课诵），譬如唐僧法诚“每夏课经必五百过，余日亦必再过”（昙噩：10/156b）。此种功课有时会被冠上夏课之名，宋律师守一在《答日本芿法师教观诸问》的序言中，自谦其答问或因“冗迫夏课”而“义多未安”（上/727b）。读书人过夏时会组织私试，模拟科举考试，以检验夏课成果，而佛家安居则行锁试之法，“勘辨人才，策其未进”，其规矩仪节（如住持出题，监寺巡查，不许夹带，批阅卷子，评判优劣等）亦是举人私试题中应有之义，详见《增修教苑清规·安居门·锁试》（自庆：下/335a~c）。

毋庸赘言，安居修行首要的条件是处所幽静，诗僧齐己《送乾康禅师入山过夏》云：“由来喧滑境，难驻寂寥踪。逼夏摇孤锡，离城入乱峰”（5/3a）；然而所在也不能太过荒僻，琅玡慧觉禅师示众语曰：“一不得向万里无寸草处去，二不得孤峰独宿”（悟明：12/112a）。《四分律删补随机羯磨》引《明了论》，总结了安居的五不可：“一大远聚落，求须难得；二太近城市，妨修出道；三多蚊虬，自他两损；四无可依人，可依人要具五德，一求闻令闻，二已闻令清净，三能决疑网，四通达无滞，五正见；五无施主供给药食，并不可安居。”（道宣 a：下/504a）居近繁华，固然妨碍清修，然远离尘嚣，亦不利于证道。盖远离尘嚣，不唯信众供养为难，且乏相互切磋砥砺之人。同样道理，举子过夏也要求环境清幽而不闭塞，能衣食无忧地攻读诗书，必要的时候，能从朋友那里得到情感的关爱和学业的提携。如此，便不难理解举子过夏为何首选山林寺院而非城市平原。

举人过夏与佛教安居间的联系，曾为日僧无著道忠所注意。《禅林象器笺·丛轨门·过夏》引述禅书和外典——包括《唐国史补》、《遁斋闲览》（文略同《南部新书》）、《卢氏小说》（《太平广记》引）——中几条过夏资料后，下按语说：“科举名目有过夏，取佛书准仿也。或看此，为此目出俗书，非也。”（6/9/710~1）但道忠并未提出确凿的证据。以为“此目出俗书”者，或许是宋孤山沙门智圆。智圆《病课集序》谈到他天禧四年夏病中作诗七十首，题曰《病课集》，“其犹儒家流，修仕进之道，退而肄业，谓之过夏，执业以出，谓之夏课，吾以病中所得，病差而写出，谓之病课，不亦宜邪”（11/882b）。很明显，智圆的看法是错误的——过夏这个术语，更早出现在佛教典籍而非教外文献之中。

综上，唐人习业山林寺院之风尚，为举人阶层僧寺过夏的大背景；彼辈所谓过夏，固属佛教名词，其起止时间与僧徒安居大致契合，夏课可与僧徒课诵比类，私试也同安居锁试相似，可知唐代科场过夏习俗当受佛教安居制度之影响。这种影响纵使缺乏直接的铁证，但我们相信，至少前者从后者借鉴、挪用了过夏这个称谓。

四十为儒是病身:麻衣与释褐

麻衣未掉浑身雪,皂盖难遮满面尘。

——李山甫《下第卧疾卢员外召游曲江》

(彭定求等:643/7365)

东归还著旧麻衣,争免花前有泪垂。

——杜荀鹤《出关投孙侍御》(唐风集中/74)

古代服饰制度虽然迭有变更,但基本的原则是不变的,“衣服下上,各依品秩,上得通下,下不得僭上”(王溥:31/569)。唐人非常重视服章,对衣服的质料、式样和颜色等都有明文规定,特定的服色标识着官职的尊卑和社会地位的高下。庶人服色或用黄色,或用白色——从史籍所载实例看,服白多于服黄(参李斌城等:2/102;吴玉贵:2/128),质料则以粗绸和麻葛布为主,如有违越,“其布衣,五年不得选举”(王溥:31/577),惩罚是非常严厉的。

白衣也是唐朝未入仕途的读书人的常服——此制一直延续到明代,

洪武(1368~1398)以后才改为玉色(郎瑛:26/281;胡震亨:18/197)——在学生徒和乡贡举人皆服白(欧阳修等:24/522;王林:1/8),所以时人有“袍似烂银”(王定保:7/74)的说法。不过,当他们寻求解荐之际,还要穿上一件似乎是特制的标志性麻衣。《唐音癸签·进士科故实》说:“举子麻衣通刺,称乡贡。”(胡震亨:18/197)同这些拿着名片投考的乡贡举人一样,学馆生徒也要穿着麻衣。最迟在每年的十月份,数千身穿麻衣的举人集于京师,形成长安城一道很醒目的风景——“麻衣如雪,纷然满于九衢”。

举人在州府给解前要换上麻衣。唐末宰相刘瞻的父亲刘景,年轻时是司徒郑细的书童,掌笔札,通文词,曾题诗于商山驿,郑细见到后大为吃惊,“勉以进修,俾前驿换麻衣,执贽之后致解荐”(孙光宪:3/47)。麻衣就试,取得州府的解状,行过乡饮酒礼之后,举人就首途赴京,“旅人随计日,自笑比麻衣”(黄滔《襄州试白云归帝乡》,4/2a),“古陌寒风来去吹,马蹄尘旋上麻衣”(杜荀鹤《书事投所知》,唐风集中/63),从此开始辗转沉浮于漫漫科举路,直到关试结束,他们始终是麻衣在身。

麻衣色白,故当时称举子尤其是进士为“白衣公卿”或“一品白衫”。社会舆论的推重,使麻衣脱离了最初的功能,不再是一种纯粹的标志,而是附加了一层强调高贵身份的象征意义。这种观念扎根在许多人内心深处,有些人因此做出十分滑稽的举动。晚唐郑愚生性好浮华,喜欢耸人听闻,他生平有一件憾事,就是在他应进士举的时候,没有向魏公崔铉行过卷。后来他官拜岭南节度使,赴任途中,路经崔铉坐镇的荆南,于是抓住这个机会,“于客次换麻衣,先贽所业”,登门造访,补上行卷的一课(孙光宪:3/53)。实际上,此时郑愚已是朝中三品大员,脱去麻衣已经很久了。

然而对大多数命乖运蹇的举人来说，麻衣（白衣）其实只是科场生涯的辛酸见证。宋济老于文场而一生不第，他为人粗枝大叶，试诗赋时心不在焉，“误失官韵”，于是抚胸长叹，自责道：“宋五又坦率矣！”这样一个心直口快的人，却被人认为举止可笑，放肆地拿他身上的麻衣开玩笑：“近日白袍子何太纷纷？”（李肇：下/56）竟陵人刘虚白早年与裴坦同窗，两人一起参加进士考试，裴坦及第，刘虚白落榜；二十多年后，裴坦知贡举，刘虚白仍是麻衣应试的恓惶举子，考杂文那天夜里，刘虚白于帘前献一绝句云：“二十年前此夜中，一般灯烛一般风。不知岁月能多少，犹著麻衣待至公。”（王定保：4/47）

类似的悲苦之音屡屡见于唐诗。如顾非熊《会中赋得新年》：“那堪独惆怅，犹是白衣身”（彭定求等：509/5789）；李咸用《和友人喜相遇十首》其九：“麻衣未识帝城尘，四十为儒是病身”（6/7a）。到了四十岁这个古人认为可以出仕做官的年龄，还是多愁多病落落寡合的儒生，当年初披麻衣的荣耀感早已烟消云散，麻衣变成了一个烙在身上的鲜明而刺眼的印记，如影随形，时刻提醒他们曾经历的失败和耻辱：“如病如痴二十秋，求名难得又难休。回看骨肉须堪耻，一著麻衣便白头。”（刘得仁《省试日上崔侍郎四首》二，彭定求等：545/6304）功名之路难于上青天，陷身名利网中的举人们累遭败绩，衣敝囊空，然而进取之心依旧如大火般炽烈，他们强颜欢笑，掩藏满腔的酸涩苦楚，即使眼花了，头白了，肉体衰朽，精神不济，仍然不肯解去麻衣——日久天长，这件跟随他们出入场屋的麻衣已然内化为心灵的一部分，延伸着他们的欲望，也侵蚀着他们的梦想。

吏部关试后，及第举子才能正式脱下麻衣。曲江宴集由于是新进士的私人活动，通常不必穿麻衣。曹邺《杏园即席上同年》诗曰：“故衣未及换，尚有去年泪。”（7）言下之意是说，在杏园宴上照例可换掉麻

图 65　宋马远孔丘像

故宫博物院藏

刘允章博雅好古，他的做法属于个人行为。通常，这类官方活动还是要穿着麻衣的。

衣。而关试前的一些官方仪式，却要求他们身着麻衣。韩偓有一首诗写麻衣参谒宰相："暗惊凡骨升仙籍，忽讶麻衣谒相庭。"(《及第过堂日作》，3/585)"暗惊"和"忽讶"两个词，传神地描摹出中举后心理的起伏变化。咸通九年(868)，礼部侍郎刘允章为弘扬儒风，让新科进士服青袍冠介帻拜谒孔子像，"有洙泗之风"(钱易：乙/20)。这是在关试前脱去麻衣的特例，或许可以视为后代释褐礼的滥觞。

释褐的意思是把布衣换成官服，即及第后立刻授官。这一制度始于宋初，《事物纪原·学校贡举部·释褐》说："《宋朝会要》曰：太平兴国二年正月十二日，赐新及第进士诸科吕蒙正以下绿袍、靴笏，非常例也。御前释褐，盖自是始。"(高承：3/171)而在唐代，举人登进士第后，还要通过吏部的关试，取得春关，始成为吏部的选人，有了新的称谓"前（乡贡）进士"——"进士及第而于时无官，谓之前进士"(司马光

1956:253/8222 胡三省注)——此时及第进士只是获得了出身,也就是入仕做官的资格(官资),除非特例,还须经过一定年限的守选(等候朝廷选官),他们每年要按时参加吏部的冬集,铨选考试合格(谓之"登科"),方可解褐授官。换句话说,关试后,及第进士脱掉的只是荐送时穿上的麻衣,却未能如后世通行的那样马上释褐。《蔡宽夫诗话·唐制举情形》说:"唐举子既放榜,止云及第,皆守选而后释褐,选未满而再试,判为拔萃于吏部,或就制举而中,方谓之登科。"(郭绍虞:下/418)《十七史商榷·登第未即释褐》更进而申说:

> 东莱吕氏云:"唐制,得第后不即释褐,或再应皆中,或为人论荐,然后释褐。"此条极为中肯,如《新书·选举志》云:"选未满而试文三篇,谓之宏词,试判三条,谓之拔萃,中者即授官。"此盖指登第后未得就选,故曰"选未满",中宏词拔萃即授官,此吕氏所谓"再应皆中,然后释褐"也。……若为人论荐得官,则散见《新》《旧》各列传者更多,不可枚举。(王鸣盛:81/1150~1)

韩愈《与凤翔邢尚书书》:"愈也,布衣之士也。生七岁而读书,十三而能文,二十五而擢第于春官,以义名于四方。"(2010:8/842)退之贞元八年登第,作此书时——约此年至十年(794)之间——仍自称"布衣";十一年二十八岁时,三上《上宰相书》,犹自称"前乡贡进士",这时他虽然"名不著于农工商贾之版",却迄未释褐,所以文中说:"四举于礼部乃一得,三选于吏部卒无成"(2010:6/646)。李商隐开成二年登第,明年应博学宏词不中,《与陶进士书》所谓"有中书长者曰:'此人不堪',抹去之"(2002:编年文/435)是也;至四年(839)方以判入等,释褐为秘书省校书郎,调补弘农尉(参冯浩《玉谿生年谱》,李商隐 1998:附录 3/848~52)。此皆唐人关试后不即释褐之明证。于良史《自吟》:“出身三十年,发白衣犹碧。日暮倚朱门,从朱污袍赤”(彭定求等:275/3119),说的就是这个意思。

许棠《讲德陈情上淮南李仆射八首》其八:“丹霄空把桂枝归,白首依前着布衣。当路公卿谁见待,故乡亲爱自疑非。东风乍喜还沧海,栖旅终愁出翠微。应念无媒居选限,二年须更守渔矶。”(彭定求等:604/6984-5)许棠咸通十二年中进士,次年春,上此诗于淮南节度使李蔚,从诗意看,当时犹未得官(参辛文房:4/9/25~6)。进士出身多年而未得与官,甚至终生无望者,这在唐季并非个别现象。故欧阳詹有诗曰:“犹著褐衣何足羡,如君即是载鸣时。”(《及第后酬故园亲故》,2/26a)他在《上郑相公书》中自谓,“五试于礼部方售乡贡进士,四试于吏部始授四门助教”(8/82b),可知他对此是感触颇深的。

《文献通考·选举考·举士》论唐时取士人数之少,云“每岁及第者,极盛之时不能五十人”,又说:

> 唐士之及第者,未能便解褐入仕,尚有试吏部一关。韩文公三试于吏部无成,则十年犹布衣,且有出身二十年不获禄者。(马端临:29/862)

以韩愈之道德文章,尚且如此,更遑论其余。像郭元振、何扶那样今年及第明年即登科的,毕竟是少数,故《唐摭言》为之专立一门(王定保:3/28)。大多数及第者的仕途并非一帆风顺,特别是家境贫寒、社会地位不高的士人,宦海风波更是难以预测。他们“乡举秀才,射策甲科”,几十年后仍然“羸马青袍客江潭间”(独孤及《送孟评事赴上都序》,16/6a)。——唐时读书人登第后得官之艰难,于此大致可见。

参考文献

阿地瞿多译:《陀罗尼集经》,《大正新修大藏经》本(第18册)
白居易撰,朱金城笺校:《白居易集笺校》,上海古籍出版社,1988年
白居易撰,谢思炜校注:《白居易诗集校注》,中华书局,2006年
白居易撰,谢思炜校注:《白居易文集校注》,中华书局,2011年
班固撰,颜师古注:《汉书》,中华书局,1962年
不空译:《如意宝珠转轮秘密现身成佛金轮咒王经》,《大正新修大藏经》本(第19册)
曹林娣等辑注:《启颜录》,上海古籍出版社,1990年
曹邺撰,梁超然等注:《曹邺诗注》,上海古籍出版社,1982年
岑参撰,廖立笺注:《岑嘉州诗笺注》,中华书局,2004年
岑仲勉撰:《岑仲勉史学论文集》,中华书局,1990年
晁说之撰:《嵩山文集》,《四部丛刊续编》本
陈登原撰:《国史旧闻》,中华书局,2000年
陈基撰:《夷白斋稿》,《四部丛刊三编》本

陈尚君辑校:《全唐诗补编》,中华书局,1992 年
陈思纂次:《宝刻丛编》,《丛书集成新编》本(第 51 册),新文丰出版公司,1985 年
陈文华校注:《唐女诗人集三种》,上海古籍出版社,1984 年
陈寅恪撰:《唐代政治史述论稿》,载《隋唐制度渊源略论稿·唐代政治史述论稿》,生活·读书·新知三联书店,2001 年(a)
陈寅恪撰:《元白诗笺证稿》,生活·读书·新知三联书店,2001 年(b)
陈元靓编:《岁时广记》,《丛书集成新编》本(第 43 册),新文丰出版公司,1985 年
陈元靓编:《事林广记》,《和刻本类书集成》本(第 1 辑),上海古籍出版社,1990 年
陈垣撰:《陈垣学术论文集》第二集,中华书局,1982 年
陈子昂撰,徐鹏校点:《陈子昂集(修订本)》,上海古籍出版社,2013 年
程大昌撰:《演繁露》,《丛书集成新编》本(第 11 册),新文丰出版公司,1985 年
程大昌撰,黄永年点校:《雍录》,中华书局,2002 年
程大昌撰,刘尚荣校证:《考古编》,载《考古编·续考古编》,中华书局,2008 年
程俊英等注:《诗经注析》,中华书局,1991 年
程千帆撰:《唐代进士行卷与文学》,上海古籍出版社,1980 年
崔令钦撰,任半塘笺订:《教坊记笺订》,中华书局,2012 年
戴埴撰:《鼠璞》,《丛书集成新编》本(第 12 册),新文丰出版公司,1985 年
道宣集:《四分律删补随机羯磨》,《大正新修大藏经》本(第 40 册)(a)
道宣撰:《广弘明集》,《大正新修大藏经》本(第 52 册)(b)
道宣撰:《续高僧传》,《大正新修大藏经》本(第 50 册)(c)
道原撰:《景德传灯录》,《大正新修大藏经》本(第 51 册)

德焊重编，大訢校正：《敕修百丈清规》，《大正新修大藏经》本（第 48 册）
丁福保辑：《历代诗话续编》，中华书局，1983 年
　　陈岩肖撰：《庚溪诗话》，载《历代诗话续编》
　　李东阳撰：《麓堂诗话》，载《历代诗话续编》
丁福保编：《佛学大辞典》，上海佛学书局，1999 年
董诰等编：《全唐文》，中华书局，1983 年
董逌撰：《广川画跋》，《丛书集成新编》本（第 52 册），新文丰出版公司，1985 年(a)
董逌撰：《广川书跋》，《丛书集成新编》本（第 48 册），新文丰出版公司，1985 年(b)
独孤及撰：《毗陵集》，《四部丛刊初编》本
杜甫撰，仇兆鳌注：《杜诗详注》，中华书局，1979 年
杜甫撰，萧涤非主编：《杜甫全集校注》，人民文学出版社，2014 年
杜甫撰，谢思炜校注：《杜甫集校注》，上海古籍出版社，2015 年
杜牧撰，吴在庆校注：《杜牧集系年校注》，中华书局，2008 年
杜荀鹤撰：《杜荀鹤诗》，载《聂夷中诗·杜荀鹤诗》，中华书局，1959 年
杜佑撰，王文锦等点校：《通典》，中华书局，1988 年
段成式撰，许逸民校笺：《酉阳杂俎校笺》，中华书局，2015 年
法显撰：《高僧法显传》（《佛国记》），《大正新修大藏经》本（第 51 册）
法云编：《翻译名义集》，《大正新修大藏经》本（第 54 册）
范坰等撰：《吴越备史》，《丛书集成新编》本（第 115 册），新文丰出版公司，1985 年
范摅撰，唐雯校笺：《云溪友议校笺》，中华书局，2017 年
房玄龄等撰：《晋书》，中华书局，1974 年
封演撰，赵贞信校注：《封氏闻见记校注》，中华书局，2005 年

冯贽编撰,张力伟点校:《云仙散录》,中华书局,2008年,第2版
佛驮跋陀罗译:《大方广佛华严经》,《大正新修大藏经》本(第10册)
佛陀耶舍等译:《长阿含经》,《大正新修大藏经》本(第1册)(a)
佛陀耶舍等译:《四分律》,《大正新修大藏经》本(第22册)(b)
傅璇琮撰:《唐代诗人丛考》,中华书局,1980年
傅璇琮撰:《唐代科举与文学》,陕西人民出版社,2003年,第2版
傅璇琮主编,龚延明等编撰:《宋登科记考》,江苏教育出版社,2009年
高承撰,李果订,金圆等点校:《事物纪原》,中华书局,1989年
高明撰,钱南扬校注:《元本琵琶记校注》,上海古籍出版社,1980年
高適撰,孙钦善校注:《高適集校注》,上海古籍出版社,1984年
高似孙撰:《纬略》,《丛书集成新编》本(第12册),新文丰出版公司,1985年
高彦休撰:《唐阙史》,《丛书集成新编》本(第86册),新文丰出版公司,1985年
顾况撰,赵昌平校编:《顾况诗集》,江西人民出版社,1983年
顾炎武撰,黄汝成集释,栾保群等校点:《日知录集释(全校本)》,上海古籍出版社,2006年
顾祖禹撰,贺次君等点校:《读史方舆纪要》,中华书局,2005年
关汉卿撰,蓝立蓂校注:《汇校详注关汉卿集》,中华书局,2006年
归有光撰,周本淳校点:《震川先生集》,上海古籍出版社,1981年
郭绍虞编:《宋诗话辑佚》,中华书局,1980年
蔡宽夫撰:《蔡宽夫诗话》,载《宋诗话辑佚》
李颀撰:《古今诗话》,载《宋诗话辑佚》
韩鄂编:《岁华纪丽》,《和刻本类书集成》本(第1辑),上海古籍出版社,1990年
韩偓撰,吴在庆校注:《韩偓集系年校注》,中华书局,2015年

韩愈撰,刘真伦等校注:《韩愈文集汇校笺注》,中华书局,2010 年
韩愈撰,方世举笺注,郝润华等整理:《韩昌黎诗集编年笺注》,中华书局,2012 年
何光远撰:《鉴诫录》,《丛书集成新编》本(第 86 册),新文丰出版公司,1985 年
何薳撰,张明华点校:《春渚纪闻》,中华书局,1983 年
何文焕辑:《历代诗话》,中华书局,1981 年
葛立方撰:《韵语阳秋》,载《历代诗话》
刘攽撰:《中山诗话》(《刘贡父诗话》),载《历代诗话》
洪亮吉撰,刘德权点校:《洪亮吉集》,中华书局,2001 年
洪迈撰,孔凡礼点校:《容斋随笔》,中华书局,2005 年
胡震亨撰:《唐音癸签》,上海古籍出版社,1981 年
胡仔纂集,廖德明校点,周本淳重订:《苕溪渔隐丛话》,人民文学出版社,1993 年,第 2 版
华镇撰:《云溪居士集》,《宋集珍本丛刊》本(第 28 册),线装书局,2004 年
黄滔撰:《唐黄御史公集》,《四部丛刊初编》本
黄庭坚撰,马兴荣等校注:《山谷词校注》,上海古籍出版社,2011 年
黄一正编:《事物绀珠》,《四库全书存目丛书》本(子部第 200 册),齐鲁书社,1995 年
慧皎撰,汤用彤校注,汤一玄整理:《高僧传》,中华书局,1992 年
慧立等撰,孙毓棠等点校:《大慈恩寺三藏法师传》,载《大慈恩寺三藏法师传·释迦方志》,中华书局,2000 年
计有功撰,王仲镛校笺:《唐诗纪事校笺》,中华书局,2007 年
纪昀撰:《阅微草堂笔记》,上海古籍出版社,1980 年
贾岛撰,齐文榜校注:《贾岛集校注》,人民文学出版社,2001 年

江少虞编纂:《宋朝事实类苑》,上海古籍出版社,1981 年
焦竑撰,李剑雄点校:《焦氏笔乘》,中华书局,2008 年
静筠二禅师编撰,孙昌武等点校:《祖堂集》,中华书局,2007 年
康骈撰:《剧谈录》,古典文学出版社,1958 年
兰陵笑笑生撰,白维国等校注:《金瓶梅词话校注》,岳麓书社,1995 年
郎瑛撰:《七修类稿》,上海书店出版社,2001 年
李翱撰:《李文公集》,《四部丛刊初编》本
李白撰,詹锳主编:《李白全集校注汇释集评》,百花文艺出版社,1996 年
李斌城等撰:《隋唐五代社会生活史》,中国社会科学出版社,1998 年
李德裕撰,傅璇琮等校笺:《李德裕文集校笺》,中华书局,2018 年
李昉等编:《太平御览》,中华书局,1960 年
李昉等编,汪绍楹点校:《太平广记》,中华书局,1961 年,新 1 版
李昉等编,张国风会校:《太平广记会校》,北京燕山出版社,2011 年
李复言撰,程毅中点校:《续玄怪录》,载《玄怪录·续玄怪录》,中华书局,2006 年
李贺撰,吴企明笺注:《李长吉歌诗编年笺注》,中华书局,2012 年
李剑国辑校:《唐五代传奇集》,中华书局,2015 年
李剑国撰:《唐五代志怪传奇叙录(增订本)》,中华书局,2017 年
李林甫等撰,陈仲夫点校:《唐六典》,中华书局,1992 年
李玫撰,李宗为校点:《纂异记》,载《纂异记·甘泽谣》,上海古籍出版社,1991 年
李频撰:《梨岳诗集》,《四部丛刊三编》本
李颀撰,王锡九校注:《李颀诗歌校注》,中华书局,2018 年
李清照撰,黄墨谷辑校:《重辑李清照集》,中华书局,2009 年
李群玉撰:《李群玉诗集》,《四部丛刊初编》本

李冗撰,张永钦等点校:《独异志》,载《独异志·宣室志》,中华书局,1983 年
李商隐撰,冯浩笺注:《玉谿生诗集笺注》,上海古籍出版社,1998 年
李商隐撰,刘学锴等校注:《李商隐文编年校注》,中华书局,2002 年
李商隐撰,刘学锴等集解:《李商隐诗歌集解(增订重排本)》,中华书局,2004 年,第 2 版
李绅撰,卢燕平校注:《李绅集校注》,中华书局,2009 年
李时人编校,何满子审定,詹绪左覆校:《全唐五代小说》,中华书局,2014 年
李时珍撰,刘衡如等校注,杨淑华协助:《本草纲目新校注本》,华夏出版社,2008 年
李焘撰,上海师范大学古籍整理研究所等点校:《续资治通鉴长编》,中华书局,1993 年
李咸用撰:《唐李推官披沙集》,《四部丛刊初编》本
李益撰,范之麟注:《李益诗注》,上海古籍出版社,1984 年
李肇撰:《唐国史补》,载《唐国史补·因话录》,上海古籍出版社,1979 年,新 1 版
李遵勗编:《天圣广灯录》,《卍新纂续藏经》本(第 78 册)
林逋撰,沈幼征校注:《林和靖集》,浙江古籍出版社,2012 年
刘轲撰:《刘希仁文集》,《丛书集成新编》本(第 73 册),新文丰出版公司,1985 年
刘克庄撰,辛更儒笺校:《刘克庄集笺校》,中华书局,2011 年
刘肃撰,许德楠等点校:《大唐新语》,中华书局,1984 年
刘悚撰,程毅中点校:《隋唐嘉话》,载《隋唐嘉话·朝野佥载》,中华书局,1979 年
刘蜕撰:《唐刘蜕集》,《四部丛刊初编》本
刘昫等撰:《旧唐书》,中华书局,1975 年

刘禹锡撰,瞿蜕园笺证:《刘禹锡集笺证》,上海古籍出版社,1989年
刘毓崧撰:《通义堂文集》,《续修四库全书》本(第1546册)
刘长卿撰,储仲君笺注:《刘长卿诗编年笺注》,中华书局,1996年
柳宗元撰,尹占华等校注:《柳宗元集校注》,中华书局,2013年
鲁迅撰:《南腔北调集》,《鲁迅全集》本(第4卷),人民文学出版社,2005年
陆龟蒙撰,何锡光校注:《陆龟蒙全集校注》,凤凰出版社,2015年
陆容撰:《菽园杂记》,中华书局,1985年
陆游撰,钱仲联校注:《剑南诗稿校注》,上海古籍出版社,2005年
陆贽撰,王素点校:《陆贽集》,中华书局,2006年
罗宁点校:《大唐传载(外三种)》,中华书局,2019年
　　不著撰人:《大唐传载》,载《大唐传载(外三种)》
　　李绰撰:《尚书故实》,载《大唐传载(外三种)》
　　李濬撰:《松窗杂录》,载《大唐传载(外三种)》
　　张固撰:《幽闲鼓吹》,载《大唐传载(外三种)》
罗邺撰,何庆善等注:《罗邺诗注》,上海古籍出版社,1990年
罗隐撰,雍文华辑校:《罗隐集》,中华书局,1983年
骆天骧撰,黄永年点校:《类编长安志》,中华书局,1990年
马端临撰,上海师范大学古籍研究所等点校:《文献通考》,中华书局,2011年
毛德琦撰:《庐山志》,《四库全书存目丛书》本(史部第239~240册),齐鲁书社,1996年
美国不列颠百科全书公司编著,中国大百科全书出版社《不列颠百科全书》国际中文版编辑部编译:《不列颠百科全书:国际中文版》,中国大百科全书出版社,2007年,修订版
孟浩然撰,佟培基笺注:《孟浩然诗集笺注》,上海古籍出版社,2000年
孟晖撰:《潘金莲的发型》,江苏人民出版社,2005年

孟郊撰,华忱之等校注:《孟郊诗集校注》,人民文学出版社,1995年
孟元老撰,伊永文笺注:《东京梦华录笺注》,中华书局,2006年
妙源编:《虚堂和尚语录》,《大正新修大藏经》本(第47册)
穆彰阿等纂修:《嘉庆重修一统志》,中华书局,1986年
牛僧孺撰,程毅中点校:《玄怪录》,载《玄怪录·续玄怪录》,中华书局,2006年
牛肃撰,李剑国辑校:《纪闻辑校》,中华书局,2018年
欧阳修撰,李逸安点校:《欧阳修全集》,中华书局,2001年
欧阳修撰,洪本健校笺:《欧阳修诗文集校笺》,上海古籍出版社,2009年
欧阳修等撰:《新唐书》,中华书局,1975年
欧阳詹撰:《欧阳行周文集》,《四部丛刊初编》本
裴庭裕撰,田廷柱点校:《东观奏记》,载《明皇杂录·东观奏记》,中华书局,1994年
裴铏撰,周楞伽辑注:《传奇》,上海古籍出版社,1980年
彭定求等编:《全唐诗》,中华书局,1960年
皮日休撰,萧涤非等整理:《皮子文薮》,上海古籍出版社,1981年
冯翊子撰:《桂苑丛谈》,载《松窗杂录·杜阳杂编·桂苑丛谈》,中华书局,1958年
齐己撰:《白莲集》,《四部丛刊初编》本
启功等主编:《中国法帖全集》第四册,湖北美术出版社,2002年
钱南扬校注:《永乐大典戏文三种校注》,中华书局,1979年
钱易撰,黄寿成点校:《南部新书》,中华书局,2002年
钱钟书撰:《宋诗选注》,生活·读书·新知三联书店,2002年
秦韬玉撰,李之亮注:《秦韬玉诗》,载《秦韬玉诗注·李远诗注》,上海古籍出版社,1989年
权德舆撰,郭广伟校点:《权德舆诗文集》,上海古籍出版社,2008年

戎昱撰,臧维熙注:《戎昱诗注》,上海古籍出版社,1982年
阮元校刻:《十三经注疏》,中华书局,1980年
郑玄注,孔颖达疏:《礼记正义》,载《十三经注疏》
阮阅编,周本淳校点:《诗话总龟》,人民文学出版社,1987年
若那跋陀罗译:《大般涅槃经后分》,《大正新修大藏经》本(第12册)
僧祐撰,苏晋仁等点校:《出三藏记集》,中华书局,1995年
沈括撰,金良年点校:《梦溪笔谈》,上海书店出版社,2003年
沈亚之撰,肖占鹏等校注:《沈下贤集校注》,南开大学出版社,2003年
沈与求撰:《沈忠敏公龟谿集》,《四部丛刊续编》本
施耐庵等撰:《水浒传》,人民文学出版社,1997年,第2版
守一述,行枝编:《终南家业》,《卍新纂续藏经》本(第59册)
司空曙撰,文航生校注:《司空曙诗集校注》,人民文学出版社,2011年
司空图撰,祖保泉等笺校:《司空表圣诗文集笺校》,安徽大学出版社,2002年
司马光撰,胡三省音注:《资治通鉴》,中华书局,1956年
司马光撰,李文泽等校点:《司马光集》,四川大学出版社,2010年
司马迁撰,裴骃集解,司马贞索隐,张守节正义:《史记》,中华书局,1982年,第2版
宋濂等撰:《元史》,中华书局,1976年
宋敏求编:《唐大诏令集》,商务印书馆,1959年
宋敏求撰:《长安志》,《丛书集成新编》本(第96册),新文丰出版公司,1985年
苏鹗撰:《杜阳杂编》,载《松窗杂录·杜阳杂编·桂苑丛谈》,中华书局,1958年
苏轼撰,王文诰辑注,孔凡礼点校:《苏轼诗集》,中华书局,1982年
苏轼撰,孔凡礼点校:《苏轼文集》,中华书局,1986年
孙昌武撰:《唐长安佛寺考》,载《唐研究》第2卷,北京大学出版社,1996

年,第 1~49 页
孙光宪撰,贾二强点校:《北梦琐言》,中华书局,2002 年
孙棨撰:《北里志》,载《教坊记·北里志·青楼集》,古典文学出版社,1957 年
孙樵撰:《唐孙樵集》,《四部丛刊初编》本
孙星衍撰:《孙渊如先生全集》,《万有文库》本,商务印书馆,民国二十四年(1935)
昙噩述:《新修科分六学僧传》,《卍新纂续藏经》本(第 77 册)
唐慎微撰:《重修政和证类本草》,《四部丛刊初编》本
陶穀撰,郑村声等整理:《清异录》,《全宋笔记》本(第 1 编第 2 册),大象出版社,2003 年
陶慕宁撰:《青楼文学与中国文化》,东方出版社,1993 年
陶岳撰:《五代史补》,《丛书集成续编》本(第 274 册),新文丰出版公司,1989 年
陶宗仪辑:《说郛》(宛委山堂本),《说郛三种》本,上海古籍出版社,1988年
汪云程撰:《蹴踘图谱》,载《说郛》(宛委山堂本)卷一〇一
韦巨源撰:《食谱》,载《说郛》(宛委山堂本)卷九五
郑望撰:《膳夫录》,载《说郛》(宛委山堂本)卷九五
脱脱等撰:《金史》,中华书局,1975 年
脱脱等撰:《宋史》,中华书局,1977 年
王勃撰,蒋清翊注:《王子安集注》,上海古籍出版社,1995 年
王昌龄撰,胡问涛等校注:《王昌龄集编年校注》,巴蜀书社,2000 年
王谠撰,周勋初校证:《唐语林校证》,中华书局,1987 年
王定保撰:《唐摭言》,中华书局,1959 年,新 1 版
王夫之撰:《王船山诗文集》,中华书局,1962 年
王观国撰,田瑞娟点校:《学林》,中华书局,1988 年

王建撰,尹占华校注:《王建诗集校注》,巴蜀书社,2006年
王明清撰:《挥麈录》,上海书店出版社,2001年
王鸣盛撰,黄曙辉点校:《十七史商榷》,上海古籍出版社,2013年
王闢之撰,吕友仁点校:《渑水燕谈录》,载《渑水燕谈录·归田录》,中华书局,1981年
王溥撰:《唐会要》,中华书局,1955年
王钦若等编纂,周勋初等校订:《册府元龟(校订本)》,凤凰出版社,2006年
王仁裕撰,曾贻芬点校:《开元天宝遗事》,载《开元天宝遗事·安禄山事迹》,中华书局,2005年
王维撰,陈铁民校注:《王维集校注》,中华书局,1997年
王勋成撰:《唐代铨选与文学》,中华书局,2001年
王应麟辑:《玉海》,江苏古籍出版社,上海书店,1987年
王袜撰,诚刚点校:《燕翼诒谋录》,载《默记·燕翼诒谋录》,中华书局,1981年
王恽撰,杨亮等点校:《王恽全集汇校》,中华书局,2013年
韦绚撰,陶敏等校注:《刘宾客嘉话录》,中华书局,2019年
韦应物撰,孙望编著:《韦应物诗集系年校笺》,中华书局,2002年
韦庄撰,聂安福笺注:《韦庄集笺注》,上海古籍出版社,2002年
魏收撰:《魏书》,中华书局,1974年
魏泰撰,李裕民点校:《东轩笔录》,中华书局,1983年
魏徵等撰:《隋书》,中华书局,1973年
温庭筠撰,刘学锴校注:《温庭筠全集校注》,中华书局,2007年
文天祥撰:《文天祥全集》,北京市中国书店,1985年
文莹撰,郑世刚等点校:《玉壶清话》,载《湘山野录·续录·玉壶清话》,中华书局,1984年
翁方纲撰:《复初斋诗集》,《续修四库全书》本(第1454~1455册)

无著道忠:《禅林象器笺》,《佛学辞书集成》本(第6~7册),汕头大学出版社,1996年

吴承恩撰,黄素秋注释,李洪甫校订:《西游记》,人民文学出版社,2010年,第3版

吴处厚撰,李裕民点校:《青箱杂记》,中华书局,1985年

吴企明点校:《教坊记(外三种)》,中华书局,2012年

崔令钦撰:《教坊记》,载《教坊记(外三种)》

郑綮撰:《开天传信记》,载《教坊记(外三种)》

吴任臣撰,徐敏霞等点校:《十国春秋》,中华书局,2010年

吴玉贵撰:《中国风俗通史·隋唐五代卷》,上海文艺出版社,2001年

吴曾撰:《能改斋漫录》,上海古籍出版社,1979年,新1版

吴自牧撰:《梦粱录》,浙江人民出版社,1980年

吴宗国撰:《唐代科举制度研究》,辽宁大学出版社,1997年

悟明集:《联灯会要》,《卍新纂续藏经》本(第79册)

夏婧点校:《奉天录(外三种)》,中华书局,2014年

刘崇远撰:《金华子杂编》,载《奉天录(外三种)》

佚名撰:《新辑玉泉子》,载《奉天录(外三种)》

尉迟偓撰:《中朝故事》,载《奉天录(外三种)》

向达撰:《唐代长安与西域文明》,河北教育出版社,2001年

萧统编,李善注:《文选》,上海古籍出版社,1986年

萧子显撰:《南齐书》,中华书局,1972年

谢应芳撰:《龟巢稿》,《四部丛刊三编》本

辛文房撰,傅璇琮等校笺:《唐才子传校笺》,中华书局,1987,1989,1990,1995年

徐松撰,赵守俨点校:《登科记考》,中华书局,1984年

徐松撰,张穆校补,方严点校:《唐两京城坊考》,中华书局,1985年

徐松撰,孟二冬补正:《登科记考补正》,北京燕山出版社,2003 年
徐夤撰:《徐公钓矶文集》,《四部丛刊三编》本
许浑撰,罗时进笺证:《丁卯集笺证》,中华书局,2012 年
玄奘等原著,季羡林等校注:《大唐西域记校注》,中华书局,2000 年
薛爱华撰,吴玉贵译:《撒马尔罕的金桃:唐代舶来品研究》,社会科学文献出版社,2016 年
薛居正等撰:《旧五代史》,中华书局,1976 年
薛用弱撰,王达津等点校:《集异记》,载《博异志·集异记》,中华书局,1980 年
严耕望撰:《严耕望史学论文选集》,中华书局,2006 年
严羽撰,郭绍虞校释:《沧浪诗话校释》,人民文学出版社,1961 年
杨鸿年撰:《隋唐两京坊里谱》,上海古籍出版社,1999 年
杨慎撰,王仲镛笺证:《升庵诗话笺证》,上海古籍出版社,1987 年
杨万里撰,辛更儒笺校:《杨万里集笺校》,中华书局,2007 年
杨衒之撰,范祥雍校注:《洛阳伽蓝记校注》,上海古籍出版社,1978 年,新 1 版
姚合撰,吴河清校注:《姚合诗集校注》,上海古籍出版社,2012 年
姚思廉撰:《陈书》,中华书局,1972 年
叶梦得撰,宇文绍奕考异,侯忠义点校:《石林燕语》,中华书局,1984 年
义净译:《根本说一切有部毗奈耶杂事》,《大正新修大藏经》本(第 24 册)
义净撰,王邦维校注:《大唐西域求法高僧传校注》,中华书局,1988 年
义净撰,王邦维校注:《南海寄归内法传校注》,中华书局,1995 年
佚名撰:《绍兴十八年同年小录》,《景印文渊阁四库全书》本(第 448 册)(a)
佚名撰:《宋宝祐四年登科录》,《景印文渊阁四库全书》本(第 451 册)(b)
阴法鲁撰:《阴法鲁学术论文集》,中华书局,2008 年
尹洙撰:《河南先生文集》,《宋集珍本丛刊》本(第 3 册),线装书局,2004 年

雍陶撰,周啸天等注:《雍陶诗注》,上海古籍出版社,1988 年
永瑢等撰,王伯祥断句:《四库全书总目》,中华书局,1965 年
于慎行撰,吕景琳点校:《穀山笔麈》,载《寓圃杂记·穀山笔麈》,中华书局,1984 年
余嘉锡撰:《四库提要辨证》,中华书局,2007 年,第 2 版
语风圆信等编集:《袁州仰山慧寂禅师语录》,《大正新修大藏经》本(第 47 册)
元好问撰,常振国点校:《续夷坚志》,载《续夷坚志·湖海新闻夷坚续志》,中华书局,2006 年,第 2 版
元好问撰,狄宝心校注:《元好问诗编年校注》,中华书局,2011 年
元结撰:《次山集》,《景印文渊阁四库全书》本(第 1071 册)
元照撰:《四分律行事钞资持记》,《大正新修大藏经》本(第 40 册)
元稹撰,周相录校注:《元稹集校注》,上海古籍出版社,2011 年
袁郊撰,李宗为校点:《甘泽谣》,载《纂异记·甘泽谣》,上海古籍出版社,1991 年
圆仁原著,小野胜年校注,白化文等修订校注,周一良审阅:《入唐求法巡礼行记校注》,花山文艺出版社,1992 年
圆照集:《大唐贞元续开元释教录》,《大正新修大藏经》本(第 55 册)(a)
圆照集:《代宗朝赠司空大辨正广智三藏和上表制集》,《大正新修大藏经》本(第 52 册)(b)
蕴闻编:《大慧普觉禅师语录》,《大正新修大藏经》本(第 47 册)
赞宁撰,范祥雍点校:《宋高僧传》,中华书局,1987 年
曾慥编:《类说》,《北京图书馆古籍珍本丛刊》本(第 62 册),书目文献出版社,1988 年
　李绰撰:《秦中岁时记》,载《类说》卷六
　王定保撰:《摭言》,载《类说》卷三四

张邦基撰，孔凡礼点校：《墨庄漫录》，载《墨庄漫录·过庭录·可书》，中华书局，2002年
张采田撰：《玉谿生年谱会笺(外一种)》，上海古籍出版社，2010年，第2版
张读撰，张永钦等点校：《宣室志》，载《独异志·宣室志》，中华书局，1983年
张纲撰：《华阳集》，《四部丛刊三编》本
张弓撰：《汉唐佛寺文化史》，中国社会科学出版社，1997年
张籍撰，徐礼节等校注：《张籍集系年校注》，中华书局，2011年
张九龄撰，熊飞校注：《张九龄集校注》，中华书局，2008年
张礼撰：《游城南记》，《丛书集成新编》本（第96册），新文丰出版公司，1985年
张唐英撰：《蜀梼杌》，《丛书集成新编》本(第115册)，新文丰出版公司，1985年
张廷玉等撰：《明史》，中华书局，1974年
张彦远撰：《历代名画记》，浙江人民美术出版社，2011年
张昱撰：《张光弼诗集》，《四部丛刊续编》本
张鷟撰，赵守俨点校：《朝野佥载》，载《隋唐嘉话·朝野佥载》，中华书局，1979年
张鷟撰，刘允鹏原注，陈春补正：《龙筋凤髓判》，《丛书集成新编》本(第27册)，新文丰出版公司，1985年
长孙无忌等撰，刘俊文点校：《唐律疏议》，中华书局，1983年
赵嘏撰，谭优学注：《赵嘏诗注》，上海古籍出版社，1985年
赵崡撰：《石墨镌华》，《丛书集成新编》本（第51册），新文丰出版公司，1985年
赵璘撰：《因话录》，载《唐国史补·因话录》，上海古籍出版社，1979年，新1版
赵令畤撰，孔凡礼点校：《侯鲭录》，载《侯鲭录·墨客挥犀·续墨客挥犀》，中

华书局,2002 年
赵明诚撰,金文明校证:《金石录校证》,广西师范大学出版社,2005 年
赵慎畛撰,徐怀宝点校:《榆巢杂识》,中华书局,2001 年
赵升编,王瑞来点校:《朝野类要》,中华书局,2007 年
赵守俨撰:《赵守俨文存》,中华书局,1998 年
赵彦卫撰,傅根清点校:《云麓漫钞》,中华书局,1996 年
赵翼撰:《陔余丛考》,中华书局,1963 年
郑谷撰,严寿澂等笺注:《郑谷诗集笺注》,上海古籍出版社,2009 年
郑樵撰,王树民点校:《通志二十略》,中华书局,1995 年
志磐撰:《佛祖统纪》,《大正新修大藏经》本(第 49 册)
智昇撰:《开元释教录》,《大正新修大藏经》本(第 55 册)
智圆撰:《闲居编》,《卍新纂续藏经》本(第 56 册)
中国佛教协会编:《中国佛教》第二辑,东方出版中心,1982 年
周密(四水潜夫)撰:《武林旧事》,西湖书社,1981 年
朱胜非编:《绀珠集》,《景印文渊阁四库全书》本(第 872 册)
李绰撰:《秦中岁时记》,载《绀珠集》卷十
王定保撰:《摭言》,载《绀珠集》卷四
朱熹撰,朱杰人等主编:《晦庵先生朱文公文集》,《朱子全书》本(第 20~25 册),上海古籍出版社,安徽教育出版社,2002 年
朱熹撰:《四书章句集注》,中华书局,2012 年,第 2 版
朱彝尊撰,屈兴国等点校:《朱彝尊词集》,浙江古籍出版社,2011 年
袾宏辑:《禅关策进》,《大正新修大藏经》本(第 48 册)
祝穆撰,祝洙增订,施和金点校:《方舆胜览》,中华书局,2003 年
自庆编述:《增修教苑清规》,《卍新纂续藏经》本(第 57 册)
宗懔撰,杜公瞻注,姜彦稚辑校:《荆楚岁时记》,中华书局,2018 年

插图参考文献

《古本插图元明清戏曲故事集》，陈崎编选，上海辞书出版社，2003 年

《古圣贤像传略》，清顾沅辑录，孔莲卿绘像，道光十年刊本

《故宫博物院 50 年入藏文物精品集》，故宫博物院编，紫禁城出版社，1999 年

《故宫旧藏珍宝欣赏》，申仁主编，上海科学技术出版社，2000 年

《剑侠传》，清任渭长绘，载《任渭长画传四种》，《中国古画谱集成》本（第 4 册），山东美术出版社，2000 年

《历代帝王圣贤名臣大儒遗像》，法国国家图书馆藏清彩绘本

《历代古人像赞》，佚名绘，明天然赞，成化十一年刊，《中国版画丛刊》本（第 1 册），上海古籍出版社，1988 年

《历代君臣图鉴》，清拓本

《三才图会》，明王圻纂辑，万历三十七年刊本

《神韵与辉煌——陕西历史博物馆国宝鉴赏》，冀东山主编，三秦出版社，2006 年

《圣贤像赞》，清吴高增编，乾隆时期拓刊本

《唐两京城坊考》，徐松撰，张穆校补，方严点校，中华书局，1985 年

《晚笑堂竹庄画传》，清上官周绘，乾隆八年刊本

《无双谱》，清金古良绘，朱圭刻，康熙三十三年刊本

《吴郡名贤图传赞》，清顾沅辑，孔继尧绘，道光九年刊本

《息影轩画谱》，明崔子忠绘，同治二年重刊，《中国历代画谱汇编》本（第 12 册），天津古籍出版社，1997 年

《雁塔题名帖》，中国科学院考古研究所藏宋拓，《中国法帖全集》（第 4 册）本，湖北美术出版社，2002 年

《於越先贤传》,清任渭长绘,载《任渭长画传四种》,《中国古画谱集成》本（第4册）,山东美术出版社,2000年
《章怀太子墓壁画》,陕西历史博物馆编,文物出版社,2002年
《昭陵唐墓壁画》,昭陵博物馆编,文物出版社,2006年
《中国出土壁画全集》,徐光冀主编,科学出版社,2012年
《中国敦煌壁画全集》,中国敦煌壁画全集编辑委员会编,天津人民美术出版社,辽宁美术出版社,1989~2006年
《中国古典文学版画选集》,傅惜华编,上海人民美术出版社,1981年
《中国绘画全集》,中国古代书画鉴定组编,文物出版社,浙江人民美术出版社,1997~2001年
《中国历代名人画像谱》，中国历史博物馆保管部编，海峡文艺出版社，2003年
《中国墓室壁画全集》，中国墓室壁画全集编辑委员会编，河北教育出版社,2011年

后记

二十世纪的最末一年，我从天津艺术研究所辞职，重回南开，师从孙昌武先生，攻读唐代文学方向的博士学位。在孙先生的指导下，我选定《唐摭言》作为研究对象。原先的设想是对这部重要典籍进行细致的校勘和必要的笺注，但由于种种原因，校笺未能如期脱稿，答辩时只提交了一篇唐代科举风俗方面的论文，题为《长安之春：唐新进士宴集与题名考》，是对《唐摭言》部分内容的考论。论文完成后，送交黄心川、刘跃进、刘崇德、王邦维、许逸民诸位先生（其中前两位参加了我的答辩）审阅，得到了令我至今思之汗颜的好评；而包括陈洪、卢盛江两位文学院师长在内的答辩委员的优容宽待，也使我中心惕厉。——几个月后，我离开了大学，被打发到人间去了。

在此，请允许我引用写在博士论文后面的一段话，来回顾当时的心境："自九一年负笈南开，忽忽已过十载，而时光催人，老大无成，不得不转而为稻粱谋。回思当日的雄心，都已化做寸寸灰烬，在时间之中冷却、下沉，真有啼笑皆非之感。或许这是我最后的学问文字——命运在转角处伺伏,不知将把我引领向何方。聊可欣慰的是我认真地做过了一件事,即使它可能毫无意义。不足是肯定有的,但是人生苦短,知也无涯,要么写,要么放弃,而我选择了写。生命本来欠缺,在写作中一点点圆满。现在的心情,不喜也不悲。”

在纷纷扰扰的人世,我差不多浪费了两年的光阴。孙昌武师不仅在学业上耳提面命,悉心教诲,尤其令我铭感的是他始终如一的关爱和奖挹。承蒙孙师的鼎力推荐,中华书局古编室的顾青先生屡次垂问,照例说了不少好话,当得知我在做《唐摭言校笺》的时候,他表示出浓厚的兴趣。可是,我却一直迁延着,沉吟至今。生活中有那么多亟待解决的俗务,而且要遭遇和面对潜藏在暗处的各类复杂的人事关系,根本不容我静下心来去钻故纸堆。我发现自己陷入的是一个尴尬的处境,在进退两难之际,我踏上了人生可上可下的中途。

然后,冬日里的一天上午,我接到了中华书局宋志军先生打来的电话。他看到我的论文后,觉得这个题目还有一点意思,让我修改扩充后交付他们出版。他要求一本学术普及读物,于是原来繁琐考证的论文就变成了目前删繁就简的样子。我不敢说它已做到了通俗易懂,深入浅出,但这正是我努力要达到的境界。能将枯燥乏味的事物写得趣味盎然,娓娓道来,并不容易。在这方面,我的笔仍显滞涩,还需要进一步的修炼。

本书大约二分之一的篇幅是新增的,囿于交稿限期,目的又在于普及,所以参考借鉴了很多时贤的研究成果,前辈傅璇琮和吴宗国先生关于唐代科举制度的大作更是我取资的薮泽。我曾给傅先生寄去一份论文,他阅后赐书温言嘉勉,我因不惯与他人打交道,犹疑了好久,还是放弃了复信的念头。如今权且把这本书视为对傅先生的一个迟到的回答吧,因为它建立在其著述的基础之上。可以说,相比二十多年前的那部开创性的旧作，我并未取得实质性的进展。我所做的充其量只是一种整理和转换的工作，恐怕终不免拾人牙慧，入宝山而空回之讥。

写作中的艰苦和酸辛，是妻子赵芳女士伴我度过的，她的宽容和忍耐，她少见的玻璃般明亮的性格，挥去时时萦绕我心头的阴霾。随着时光的推移，我愈来愈相信唯一和前定，爱也是这样。

宋志军和徐卫东二位先生为本书的出版尽心尽力，毛淳先生设计了优美的版式和封面。此外应当感谢的人还有很多：同窗、好友以及图书馆的工作人员。我把他们的善意当作礼物郑重收藏。

2006 年 4 月

2019 年 7 月修订

再版后记

有一种作家,一生只写过一本书,或以一本书为人所知。我大概就是这种巴托比症候呼之欲出的作家——虽然从未试图加入组织,并且始终默默无闻。童话集《一百零一个下午》(百花文艺,2002 年)出版后,文学创作时断时续,有些贴到网上,阅者寥寥——抽屉或许是最理想的读者;杨横波(197? ~2008)被宣判了死刑,另外的肉体接纳了逃逸的精灵——它有着日益恶化的趣味。而《长安的春天》(中华书局,2007年)之后,我再无任何学术方面的建树,甚至在半主动半被动之间,有意无意与圈子保持了距离。纵然会有芒刺在背之感,我还是要勇敢地承认自己的野心:在文学创作上,我希望写得像巴别尔和加莱亚诺一样直接有力,朴素华丽兼而有之;在研究领域,我把岑仲勉、钱穆和斯坦纳视为榜样,渴慕史家学裁识笔四者皆具的境界。人偶尔要狂妄一下。我自知缺乏天赋, 更没有付出足够的努力去实现梦想——很多时候,我似乎是在这个世界的表面无目的地滑行。

一个人的人生是成功还是失败,恐怕不易断言——即便是自我审视——但书的成败可以。本书是一部失败之书。首先,它让作者不满意。作者浑身毛病:重度拖延症,中度强迫症,轻度抑郁症,再加上无药可解的没头脑和不高兴。所以世间万事万物难有令他完全满意的。其次,作者数度中夜自省,终于认清了一个他长期以来不肯面对的事实:不学而无术。不学,因之如夏虫井蛙,一捉襟便可见肘;无术,所以似盲人瞎马,才临深复又履薄。再者,世间之书,泰半灾梨祸枣——用时髦些的话说,不低碳——属于可烧之列,虽然焚书无论如何是野蛮的。最后,失败是失败之母。不需要为失败寻找借口。几百年前,全椒人吴敬梓通过小说书写为自己的世俗失败辩护,本书的作者,古虞人的后裔,也是如此,只是他用于自辩者不幸也是失败之作。

这样一部失败之作,出版方将它从图书的深海中打捞出来,颇令人意外;考虑到百花文艺出版社与我的多重因缘,此举又顿失悬疑色彩。沉埋已久的旧作重见天日,《长安的春天》再度逢春,端赖汪兄惠仁之鼎力促成。朋友当中,他的能言善道博洽多闻无人可及——秦小雨同学差可争一日短长;多日不见,听闻他日理出版万机之余,以书法遣兴怡情,想必泼墨挥毫之际,胸中仍存丘壑与烟云。我曾经很认真地写下了这部注定是失败之作的每一行文字,如今又同样认真地校订了每一行文字。内容无足轻重,但文笔还算可观。这是聊堪自慰的,或许也能不负出版方的厚爱,以及文字和美术编辑的辛苦。

此书再版,恰值恩师孙昌武先生的三十卷文集由中华书局陆续推出,不肖无面目登门道贺,唯有内心遥祝;予我身教言传的陶师慕宁和李师剑国,虽臻老境而风采依旧;傅璇琮先生却早已驾鹤西归,思之能不凄然。

修订工作始于七月中,八月底毕其事。大的框架没动,只是核校了引文,改正了错误,增补了注释和某些段落,撤换了大部分图片,恢复了中华版删去的参考文献并做了必要的更动添加——很多书替用了最新版本(其中不少来自网络下载,对那些扫描并慷慨分享它们的人,我心怀感激和敬意,如果学术已然是一个帝国,那么他们就是勇于挑战体制的英雄海盗)。最大的变化,是《过夏》一节,在一篇未发表旧文基础上几乎重新写过。不是为了让它显得更学术,仅仅是个性使然。

但这本书并非一本新书。不学无术的我,也不清楚怎样将之变成专著。评价一本书或一篇文章,唯一的标准是好与坏,而不是出版单位级别的高低或刊物是否核心。学校官本位,学术工业化,人们也丧失了好坏是非的判断力。

多年以来,我差不多过着一种伪隐士的生活。我依法纳税,因此不算真正的隐士——根据西尔万·泰松的说法,归隐便等于反抗。在监视器和探照灯无孔不入的时代,隐根本上是不可实现的。而我所从事的研究,说穿了,百无一用——准确而言,用途是有一丁点儿的,就是不可避免地成为花边和点缀。

假如生在大唐,我可能在风陵渡口等船的时候,西望长安的浮云,回看家乡的晨阳,然后跨上驴子缓缓归去。假如生在茹毛饮血的远古洪荒,无论从体力或智力看,我都会是第一个被淘汰的。我这样的人,在古代是异类,在现代亦然。

写到这里,并没有苦役解脱的释然和欣悦。明天最想做的,是看一部 P.P.P.的电影,读几首 A.A.A.的诗歌。

2019 年 8 月 30 日中北寄寓

阅读校样期间,惊闻罗宗强先生去世,往事点滴浮现。在我心目中,先生似乎永远定格于南开中文系的形象上。相比他真正用文学之眼观照文学的几本著述,我以为他的儒雅和病弱更加美丽。

2020 年 5 月 10 日补记